# Städtische Wohnquartiere
in Venedig (1918–1939)

**jovis** *research 5*

# Alexander Fichte

# Städtische Wohnquartiere in Venedig (1918–1939)

## Urbane Gestalt zwischen modernen Anforderungen und lokaler Bautradition

**jovis** *research 5*

## Danksagung

Ich danke Wolfgang Sonne und Guido Zucconi für die zielorientierte Betreuung der Arbeit. Für das Forschungsstipendium in Venedig möchte ich mich beim Centro Tedesco di Studi Veneziani und all seinen Mitarbeitern vor Ort herzlich bedanken. Für die tatkräftige Hilfe bei der Quellenermittlung in Venedig danke ich den Mitarbeitern der konsultierten venezianischen Bibliotheken und des kommunalen Archives. Außerdem gilt mein Dank Maurizio Conci, Marco Botin, Christian Toson, Barbara Berger und Jonas Keil für die aufmerksame Lektüre und Korrektur meiner Arbeit. Für den Rückhalt und das Vertrauen in mich und mein Projekt danke ich meiner Familie, besonders aber meiner Frau Jannike, deren kritische Unterstützung eine große Hilfe bei der Umsetzung der Arbeit gewesen ist.

Die vorliegende Arbeit bearbeitet die Frage, wie zwischen den Weltkriegen in einer besonderen Stadt wie Venedig moderne städtische Quartiere hergestellt wurden. In dieser Epoche, die in ganz Europa vom Gegensatz zwischen Innovation und Tradition und von gesellschaftlichen Kontroversen geprägt wurde, entstanden aufgrund des demographischen Wachstums großflächige Stadterweiterungen. Die Stadtentwicklung in der Lagune hingegen wurde durch kleinteilige Quartiere geprägt, die an den Rändern der Stadt errichtet wurden. Die Entstehung der Quartiere wurde zusätzlich stark durch den speziellen Ort, das internationale Bild Venedigs und die übergeordnete Form der Stadt, die *forma urbis*, beeinflusst. Die Quartiere werden anhand ihrer **Urbanen Gestalt** untersucht, die der physisch und visuell wahrnehmbare Ausdruck der zahlreichen Rahmenbedingungen ist, unter deren Einfluss sich eine Stadt entwickelt.

Im Untersuchungszeitraum wurden acht unterschiedliche Quartiere in der internen Peripherie errichtet. Das einfache Arbeiterquartier **San Giacomo** (1919–1920) zeigt durch eine aufwändige Gestaltung das wachsende Bewusstsein für die ästhetischen Anforderungen. Aufgrund seiner Lage inmitten der Giudecca und umgeben von einfachen Zeilenbauten, die in den Jahrzehnten zuvor entstanden, bleibt die ambitionierte Gestaltung jedoch isoliert. Das Quartier **Campo di Marte** (1921–1936) ist geprägt von dem Bedürfnis, günstig und schnell einfachen Wohnraum herzustellen. Inmitten der Giudecca errichtet, wird die *Urbane Gestalt* des Quartieres durch einfache Zeilen, offene Hofhäuser und reduzierte Fassadengestaltung geprägt. Das Quartier **Madonna dell'Orto** (1919–1921) zeigt, inwiefern sich unterschiedliche Zielgruppen auf die Gestaltung auswirken können. Am nördlichen Rand der Stadt gelegen, grenzt es sowohl an die Lagune als auch an eine bestehende *Fondamenta*. Die Gestaltung des Quartieres ist im Norden reduziert und im Süden ambitionierter. Anhand der Gestaltung des Quartieres **Sant'Alvise** (1929–1930) wird ersichtlich, dass auch die Ausrichtung auf eine bürgerliche Klientel mit einer einfachen Gestaltung erfolgen kann. Am nördlichen Rand der Stadt grenzt es an die Lagune und eine *Fondamenta*, von der es durch aufwändig hergestellte Bauten getrennt wird. Das Quartier **San Girolamo** (1929–1930) beweist, wie mit einfachen Mitteln eine innovative Gestaltung hergestellt werden kann. Es wurde auf einer *Sacca* am Nordwesten der Stadt errichtet. Durch die modulare Bauweise wird die zur Verfügung stehende Fläche effektiv ausgenutzt und nach Osten wird eine Schauseite mit aufwändigerer Gestaltung ausgebildet. Die Gestalt des Quartieres **Celestia** (1938–1940) veranschaulicht die rationalistische Ausrichtung bei der Herstellung von Wohnbauten. Ebenfalls am nördlichen Rand der Stadt entstanden, grenzt es an die Lagune. Zum bestehenden *Campo* wird das Quartier durch einen aufwändig gestalteten Neubau abgeschirmt. Das Quartier von **Santa Marta** (1922–1935) zeigt, wie trotz der Aufnahme von bestehender Erschließung und ambitionierter Gestaltung kein stadträumlicher Zusammenhang hergestellt wird. Am nordwestlichen Rand der Stadt gelegen, ist es umringt von Industrie und nur über einzelne Fußwege zugänglich. Das Quartier von **Sant'Elena** (1924–1939) stellt die größte interne Erweiterung Venedigs zwischen den Weltkriegen und den interessantesten Ansatz der Stadterweiterung dar. Aufgrund seiner Lage am äußersten Südwesten ist es isoliert vom Rest der Stadt, nimmt in seiner Gestaltung aber zahlreiche lokale wie auch internationale Themen auf.

Die Quartiere wurden in quantitative Kategorien mit unterschiedlichen Qualitäten aufgeteilt. Die **Wohnraumergänzungen** werden als kleinste Kategorie auf bestehenden Brachen und Freiflächen hergestellt und richten sich an eine gemischte Klientel. Sie werden besonders aus dem stadträumlichen Zusammenhang ausgeklammert. Die **Minimalwohnquartiere** stellen ein Wohnangebot an die sozial bedürftige Bevölkerung Venedigs dar und sind in ihrer Gestaltung dementsprechend reduziert. Sie befinden sich an abgelegenen Standorten. Die **Stadterweiterungen** richten sich ebenfalls an eine gemischte Klientel, sind intensiver gestaltet, und wirken sich aufgrund ihrer Größe auf die übergeordnete Form der Stadt aus. Die verwendeten **Gestaltungsmittel** werden anhand der Elemente der *Urbanen Gestalt* getrennt. Die *forma urbis* der Stadt wird durch Wohnbauten sinnvoll ergänzt oder vervollständigt. Die Erschließung ist meist auf zeitgenössische Organisationsmuster zurückzuführen. Die Eigenschaften der Blöcke variieren von einfachen Zeilen bis hin zu komplexen unregelmäßigen Baukörpern. Besonders die Fassadengestaltung ist ungeachtet der anvisierten Zielgruppe aufwändig und verfügt über lokalen Bezug. Die in der internen Peripherie von Venedig zwischen den Weltkriegen errichteten Quartiere können im **nationalen und internationalen Vergleich** als auffallend sensibel gegenüber der traditionellen *Urbanen Gestalt* bezeichnet werden. Trotz des fehlenden Automobilverkehres wirkten sich die modernen Wohnstandards jedoch besonders in der Erschließung und im Block auf die Gestaltung der Quartiere aus. Dies führte unter anderem dazu, dass die Quartiere auf unterschiedliche Art und Weise aus dem stadträumlichen Zusammenhang ausgeklammert sind.

Anhand der *Urbanen Gestalt* der Wohnbauquartiere, die in der internen Peripherie zwischen den Weltkriegen entstanden sind, lässt sich der Wille erkennen, eine **lokale bauliche Identität in die Gegenwart** zu transportieren oder das überlieferte Bild der Stadt aufgrund der modernen Anforderungen wenigstens nicht zu beeinträchtigen. Hieran zeigt sich jedoch auch die starke Strahlkraft des Bildes der Stadt, die keine rein zeitgenössischen Modifikationen der *Urbanen Gestalt* erlaubt.

# Urbane Gestalt zwischen modernen Anforderungen und lokaler Bautradition

▶1 Neuinterpretation der Venezianità mit neuer Bautechnik anhand der neuen Scalzi-Brücke, Foto 1933; Comune di Venezia, Biblioteca civica VEZ, Fondo Fotografico Giacomelli, nr. Gp000150

# Einführung

Die **Herstellung von neuen Wohnbauten** steht in **Venedig** vor speziellen Rahmenbedingungen und Restriktionen.[1] Neue Bauaktivität wird sowohl durch die besondere Form der Stadt als auch durch ihre internationale **Wahrnehmung** als romantische Überreste der bis 1797 existierenden Serenissima geprägt.[2]

Besonders **zwischen den beiden Weltkriegen** erlebten viele Städte große Stadterweiterungen, um angemessen auf das demographische Wachstum reagieren zu können. Diese Epoche wurde in ganz Europa vom Gegensatz zwischen Innovation und Tradition und von gesellschaftlichen Kontroversen geprägt.[3] Eine **Neuausrichtung der Wohnungspolitik** verband das Wohlbefinden der Bewohner neben der unmittelbaren Bedürfnisbefriedigung nun auch mit der Ästhetik der Bauwerke. **Lokale Rahmenbedingungen** wurden allerdings bei der industrialisierten Herstellung von Wohnbauten und der fortschreitenden internationalen Ausrichtung von Stadtplanung und Architektur zunehmend irrelevant.[4] Zum Teil forderten internationale Planungsstrategien sogar den bewussten Bruch mit der Tradition. Die Gestaltung neuer Wohnbauten schien somit hauptsächlich durch hygienische, demographische und soziale Bedürfnisse sowie durch ökonomische Zwänge bestimmt zu werden.[5]

Neben diesen Tendenzen, die als stadtauflösend in Bezug auf die Stadt des 18. Jahrhunderts bezeichnet werden können, existierte zu Beginn des 20. Jahrhunderts aber auch das Bestreben, die Erscheinung der bestehenden Städte fortzuschreiben und an die modernen Anforderungen anzupassen.[6] (▸ABB. 1)

In Venedig erfolgte durch die 1917 durchgeführte Verlegung des industriellen Schwerpunktes auf das Festland eine **Differenzierung der städtischen Peripherien** als Standorte für Wohnungsbau. In der externen Peripherie auf dem Festland wurde Wohnungsbau nach zeitgenössischen internationalen Siedlungsmustern errichtet, in der internen Peripherie in der Lagune entstanden städtische Quartiere. Durch die Anwendung **staatlich koordinierter Interventionsmodelle** wurde in Venedig ein autonomes Institut zur Behebung der Wohnungsnot gebildet. Auf dem freien Markt agierend war seine Tätigkeit nicht auf das Erwirtschaften von Gewinn ausgerichtet, sondern folgte dem Ziel, modernen und erschwinglichen Wohnraum herzustellen. Die Quartiere der internen Peripherie, deren Herstellung zum größten Teil durch das venezianische Institut gesteuert oder durchgeführt wurde, mussten sich aufgrund ihrer Lage vertieft mit den Bedingungen des besonderen Ortes auseinandersetzen.

**Die Literatur** zur besonderen Schönheit Venedigs ist zahlreich und blickt auf eine lange Tradition von Stadtreisenden zurück.[7] Die Einzigartigkeit Venedigs als Kunstwerk wird 1960 kritisch von Sergio Bettini mit *La Forma di Venezia* beschrieben. Er stellt fest, dass das etablierte romantische Bild Venedigs nicht ewig gültig sein kann und sich ändern wird.[8] Auskunft über die Bauaktivität in der ersten Hälfte des 20. Jahrhunderts bietet das 1961 ausgestellte Stadtmodell des Istituto Universitario Architettura Venezia (IUAV), das unter der Leitung von Marco Acerbi entstanden ist. Es zeigt jegliche Neubauten der Stadt von 1900 bis zur Ausstellung an und veranschaulicht unter anderem die rege Bauaktivität in der internen Peripherie. Die Wohnbautätigkeit in Venedig in der ersten Hälfte des 20. Jahrhunderts wurde 1983 als Forschungsgegenstand thematisiert. *Edilizia popolare a Venezia* von Elia Barbiani stellt eine kritische Festschrift zum 70-jährigen Bestehen des Wohnbauinstitutes dar. Im Kontext der venezianischen Stadtgeschichte wird hauptsächlich die Tätigkeit des Institutes als Motor der Stadtentwicklung betrachtet.[9] Der ebenfalls in diesem Jahr veröffentlichte Ausstellungskatalog *Venezia Nuova, la politica della casa 1893–1941* von Lando Bortolotti und Carlo Carozzi fasst die gesamte öffentliche Wohnbauaktivität in Venedig bis zum Zweiten Weltkrieg zusammen. Der Fokus wird auf die gesellschaftlichen und sozialen Missstände in Venedig gerichtet, die mit der Herstellung von Wohnbau verknüpft sind.[10] Einen großen Beitrag zu der Erforschung Venedigs baulicher Entwicklung in der ersten Hälfte des 20. Jahrhunderts bietet Guido Zucconi mit *La grande Venezia, una Metropoli incompiuta tra Otto e Novecento*, das 2002 veröffentlicht wurde. Anhand der Darstellung der wichtigsten modernen Transformationen der Stadt legt er dar, dass Venedig als moderne Stadt mit all ihren Eigenschaften und Entwicklungen betrachtet werden kann.[11] Durch Salvatore Settis erfolgt 2014 mit *Se Venezia muore* eine Auseinandersetzung mit der Strahlkraft des Bildes von Venedig und worin seine Besonderheit besteht. Er formuliert, hervorgehend aus der Berücksichtigung der besonderen Schönheit Venedigs, ein allgemein gültiges gemeinschaftliches Bedürfnis nach Ästhetik, das sich in Venedigs Eigenschaften als Lagunenstadt nur stärker äußert.[12] Die ***Urbane Gestalt*** als Summe der physisch und visuell wahrnehmbaren Eigenschaften einer Stadt gibt Aufschluss über die jeweiligen Tendenzen, Anforderungen und Rahmenbedingungen, in deren Spannungsfeld sich eine Stadt und somit auch ihre Wohnbauten entwickeln.[13] Sie setzt sich zusammen aus den Eigenschaften der Erschließung, den statisch genutzten Flächen des Blockes und den Fassaden. Durch das Zusammenwirken dieser Elemente wird die ästhetische Qualität des öffentlichen Raumes bestimmt.

Der **Aufbau der Arbeit** ist anhand der verschiedenen Elemente der *Urbanen Gestalt* gegliedert. Auf die thematische Herleitung folgt die Analyse der relevanten Quartiere im Zusammenhang mit ihrer Position im Stadtkörper. Abschließend werden die Quartiere nach quantitativen und qualitativen Kriterien kritisch untersucht und kategorisiert. Die hierbei entstandenen Ergebnisse werden mit analogen Entwicklungen in Italien und in Europa verglichen.

Das **Ziel der vorliegenden Arbeit** besteht darin, anhand der Analyse der *Urbanen Gestalt* der innerstädtischen Quartiere von Venedig herauszuarbeiten, wie moderne Wohnungsbauten in unmittelbarem räumlichen Bezug zu einer einzigartigen Stadt wie Venedig funktionierten und wie sich die Besonderheit des Ortes auf die Gestalt der Quartiere auswirkte.[14]

# Geförderter Wohnungsbau in der internen Peripherie von Venedig zwischen den Weltkriegen

Urbanistische Modernisierung Venedigs

Bereits gegen Ende des 19. Jahrhunderts war die **Wahrnehmung Venedigs** von dem übermächtigen Bild der Bauten aus der Zeit der Serenissima geprägt.[15] Als Ergebnis der Besonderheiten der venezianischen Gesellschaft und der zahlreichen spezifischen Rahmenbedingungen hatte sich bis in die Neuzeit eine starke Identität entwickelt, die zu einer kontinuierlichen Entwicklung der *Urbanen Gestalt* führte.[16] Die rege Bauaktivität im Venedig des 19. und 20. Jahrhunderts blieb allerdings außer Betracht.[17] Das Zusammenwirken der Elemente der Stadt (Erschließung, Block, Fassade) prägte hierbei das Stadtbild Venedigs mehr als die architektonische Leistung einzelner Gebäude.[18] Neue Bauprojekte sollten sich dementsprechend nach den Vorgaben der *Urbanen Gestalt* des Bestandes richten.[19] Diese Art der Wahrnehmung der Stadt war romantischen Ursprungs. Bereits John Ruskin (1819–1900) bemerkte bei seiner Venedig-Reise 1845, dass die Installation moderner Gaslampen wie in jeder anderen europäischen Stadt nicht dem Charakter der Stadt entspreche.[20] Nach Zucconi besteht die Intention Ruskins darin, dass jegliche Innovation vor dem prägenden

Bild der Serenissima so angepasst werden müssen, dass sie jeglichen innovativen Charakter verlieren.[21] Der Wiederaufbau des 1902 eingestürzten Campanile von San Marco erfolgte 1912. An seinem alten Standort entstand nach einer Diskussion über seine zukünftige Erscheinung eine nahezu exakte Rekonstruktion des Turmes »wo er war, wie er war«.[22] Trotzdem gab es einen lebendigen Diskurs darüber, wie der Campanile wieder aufzubauen war. Ohne konkretes Vorbild und dennoch stark von der *Urbanen Gestalt* der Serenissima beeinflusst, war der 1909 erfolgte historistische Neubau des Fischmarktes von Rialto von Cesare Laurentini (1854–1936). Nach jahrelanger Diskussion wurde er in historisierenden Formen errichtet. Der Bau im Herzen der Stadt erweckt den Eindruck bildlicher Kontinuität, indem er nicht als ein modernes Bauwerk zu erkennen ist. Um strenge Symmetrien zu vermeiden und den Bau so nicht modern gefertigt erscheinen zu lassen, wurden unter anderem die Bögen in Schritten anstatt in Metern aufgemessen.[23] Beide Bauvorhaben bestätigen, dass im Zentrum der Lagunenstadt kein Platz für Neuerungen war, da ihre Wahrnehmung auf das bauliche Bild der Serenissima begrenzt war.[24] Die besonderen Merkmale der Stadt werden in der Einleitung eines Venedig-Reiseführers des Touring Club Italiano von 1920 für ein bürgerliches Publikum zusammengefasst. Die Einzigartigkeit der Stadt wird darauf zurückgeführt, dass sie sich aus einer Vielzahl von Elementen zusammensetzt, die in dieser Form und Kombination in anderen Städten nicht existieren.[25] Hervorgehoben werden Kanäle (*Rio*), Brücken, eng verwinkelte Gassen (*Calle*) und Plätze (*Campi*), genau wie die variationsreichen venezianischen Schornsteine und Hochbalkone (*Altane*). Durch das Zusammenspiel der Elemente wird eine besondere Ästhetik erzeugt, die auf den Ort zurückgeführt wird, an dem Venedig isoliert entstanden ist.[26] Die einseitige Betrachtung Venedigs beschränkt sich auf das internationale, romantische Bild der Lagunenstadt als ein Museum. Vielmehr ist sie aber auch als eine moderne, lebendige Stadt zu betrachten, die sich unter dem Druck der gesellschaftlichen und wirtschaftlichen Herausforderungen des frühen 20. Jahrhunderts massiv wandeln musste und dies auch tat.[27] Die dominierenden, teils hoch aufragenden Bauwerke der Industrieanlagen lassen sich jedoch wenig mit der im Reiseführer beschriebenen Poetik vereinbaren. Gemeinsam mit den historisierenden Bauwerken im Zentrum sind sie als Zeugen für die gegensätzliche Entwicklung Venedigs zu betrachten. Zucconi bezeichnet Venedig als eine unfertige oder eher atypische Metropole, bei der die herkömmlichen angewandten Modernisierungsstrategien im klaren Gegensatz zu der Einzigartigkeit des Ortes stehen.[28]

Der Entstehungs- und Formationsprozess von Venedig wurde wesentlich von seiner Lage in einer **Lagune** beeinflusst. Nach Ruskin ist die Lagune sogar der einzige Ort auf der Welt, an dem Venedig hätte errichtet werden können.[29] Entlang der östlichen Küstenlinie der Venetien-Ebene wird durch lange, dünenartige Inseln, die sogenannten Lidi,[30] ein Wasserbecken von zehn Kilometern Tiefe und 55 Kilometern Länge zwischen Land und Meer abgetrennt. Mehrere Flüsse münden in die Lagune und durch drei Öffnungen ist sie mit der nördlichen Adria verbunden. Gemeinsam mit der Besiedelung der Lagune sind durch die Strömungen der Flüsse und die Gezeiten Kanäle entstanden, die die Lagune hierarchisieren. Der Canal Grande ist mit einer Breite von durchschnittlich zwölf Metern der älteste und bekannteste dieser Kanäle. An seinen Rändern oder Ufern haben sich die ersten bewohnten Zentren der

▶2    Blick von Lido auf Venedig, Foto 2017; eigene Darstellung

Lagune gebildet.[31] Noch im Mittelalter wurde die Lagune als abgelegener, defensiver Ort betrachtet. In der frühen Neuzeit wandelte sich die zurückgezogene Intimität des Ortes in einen Triumph über die Natur. Durch die zunehmende Versandung wurden ingenieurstechnische Eingriffe notwendig, um den Status Quo zu erhalten. Dies hatte die Trennung der Lagune vom Festland zur Folge, die sich 1488 über die Umleitung der Flüsse Piave und Brenta in die Adria äußerte.[32] Mit den folgenden Großprojekten zum Schutz der Lagune[33] kam der Wechsel in der Wahrnehmung und Venedig wurde zu einer vom Meer belagerten Stadt.[34] Dass die Verwaltung, Planung und Entwicklung der Lagune als Lebensraum in den Aufgabenbereich der Regierung der Serenissima fielen und somit Staatsangelegenheit waren, zeigt, wie unauflösbar die Lagune mit der venezianischen Gesellschaft verbunden war.[35] Eine der Körperschaften, welche von der venezianischen Regierung zum Schutz der Lagune ins Leben gerufen wurde, war das 1505 gegründete Magistrato delle Acque. Alle das Wasser betreffenden Entscheidungen wurden gebündelt von venezianischen Fachmännern getroffen.

Bereits vor der napoleonischen Eroberung stand die Stadt Venedig vor dem Problem der Modernisierung ihrer Bausubstanz und Infrastrukturen. So bemerkte Goethe (1749–1832) bereits 1797 bei seinem Aufenthalt in Venedig trotz seiner Begeisterung für den besonderen Ort die hygienischen Nachteile und die Notwendigkeit, die Lagunenstadt zu modernisieren.[36] Nach der französischen Eroberung 1797 verschlechterte sich die Situation noch weiter, da das Magistrato delle Acque abgeschafft wurde und ein fach- und ortsfremdes Gremium über die Gewässerpolitik Venedigs entschied.[37] Das Verständnis für die komplexen Zusammenhänge, das in der Republik noch existierte, ging verloren. Venedig sollte eine moderne Stadt werden und wurde in der Lagune isoliert, anstatt als Teil des lagunaren Ökosystems betrachtet zu werden. Neben dem Zuschütten von Kanälen wurde im 19. Jahrhundert der Canal Grande als Haupthandelsader der Stadt durch den Kanal der Giudecca abgelöst, der sich durch seine Größe besser für den neuen industriellen Warenverkehr eignete. Dieser Einschnitt in die symbiotische Verbindung von Lagune und Stadt wurde durch die Einrichtung des Industriegebietes mit integriertem Hafen auf dem Festland zu Beginn des 20. Jahrhunderts noch verstärkt. Das Magistrato delle Acque wurde schließlich 1907 erneut ins Leben gerufen, auch weil die Existenz der Lagune durch die bereits erwähnten Großprojekte bedroht wurde.[38] Viele der nun folgenden Eingriffe in die Lagune zielten neben dem wirtschaftlichen Nutzen darauf ab, die Wohnqualität der Stadt zu verbessern. Heute zeigt sich die Lagune als ein komplexes Gefüge, das als Resultat des Zusammenwirkens von natürlichen Phänomenen und ingenieurstechnischen Eingriffen zu bewerten ist. Die Konservierung des Status Quo mit all seinen Problemen und Eigenheiten bestimmt bis heute die Wahrnehmung der Stadt. Durch die Lagune werden besondere visuelle Effekte erzeugt. Da es keine topographischen Differenzen gibt, entsteht zwischen dem Wasser und dem Himmel ein Wechselspiel von Reflektionen und Lichtbrechungen, das zu der herausragenden Atmosphäre beiträgt. Durch diese Rahmenbedingungen und die insulare Begrenzung scheinen die Bauwerke in engerer Beziehung zueinander zu stehen.[39] Zusätzlich zu dem visuellen Kontext erschwerte die isolierte Lage der Stadt in der Lagune den Baubetrieb, da weder Baugrund noch Ressourcen einfach verfügbar waren. Trincanato führt hierzu aus, dass in keiner Stadt die besondere urbane Topographie so stark und eindrücklich die Einzelheiten der Architektur beeinflusst hat wie in Venedig.[40] Der Baugrund muss aufwändig durch Pfahlgründungen hergestellt werden und alle Materialien müssen über das Festland oder das Meer antransportiert werden.[41] Dies führte bei der vormodernen Herstellung von Bauwerken in der Lagune zu einer begrenzten Verfügbarkeit der Ressourcen. Es wurde sehr dicht und hoch gebaut und im Falle eines Neubaus wurden bestehende Gründungen und Baustoffe wiederverwendet. Dadurch wurde in Venedig eine besondere Mischung von Architektursprachen und Stilen erzeugt, die zu der Bildung des Charakters der Stadt beigetragen hat.[42] Neben den imposanten repräsentativen Bauwerken, die jedoch nur einen kleinen Teil der Stadt ausmachen und meist ohne die Wiederverwendung von Baumaterialien errichtet wurden, wurden besonders die einfachen Wohnbauten Venedigs durch diese Praxis geprägt.[43] (▸ABB. 2)

Die übergeordnete Form der Lagunenstadt entwickelte sich über mehrere Jahrhunderte hinweg aus verschiedenen kleinen Inseln. Der zusammenhängende Stadtkörper wird gegen 1500 in der **Vedute von Jacopo de'Barbari** erstmals als solcher dargestellt. Durch ein Klima der politischen und gesellschaftlichen Unsicherheit stagnierte das urbane Wachstum und gemeinsam mit der veränderten Selbstinterpretation des Stadtstaates führte dies zu einer Definition der heute noch bestehenden *forma urbis*.[44] Die Stagnation des städtischen Wachstums Venedigs hatte zahlreiche

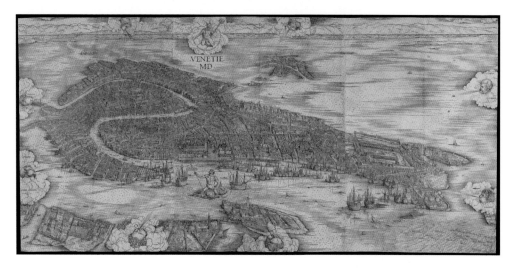

▶3    Venezia forma urbis, Vedute ca. 1500; Jacopo de Barbari, Venezia Biblioteca Museo Correr

politische und gesellschaftliche Ursachen. Die ottomanische Eroberung Konstanti-
nopels 1453 erschwerte den Handel über den Bosporus. Die Entdeckung Amerikas
durch Christoph Kolumbus 1492 modifizierte das, auf das Mittelmeer ausgerichtete,
Weltbild des damaligen Europas, in dessen Zentrum Venedig sich selbst für lange Zeit
gesehen hatte. Die Entdeckung des Seeweges nach Indien 1498 durch Vasco da Gama
schwächte die geostrategische Handelsposition der Serenissima noch zusätzlich. Der
Krieg gegen die Liga von Cambrai endete mit dem für Venedig unvorteilhaften Frie-
densschluss von Bologna, nach dem Venedig nicht mehr als Großmacht betrachtet
werden konnte.[45] Militärisch war die Schlacht bei Lepanto 1571 der letzte großer Sieg
Venedigs, der aber auch gleichzeitig den Verlust Zyperns bedeutete. Durch die zahlreichen einschneidenden Ereignisse begann sich das Selbstbildnis der Republik zu
ändern. Der Stadtstaat überarbeitete seine eigene Identität und die imperiale Großmacht begann sich zu einem besonderen urbanen Zentrum der Hochkultur in der
Lagune zu ändern.[46] Die durch Barbari definierte Form der Stadt gleicht durch die
dichte, kompakte Bebauung in der Lagune und durch die perspektivische Verzerrung
der eines Fisches. Dies kann als eine Allegorie sowohl für die Wasserverbundenheit der
Stadt als auch für die Wichtigkeit des Christentums (urchristliches Fischsymbol) für
die venezianische Gesellschaft verstanden werden. Das Festland ist nur schemenhaft
erkennbar und die Lagune wird zur reinen Stadtumgebung reduziert.[47] Merkur, der
römische Gott des Handels, und Neptun, der Gott der See, wachen über die Stadt. Die
personifizierten Winde aller Himmelrichtungen sind auf Venedig ausgerichtet und
zahlreiche maßstäblich zu groß dargestellte Schiffe ankern vor San Marco und dem
Arsenale. Um Venedig herum befinden sich die Inseln Murano, Burano, San Michele
und die Giudecca, die wie Trabanten um die Stadt angeordnet sind.[48] San Marco ist
als das Zentrum dieses venezianischen Mikrokosmos hervorgehoben.[49] Das neue
Bild der Stadt bezog sich hauptsächlich auf sich selbst. Der Bezug zum Wasser wird in
Venedig durch seine isolierte Lage zwingend hergestellt und ist gleichzeitig notwen-

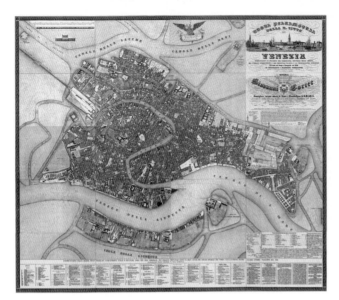

dig, um die Einzigartigkeit der Stadt hervorzuheben. Die Betonung der christlichen Prägung der Stadt ist auf die geschwächte Machtposition Venedigs zurückzuführen, das nun auf das Wohlwollen des Papstes angewiesen war. Die römischen Gottheiten repräsentieren den Anspruch, eine wichtige maritime Handelsmacht im Mittelmeer zu bleiben, was durch die Darstellung der Winde und Schiffe unterstrichen wird. Die einzelnen Bestandteile der Stadt – Kirchen, Palazzi, Wohnbauten, Hafenanlagen, Plätze, Gassen und Gärten – sind klar zu erkennen. Das Gesamtgefüge des Stadtkörpers entsteht durch das additive Aneinanderfügen und Verdichten der vorgenannten Stadtelemente. Neben der Bebauung stellen auch die zahlreichen Kanäle ein signifikantes Merkmal der Stadt dar, die das äußerst dichte urbane Gefüge unterteilt. Das Kanalnetz ist als ein hierarchisch geordnetes System zu erkennen, das die einzige zusammenhängende Wegbarkeit für die Erschließung der Stadt bietet. Ausgehend von der Lagune wird der dichte Stadtkörper durch einige Hauptkanäle (Canal Grande, Kanal der Giudecca) geteilt. Von diesen Hauptkanälen zweigen wieder kleinere Kanäle ab, die das Stadtgebiet weiter erschließen und die Hauptkanäle untereinander oder mit der Lagune verbinden. (▶ABB. 3)

Der Barbariplan stellt eine historische Dokumentation verschiedenster Informationen über Venedig dar. Er ist sowohl als Kunstwerk im Dienst des neuen Selbstbildnisses als auch als eine quantitative Repräsentation des gebauten Raumes der Stadt zu verstehen.[50] Er ist ein wichtiges Zeugnis, dass Venedigs *forma urbis* über mehrere Jahrhunderte hinweg in ihren Grundzügen erhalten blieb und das trotz der teils starken Eingriffe durch die Industrialisierung. Diese einzigartige Stadtbaugeschichte, die durch die Beständigkeit des Stadtkörpers maßgeblich geprägt wurde, verhalf Venedig zu einer Sonderstellung verglichen mit anderen europäischen Städten und deren historischer Entwicklung. Im Barbariplan erscheint die Stadt um 1500 schon nahezu vollendet. Ihre *forma urbis* ist klar abgegrenzt und lässt keinen oder kaum Raum für Abweichungen oder Erweiterungen zu. Jedoch wurde aufgrund gesellschaftlicher und wirtschaftlicher Veränderungen im 19. und 20. Jahrhundert eine Anpassung des städtischen Gefüges notwendig.

Die topographische Normalisierung der Inselstadt erfolgte 1846 mit dem **Anschluss an das Festland**. Dieser stellte für das Selbstbild einen Wendepunkt dar. Noch im 20. Jahrhundert wurde der Verlust der Insularität von Zeitgenossen als Urkatastrophe, bezogen auf die Modernisierung der Stadt, bewertet. Der Anschluss an das kontinentale Schienennetz erfolgte über die Eisenbahnbrücke Ponte della Libertà. Das Gefüge der städtischen Hierarchien, das bisher durch die Wassererschließungen bestimmt wurde, verschob sich von den traditionellen Ankunftsorten (Lido, San Marco und Kanal der Giudecca) zu der ehemaligen nordwestlichen Rückseite (Cannaregio, Dorsoduro).[51] Nach dem Bahnanschluss entstanden einige Folgeprojekte, die das Ziel verfolgten, die innere fußläufige Infrastruktur zu verbessen und zu entwickeln. Unter österreichischer Herrschaft wurden zahlreiche Kanäle zugschüttet und Bauten abgerissen.[52] Sowohl am Bahnhof als auch an der Accademia entstanden die ersten zusätzlichen Brücken über den Canal Grande. (▶ABB. 4)[53]

Das Königreich Italien brachte 1866 eine Welle noch **drastischerer Transformationen** der städtischen Erscheinung mit sich, die sich in Form von sozialen Bauprojekten und einer noch radikaleren Entwicklung des Erschließungssystems äußerten.[54] Das besondere Gefüge der Lagunenstadt wurde zunehmend als Hindernis für die Modernisierung der Stadt betrachtet. Bereits in der ersten Hälfte des 19. Jahrhunderts wurden zahlreiche Kanäle zugeschüttet und vermehrt Brücken gebaut. Um Platz für den neuen Bahnhof zu schaffen, wurde 1860 die Bebauung eines ganzen Stadtstreifens abgerissen. Darunter befand sich zum Beispiel auch die von Andrea Palladio (1508–1580) gebaute Kirche Santa Lucia, die dem Bahnhof ihren Namen gab. Um die fußläufige Erschließung der Stadt zu verbessern, wurde ein Rundweg in der Stadt angelegt, welcher San Marco und den Bahnhof über Cannaregio, Dorsoduro und beide Seiten des Canal Grande miteinander verband. Mit der Strada Nova entstand das wohl bekannteste Erschließungsprojekt des Rundweges. Die Strada Nova ist ein lang gezogener, abschließender Fußweg entlang des nördlichen Stadtrandes in Cannaregio. Parallel zum Canal Grande wurden Kanäle aufgefüllt und Schneisen in die bestehende Bebauung geschlagen. Ein zentrales Problem für die industrielle Modernisierung der Stadt war die Verbindung zwischen dem Hafen und der Eisenbahn.[55] Als Antwort wurde von der Verwaltung der jungen italienischen Nation ein neuer Handelshafen im Nordwesten der Stadt errichtet.[56] Die Marittima wurde zum Teil zu der bestehenden *forma urbis* hinzugefügt, ersetzte aber auch große Teile der Fischerhalbinsel Mendigola. Die Arbeiten am Hafen begannen 1869 im gleichen Jahr, in dem der Suez Kanal eröffnet wurde und Triest sollte als Handelsknotenpunkt zwischen Nordeuropa und dem Orient abgelöst werden.[57] Im Zuge der Modernisierung mussten zahlreiche charakteristische Orte der lagunaren Peripherie weichen, was von Zeitgenossen scharf kritisiert wurde, da diese um das künstlerische Erbe der Stadt fürchteten.[58] Der Versuch, aus Venedig eine Stadt der langen Straßen und breiten Achsen zu machen, wurde als ein Verbrechen wahrgenommen. Trotzdem wurde die wirtschaftliche und soziale Notwendigkeit zu handeln erkannt.[59] (▶ABB. 5)[60]

Von 1880 bis 1917, in der sogenannten **neoinsularen Phase** Venedigs, wurde die Stadt wieder als Insel gedacht. Jegliche Initiativen und Vorhaben zielten darauf

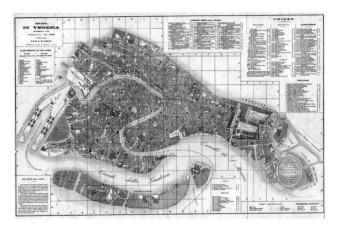

▶5
Ausbau des insularen Hafens,
Stadtkarte 1869; Carlo Bianchi,
Archivio Comunale di Venezia,
Leesesaal

ab, sie zu modernisieren und auf nationaler Ebene unter Beibehaltung der lagunaren Begrenzung wettbewerbsfähig zu machen. So verfügte die Stadt auf ihrer ehemaligen Rückseite zu Beginn des 20. Jahrhunderts in Cannaregio und Dorsoduro über alle Merkmale einer modernen industrialisierten Stadt des 19. Jahrhunderts. Venedig besaß einen modernen Hafen, einen Eisenbahnanschluss, motorisierten Nahverkehr (Vaporetto) und Gasbeleuchtung.[61] Die Straßenbeleuchtung mit Strom erfolgte erst 1922. Außerdem wurden zugunsten der fußläufigen Erschließung seit 1797 über 50 Kanäle in einer Länge von 7860 Metern zugeschüttet, was etwa 13 Prozent des gesamten Kanalnetzes entsprach. Insgesamt war das 19. Jahrhundert von einer Verlagerung des Gleichgewichts zwischen zwei städtischen Kommunikationsnetzen, von den Wasser- zu den Landwegen, gekennzeichnet.[62] Die Entwicklungen der neoinsularen Industrie hatten Venedig zu erneutem Reichtum verholfen. Seit 1873 hatte sich die im Hafen gelöschte Ware mehr als vervierfacht und die Stadt hatte sich sogar zum zweitwichtigsten Hafen der italienischen Nation aufgeschwungen.[63] Neben den bereits erwähnten Modifizierungen der *forma urbis* siedelten sich aber auch zahlreiche Industrieanlagen in der Lagune an. Exemplarisch für den Fortschritt sind die Getreidemühle Stucky auf der Giudecca[64] und die Weberei Santa Marta in Dorsoduro zu nennen, deren Betrieb zahlreichen Venezianern zu einer Arbeitsstelle verhalf.[65] Aufgrund der noch bestehenden Freiräume an den Rändern der Lagunenstadt vollzog sich diese Verdichtung der Industriebetriebe nahezu ausschließlich in der insularen Peripherie. (▶ABB. 6)

## Differenzierung der Peripherien

Durch das rasante industrielle und demographische Wachstum zu Beginn des 20. Jahrhunderts änderten sich die Anforderungen an eine Hafenstadt. In Venedig ließen sich die neuen Anforderungen nicht länger mit der räumlichen Begrenzung durch die Lagune vereinbaren.[66] Um mit der nationalen und internationalen Konkurrenz mithalten zu können, sollte auch Venedig rational geordnet werden.[67] Die baulichen

▶6    1850, 1880, 1900, Entwicklung der Industrie in Venedig, Schema 2021; eigene Darstellung

Kapazitäten der Lagune waren ausgeschöpft und konnten kein weiteres Wachstum ermöglichen.[68]

Um eine moderne Industriestadt zu werden, war die **Ausdehnung bzw. Auslagerung auf das Festland** unausweichlich.[69] Dieser Schritt erfolgte 1917. Bei Marghera und Mestre entstand ein ausgedehnter Industriehafen und die bestehenden Ortskerne wurden durch Wohnbauten erweitert.[70] Zum einen, um den Arbeitern ein Wohnen in unmittelbarer Nähe zur Arbeitsstätte zu ermöglichen, zum anderen, weil es auf dem Festland einfacher war, zeitgemäßen Wohnraum herzustellen.[71] Piero Foscari (1865–1923), ein einflussreicher italienischer Staatsmann und venezianischer Aristokrat, war einer der Hauptunterstützer dieser Maßnahme, die zu der Technisierung der gesamten Lagune beitrug. Er war auch einer der Vorsitzenden der Società Adriatica di Elettricità (S.A.D.E.) und somit auch an der Elektrifizierung der gesamten Region Venetien maßgeblich beteiligt.[72] In seiner Werbeschrift für den neuen Hafen mit angeschlossenem Industriegebiet von 1917 teilte er die Entwicklung jeder Lagune in drei Phasen, die natürlich aufeinander folgen: In der maritimen Phase überwiegt der Bezug zum Meer und die Lagune ist im besten Fall auch schiffbar. Die Verlandungsphase bildet den Übergang zur landwirtschaftlichen Phase. Durch die Sedimente, die durch die Flüsse in die Lagune transportiert werden, beginnt die Lagune allmählich zu versanden und das maritim geprägte Umfeld wandelt sich zunehmend zu einer Landschaft, die in ihrer Beschaffenheit eher zum Festland zuzuordnen ist. Die landwirtschaftliche Phase tritt ein, sobald die Lagune komplett versandet ist und Flächen, die in den Jahrhunderten zuvor durch Wasser bedeckt waren, landwirtschaftlich genutzt werden können. Die venezianische Lagune stellt hierbei eine durch menschliche Eingriffe herbeigeführte Konservierung der maritimen Phase dar. Der Schritt auf das Festland ermöglichte nach Foscari das Überspringen der Verlandungsphase, ohne das maritime Umfeld zu verlieren. Die eigentliche (land)wirtschaftliche Nutzung, die als logische Konsequenz in der Lagune entstehen würde, wurde nun auf das Festland verschoben.[73] Die Auslagerung der Industrie hatte aber auch zur Folge, dass die eigentliche Funktion der Lagunenstadt überdacht werden musste.[74] Neben der Etablierung als internationales Studien-, Kunst- und Kulturzentrum (1829 wurde die Universität Ca'Foscari und 1895 die Biennale gegründet) siedelten sich zahlreiche Versicherungsgesellschaften an und der schon seit langem aufgebaute Tourismus wurde die Haupteinnahmequelle der Lagunenstadt.[75]

Zwei auch räumlich **getrennte Visionen** von Venedig bestimmten seit dem Schritt auf das Festland seine weitere urbane Entwicklung. Das neue urbane und industrielle Zentrum auf dem Festland sollte den Anschluss an den technischen und gesellschaftlichen Fortschritt des 20. Jahrhunderts garantieren, während das künstlerische und kulturelle Erbe der Serenissima in der Lagune gepflegt und erhalten werden sollte.[76] Diese Visionen waren allerdings nicht gleichberechtigt. Die Stadterweiterung auf dem Festland sollte sich klar gegenüber der Stadt in der Lagune unterordnen und lediglich die fehlenden Funktionen ergänzen.[77] Dies hatte unter anderem auch zur Folge, dass die entstandenen Verbindungen und Abhängigkeiten der umliegenden Lagunengemeinden administrativ in der Metropolregion Venedig (*la Grande Venezia*) 1926 gebündelt wurden. Neben dem neuen industriellen Zentrum in Mestre und Marghera wurden noch die Kommunen Favaro Veneto, Zellarino, Chirignano und Fusina durch Ministerialbeschluss aus Rom eingemeindet.[78] Die Lagunenstadt sollte hier als administratives Zentrum fungieren. 1933 erfolgte der von der faschistischen Regierung geförderte Ausbau der Autobahn Padua–Mestre–Venedig.[79] In Venedig wurde dies zum Anlass genommen, die Eisenbahnbrücke auszubauen und die Verbindung des administrativen und industriellen Zentrums zu stärken.[80]

Seit dem Schritt auf das Festland entwickelten sich in Venedig verschiedene Arten der **städtischen Peripherie**. In Bezug auf die Stadt ist die Peripherie ein Ort, der fern vom wirtschaftlichen und gesellschaftlichen Zentrum liegt, administrativ und/oder kulturell aber noch zum Stadtgebiet gehört. In industrialisierten Städten wurden die Peripherien meist genutzt, um Wohnsiedlungen und Industriebetriebe anzusiedeln, die aufgrund des demografischen und industriellen Wachstumes entstanden sind. Als Folge verloren viele Städte ihre alten Grenzen und breiteten sich in die Fläche aus. Der Gegensatz zwischen der, fachlich in kurzer Zeit geplanten, Peripherie und dem, durch über Jahrhunderte andauernde Bauaktivität ausformulierten, Zentrum intensivierte sich. In Venedig wurde die eigentliche interne städtische Peripherie an den Rändern der Lagunenstadt durch die externen Peripherien auf dem Lido und auf dem Festland ergänzt. Da sie nicht im gleichen Maße durch die Lagune begrenzt waren, konnten hier Stadterweiterungen entstehen, die sich an dem technischen Standard und an internationalen Modellen orientierten. Die Bauten der internen Peripherie hingegen waren räumlich begrenzt und standen in unmittelbarem Kontakt mit der Lagunenstadt. Hier entstanden Neubauprojekte auf ehemaligen Gärten oder auf Industriebrachen, die durch die Übersiedelung auf das Festland frei geworden waren.

Besonders hervorzuheben ist der Ausbau der sogenannten *Sacce*, der in der Regel in Addition an die *forma urbis* erfolgte. Als *Sacce* werden neue Inseln in der unmittelbaren Umgebung der Lagunenstadt bezeichnet, die durch die Entsorgung von Müll und den Aushub der Kanäle neu entstanden. Die *Sacce* befinden sich immer am Rand der Lagunenstadt und hier errichtete Bauwerke stehen in direktem Kontakt zur offenen Lagune. Außerdem lassen sich durch die einseitige Bebauung die unterschiedlichen Einflüsse und Tendenzen des 19. und 20. Jahrhunderts in der internen Peripherie in besonderer Weise erfassen.[81] Die praktische Durchführung der Stadterweiterung in der internen Peripherie wurde jedoch bereits Mitte der 1930er Jahre aufgrund der Notwendigkeit, schnell und viel Wohnraum herzustellen, in Frage gestellt. Durch die räumliche Begrenzung und die in der Lagune erschwert herzustellenden

Wohnstandards war die Errichtung von Wohnraum in der internen Peripherie sehr aufwändig. Um diese hinderlichen Voraussetzungen zu umgehen, wurde die externe Peripherie für die bauliche Erweiterung Venedigs vorgezogen.[82]

Mit dem königlichen Dekret Nr. 1901 vom 21. August 1937 wurde aus Rom ein Spezialgesetz für Venedig eingeführt, welches die Anfertigung und Durchführung eines **Rahmenplanes** für die Sanierung und Instandhaltung der Stadt ermöglichte, der innerhalb von zehn Jahren durchzuführen war. Eines der übergeordneten Ziele war es, den lagunaren und monumentalen Charakter der Stadt zu schützen. Das urbane Gefüge der Stadt wurde als eng verknüpft mit ihrem Entstehungsort und mit der Lebensweise der Insulaner betrachtet.[83] Außerdem wurde ihr Charakter und ihre Schönheit auf ein variierendes Zusammenspiel immer wiederkehrender städtebaulicher und architektonischer Elemente zurückgeführt, deren besondere Zusammenstellung ein Nebeneinander von Arm und Reich ermöglicht.[84] Der Rahmenplan wurde vom obersten Baubeamten Eugenio Miozzi (1889–1979) betreut.[85] Miozzi war seit 1931 im Dienst und hatte unter anderem die neuen, lokal inspirierten Brücken am Bahnhof und der Accademia entworfen, welche die alten österreichischen Brücken ersetzten.[86] Der 1939 erschienene Maßnahmenkatalog beinhaltete Eingriffe, die das Ziel verfolgten, die Lagunenstadt unter Beibehaltung ihres mit dem Ort verbundenen Charakters zu sanieren.[87] Hierzu zählten unter anderem die Wiedereröffnung oder Sanierung von Kanälen, die Verbreiterung von Fußgängerwegen, die Verbesserung des Fußgängerwegenetzes, der Abriss von untergeordneten Gebäuden, die Freistellung von prestigeträchtigen Bauten, die Verbesserung der Belüftung der Stadt durch die Schaffung neuer Plätze, die Instandsetzung bzw. Erneuerung der Kanalisation und der Wasserversorgung sowie die Wiederherstellung von zahlreichen Gärten. Diese Eingriffe sollten auf die essenziellen Bedürfnisse der Stadt und ihrer Bewohner abzielen, ohne die Stadt merklich zu transformieren. Venedig sollte mit seinen Eigenarten für künftige Generationen erhalten und gleichzeitig für Zeitgenossen lebenswerter gemacht werden.[88] Die weitere Ausdehnung der Stadt wurde in dem Plan nur noch begrenzt thematisiert. Besonders durch den Ausbau des lagunaren Nahverkehrs sollten periphere Standorte besser angebunden werden. So wurden die Insel Murano, der südliche Bereich der Giudecca, die Sacca Fisola und Teile von Sant'Elena als Möglichkeit aufgezeigt, die Lagunenstadt mit einer Fläche von ca. elf Hektar durch Aufschüttungen und Abrisse zu erweitern. Die vorgeschlagenen Interventionsräume fanden sich hauptsächlich in der internen Peripherie (Castello 6,5 Hektar, Dorsoduro 1,7 Hektar, Cannaregio 3,0 Hektar) und waren untergeordnet zum bestehenden Stadtkörper.[89]

## Geförderter Wohnungsbau

Der Ausbau der Industrie seit Mitte des 19. Jahrhunderts zog zahlreiche Arbeitskräfte an. Besonders betroffen von der **Wohnungsnot** waren die unteren Schichten der venezianischen Gesellschaft. Bereits zu Beginn des 20. Jahrhunderts zählte Venedig über 148.000 Einwohner. Bis 1951 erhöhte sich die Einwohnerzahl auf 175.000.[90] Um diese

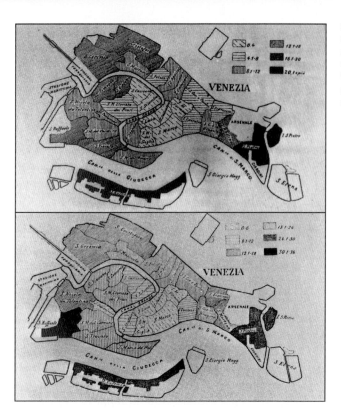

▶7
Standorte überfüllter Wohnungen und Wohnen im Erdgeschoss, Übersichtskarten 1910; Raffaele Vivante, *Il problema delle abitazioni in Venezia*. Venedig: Prem. Officine Grafiche di Carlo Ferrari

Belastung und die damit verbundene Notwendigkeit zu handeln darzustellen, wurde bereits 1904 der kommunale Sanitäringenieur Raffaele Vivante (1864–1965) vom Bürgermeister Filippo Grimani (1850–1921) beauftragt, die Wohnverhältnisse in Venedig in Bezug auf ihre Bewohnbarkeit und Belegungsdichte zu untersuchen.[91] Er untersuchte den Zusammenhang von feuchten Erdgeschosswohnungen und der Erkrankung ihrer Bewohner an Tuberkulose.[92] Trotz des Widerstandes der Immobilieneigentümer, die durch das Vorhaben hohe Sanierungskosten auf sich zukommen sahen, wurden die Untersuchungen durchgeführt und ihre Ergebnisse im August 1910 veröffentlicht. Vivante stützte sich auf die Veröffentlichung von bereits durchgeführten ähnlichen Recherchen, wie zum Beispiel die Untersuchung Basels durch den Ingenieur Blücher von 1889 oder auf das Berliner Handbuch für Wohnungsstatistik und Wohnungs-Enquête von 1903. Venedig beschreibt er aufgrund der hohen baulichen Dichte und der Enge der Straßen als besonders bedürftig für eine solche Untersuchung.[93] Die Untersuchung ist unterteilt nach Stadtteilen und umfasst 23.325 Wohneinheiten, die von 135.416 Personen bewohnt werden (Schnitt von 5,8 Personen pro Wohneinheit).[94] Die am stärksten überfüllten Stadtteile befanden sich auf der Giudecca und im Osten von Castello. Darauf folgten der Westen von Dorsoduro und Cannaregio. Die geringste Wohndichte fand sich in den zentralen Gebieten um San Marco und San Polo. Die meisten Erdgeschosswohnungen befanden sich auf der Giudecca und an den östlichen und westlichen Spitzen der Stadt in Dorsoduro und Castello. Darauf folgten der Rest von Dorsoduro und ein großer Teil von Cannaregio. Das Zentrum der Stadt verfügte über sehr wenige Erdgeschosswohnungen. (▸ABB. 7) Die schlechten Wohnverhältnisse um 1900 lassen sich zum einen auf die peripheren Standorte, zum anderen aber auch auf das Bedürfnis nach Wohnraum für die Arbeitskräfte der nahegelegenen insularen Industriebetriebe zurückführen. Als Hauptergebnis betrachtete er allerdings die schlechten und aus seiner Sicht traurigen Konditionen, unter denen viele Menschen in Venedig leben mussten.[95] Die daraus abgeleitete soziale Notwendigkeit für bauliche Eingriffe begründete er damit, dass ein Fünftel der Bevölkerung in überfüllten Wohnungen lebte, von denen sich 28 Prozent im Erdgeschoss befanden.[96] Die baulichen Eingriffe sollten im Idealfall über die Kommune erfolgen und das Ziel verfolgen, die Verbreitung von ansteckenden Krankheiten wie Cholera, Typhus und Tuberkulose zu vermindern.[97] 1935 erfolgte eine weitere Untersuchung Vivantes, die sich ebenfalls auf die Wohnverhältnisse der Lagunenstadt konzentrierte. Im Vergleich zu der ersten Untersuchung von 1909 wurden 28.653 Wohnungen gezählt, was einen Zuwachs von 5328 Wohnungen bedeutete. Ungefähr noch zwölf Prozent der Wohnungen befand sich im Erdgeschoss, was eine Verbesserung zu den Verhältnissen von 1909 darstellt. Der Anstieg der Wohnungen wurde vor allem in Castello (1611 Wohnungen), Cannaregio (1405 Wohnungen) und Dorsoduro gemeinsam mit der Giudecca (1244 Wohnungen) verzeichnet. Von der zuletzt 1931 gezählten Bevölkerung von 159.980 Personen, war allerdings noch immer ungefähr ein Drittel (50.314 Personen) von Überfüllung und rückständigen Wohnverhältnissen betroffen.[98]

Die **bauliche Entwicklung der Lagunenstadt** in der ersten Hälfte des 20. Jahrhunderts fand sowohl in der externen als auch in der internen Peripherie statt. Die Standorte der internen Peripherie konnten die Anfrage nach Wohnraum durch die wenigen zur Verfügung stehenden Flächen nicht angemessen bedienen. Auch wurde in der Modernisierung der Brachflächen ein Risiko für die lokale Ästhetik der Stadt gesehen.[99] Aus diesem Grund wurde für die Behebung des Wohnproblems auch auf die externe Peripherie zurückgegriffen. Noch vor dem Ersten Weltkrieg wurde mit der Gartenstadt auf dem Lido begonnen.[100] Hier sollte gesunder und moderner Wohnraum für die zahlreichen Angestellten der großen Luxushotels entstehen. Die Solitäre verfügten über ausreichend Grünfläche. Trotz dieser Siedlungstypologie, die zuvor in Venedig kaum existierte, wurde sich jedoch stilistisch an der traditionellen Architektur der Lagunenstadt orientiert.[101] (▸ABB. 8) Nach dem Schritt auf das Festland und der Eingemeindung der umliegenden Kommunen konnten neue Wohnbauten auch auf dem Festland entstehen. 1924 entstand bei Marghera unter anderem das Quartier Volpi. Etwas großzügiger angelegt als die Gartenstadt auf dem Lido, richtete sich diese ebenfalls aus Solitären bestehende Mehrfamilienhaussiedlung sowohl an die neu zugezogenen Arbeiter in der nahen Industrie als auch an Venezianer, die zuvor in der Lagunenstadt wohnten. Den Venezianern sollte der Umzug auf das Festland zum einen durch die Bereitstellung von großzügigem und den aktuellen Sanitärstandards entsprechenden Wohnraum, zum anderen aber auch durch die Verwendung von charakteristischen Farben und Formen, die sich an der Mutterstadt orientierten, erleichtert werden.[102] (▸ABB. 9) Die Siedlungen der externen Peripherie orientierten sich stilistisch an der Mutterstadt, konnten aber auf wesentlich mehr Fläche für die Errichtung von Wohnbauten zugreifen. Außerdem waren sie an das zeitgenössische Straßennetz angebunden und ließen die Anbindung an die Lagune

▶8    Isolierte Gartenstadt auf dem Lido, Luftbild 1922; Plinio Donatelli, *La casa a Venezia nell'opera del suo istituto*, Rom: Stabilimento poligrafico per l'amministrazione dello stato 1928

durch Kanäle oder Ähnliches missen. Die quantitativ wenigeren Wohnbauvorhaben der internen Peripherie hingegen standen bei gleichen Anforderungen an gesundes zeitgenössisches Wohnen und unter Anwendung moderner Konstruktionstechniken vor den identischen beschränkten räumlichen Voraussetzungen wie noch zu Zeiten des Barbariplanes.

Für die Herstellung von Wohnraum waren für die gesamte Peripherie **staatlich koordinierte Interventionsmodelle** notwendig. In Venedig wurde bereits 1886 ein Sanierungsplan erstellt und beschlossen. Dieser Plan sah den Abriss von gesundheitlich schädlichen Bauten vor und plante, diese durch Neubauten zu ersetzten. 1889 folgte die Vorlage eines Planes, der 40 Projekte vorstellte, die der Sanierung der Stadt dienen sollten – darunter neben der Öffnung von neuen Straßen auch der Bau von neuen Wohnhäusern. 1891 wurde mit der Zahlung von Prämien für den Bau von hygienischem Wohnraum ein weiteres Instrument zur Stadtsanierung eingeführt. Hierfür hatte die Kommune eigens Richtlinien festgelegt, nach deren Berücksichtigung die Prämien an private Investoren vergeben wurden, sofern diese sozial und hygienisch verträglichen Wohnraum herstellten.[103] Ein weiterer Anreiz für private Investoren war, dass zusätzlich zu den Prämien den Mietpreisen für Wohnbauten seitens der Kommune keine Obergrenze gesetzt worden war und so die Gewinnspanne vergrößert werden konnte. Da diese Vorgehensweise an mäßigen Erfolg für die bedürftige Bevölkerung Venedigs geknüpft war, wurde innerhalb der kommunalen Verwaltung 1893 eine Stabsstelle für geförderten Wohnungsbau, die Commissione per le Case Sane Economiche e Popolari, gegründet. Hauptaufgabe dieser Stabsstelle war es, finanzielle Abkommen und Verträge mit der Cassa di Risparmio in Venedig zwecks der Finanzierung von neuen Wohnbauten zu schließen.[104] Wohnbaupolitik wurde so von

▶9    Großzügiger Teilbauabschnitt des Quartier Volpi auf dem Festland, Luftbild 1924; Archivii fotografici
digitali Comune di Venezia – Fondo fotografico Giacomelli

Organen der lokalen Regierung betrieben, während die Bautätigkeit hauptsächlich
durch Private durchgeführt wurde. 1911 wurde die Stabsstelle, auch als eine Reaktion
auf die Untersuchung von Vivante, in das neu gegründete kommunale Unternehmen
Istituto Autonomo per le Case Sane ed Economiche eingegliedert. 1913 wurde das
Institut in Istituto Autonomo Case Popolari (IACP) umbenannt. Bis 1911 hatten die
Vorgängerorganisationen des IACP 671 Wohnungen mit 2328 Zimmern realisiert. Diese
wurden, sofern sie sich nicht in Privatbesitz befanden, mit allen anderen verfügbaren
Ressourcen an das neue Institut übertragen. In der Satzung des IACP von 1915 wurde
der wirtschaftliche und soziale Aspekt der Bauwerke hervorgehoben.[105] Die Praxis der
staatlichen Prämienzahlungen bei der Herstellung von Wohnraum wurde noch bis
zum Zweiten Weltkrieg fortgeführt und Private sowie Genossenschaften oder auch
der IACP waren die Nutznießer.[106]

   Die Aktivität des venezianischen **IACP** kann in den Zwischenkriegsjahren in
zwei unterschiedliche Phasen aufgeteilt werden. Im zweiten Jahrzehnt des 20. Jahrhundert bis in die frühen 30er Jahre fand noch gemeinsam mit Investoren eigene
Bauaktivität statt.[107] So entstanden Quartiere auf der Giudecca, in Santa Marta, auf
dem Lido, in Sant'Elena, in Madonna dell'Orto, in Marghera und auf den Inseln der
Lagune. Die Quartiere sollten sich bei geringen Herstellungskosten in das bestehende
städtische Umfeld einfügen.[108] Der IACP war nicht mehr nur ein städtisches Organ,

das dazu diente, sozialen Wohnraum herzustellen, sondern suchte sich auch weitere Tätigkeitsfelder als Investor und Spekulant. Außerdem versuchte das Institut sich mit der eigenen Expertise und dem Einfluss als politischer Akteur in Fragen zu etablieren, die den Wohnraum und die Baukultur betrafen. Ein Beispiel hierfür ist die Restaurierung der Kapelle Borromeo auf Sant'Elena. Auch war es gängige Praxis, dass der IACP Bauten auf Grundstücken plante und diese zum Bau an private Investoren veräußerte. Über die Jahre gelangte er zu immer mehr Einfluss auf dem venezianischen Wohnungsmarkt. Bis zum Beginn der 1930er Jahre war die Bautätigkeit des IACP von großer Realisierungsgeschwindigkeit geprägt, die auf geringen Löhnen, bereits bewährten Bautechniken und nicht geänderten Bauvorschriften basierte. In der zweiten Hälfte der 30er Jahre bis zum Zweiten Weltkrieg neigte der IACP dazu, sich auf seine bürokratische und finanzielle Bauherrenfunktion zu beschränken. Dies, und auch die Anpassung an geänderte Normierung wie das »Regolamento del Suolo«, führte zu einer geringeren Qualität der Wohnbauten.[109] Noch vor dem Ausbruch des Zweiten Weltkrieges wurde der IACP von der Kommune auf die Provinz übertragen.[110] Durch die vermehrte Zentralisierung entfernte er sich von den lokal verorteten Problemstellungen und auch die baulichen Interventionen wurden noch weiter standardisiert.[111] Dies hatte zur Folge, dass die Gestalt der Bauten, unabhängig von ihrem Entstehungsort, immer einheitlicher wurde.

Rein **private Wohnbautätigkeit**, die nicht durch Prämien teilfinanziert wurde, existierte zwischen den Weltkriegen kaum. Große Teile der gefördert hergestellten Quartiere wurden jedoch nur durch die finanzielle Mitwirkung von Investoren ermöglicht (Quartiere Volpi, Santa Marta SADE, Sant'Elena).[112] Die Herstellung der Quartiere wurde aber vom IACP geplant und zum Teil auch durchgeführt. Im Zentrum der Stadt wurde die Bauaktivität durch den Tourismusbetrieb und die Qualifizierung von bestehenden Bauten für ein gehobenes Klientel geprägt.[113] Aufgrund ihrer geringeren Anzahl fielen die errichteten Bauten aber für die Lösung des Wohnproblems nicht ins Gewicht, auch weil es sich meist um aufwändige Prestigebauten handelte. Das beste Beispiel für diese private Wohnbautätigkeit stellt die Casa Salviati von Giovanni dell'Olivo dar, die 1924 begonnen wurde. Als eine der letzten zeitgenössischen Realisierungen am Canal Grande war die Gestaltung des Baukörpers durch die historistischen Rückgriffe auf die Formensprache der frühen Renaissance geprägt. Somit gliedert sich das Gebäude in die Ansicht der Bauten am Canal Grande ein und fällt nicht als ein Bauwerk der Zwischenkriegsjahre auf. (▶ABB. 10)

Die **Tradition des geförderten Wohnbaus** reicht in Venedig bis in die Zeit der Serenissima zurück. Durch den venezianischen Staat wurden aus karitativen Beweggründen zahlreiche Wohnbauten für die bedürftige Bevölkerung hergestellt. Sinnbildlich hierfür steht die Tätigkeit der *Scuole*, die sich als Zusammenschlüsse einflussreicher Venezianer mit den Bedürfnissen der mittellosen Bevölkerung auseinandersetzten.[114] Die einfachen Wohnbauten bezeichnet Trincanato als authentische Repräsentation des Venedigs der Massen und gleichzeitig auch als Kern des Problems der Stadt, sich an die jeweiligen zeitgenössischen Bedürfnisse unter Beibehaltung der ortstypischen Gestaltung anzupassen.[115] Die Tradition der venezianischen Alltagsarchitektur (*Architettura Minore*) wird in ihrem Werk *Venezia Minore* umfangreich dargestellt.[116] Nach dem Ende der Serenissima wurde die Wohnbautätigkeit teilweise von der lokalen ästhetischen Prägung entkoppelt. Besonders die Wohnbauten der zweiten Hälfte des 19. Jahrhunderts wurden durch das Bedürfnis geprägt, schnell und kostengünstig Wohnraum herzustellen und folgten zeitgenössischen Wohnmustern. Die bis zum Ersten Weltkrieg durch die Aktivitäten der Commissione entstandenen Bauwerke zielten nach Ferrini hauptsächlich auf die Behebung der sozialen und hygienischen Missstände ab. Die gut belichteten und belüfteten Bauten wurden nicht nur als Garant für gesündere Wohnverhältnisse in der Stadt betrachtet, sondern sollten durch ihre Gestaltung auch zu einem gehobenen Selbstwertgefühl ihrer Bewohner führen.[117] (▶ABB. 11, 12)

Eine **Besonderheit des geförderten Wohnungsbaus** zwischen den Weltkriegen war es, dass zusätzlich zu der Behebung der sozialen und hygienischen Missstände vermehrt Ansprüche an die Ästhetik des neuen Wohnraumes gestellt wurden.[118] In Venedig wurde diese Ästhetik besonders mit den Eigenschaften lokaltypischer Gestaltung verbunden. Mit der Tätigkeit des IACP begann eine Neuausrichtung der Wohnungspolitik in der Lagunenstadt. Dem Präsidenten des IACP Plinio Donatelli (1860–1934) folgend, legten die vor dem Institut entstandenen Bauten ihre Schwerpunkte zu stark auf die Wirtschaftlichkeit und hygienischen Standards und vernachlässigten dabei die räumliche Qualität der öffentlichen und privaten Räume. Eine Tatsache, die sich auch auf das Wohlbefinden und die Moral der Bewohner auswirken würde.[119] Ein ästhetisches Umfeld wurde nun zusätzlich zu den hygienischen und modernen Wohnungsstandards als essentiell für die Bildung und Kultivierung der einfachen Bevölkerung betrachtet.[120] Da die Lagunenstadt den Anforderungen an eine schnelle, moderne Stadt nicht gerecht werden konnte, schlug Duilio Torres (1882–1969) vor, neue Quartiere herzustellen, die zwar den traditionellen baulichen Prinzipien Venedigs folgen, sich aber an die moderne Praxis der Stadtplanung und deren Anforderungen anpassen. Auch in Bezug auf die einzelnen Architekturen müsse unter Berücksichtigung der modernen Anforderungen angemessen auf den Ort reagiert werden. Die Stadt würde so mit »künstlichen Zeitzeugen« erweitert, die nicht durch die Einfachheit der durch Immobilienspekulation entstandenen Bauten oder durch das willkürlich historisierende Kopieren vergangener Stile geprägt werden würden.[121] Die Frage, wie moderne Wohnbauten kostengünstig und gemäß den formulierten ästhetischen Anforderungen hergestellt werden können, beantwortete Donatelli für den IACP in der 1928 veröffentlichten Festschrift des Institutes. Er bezeichnet Mauern, deren rote Ziegel durch das Salzwasser sichtbar angegriffen sind und deren Spiegelungen im Wasser pittoreske Effekte erzeugen, als den charakteristischsten Aspekt der Stadt. Bei Neuplanungen von gesteigertem künstlerischem Interesse sollen diese spezifischen Aspekte gesondert berücksichtigt werden. Die Behebung der hygienischen Missstände betrachtet er allerdings als oberstes Ziel des Institutes.[122] Die Enge der alten Gassen sieht er als Antithese zu den Grundsätzen der hygienischen Normen. Neue Gassen sind aus diesem Grund in angemessener Breite herzustellen. Die Herstellung von *Campielli* und vereinzelten *Sottoportegi* sieht er als ausreichend an, um der *Urbanen Gestalt* Venedigs zu entsprechen.[123] 1939 formulierte der oberste Baubeamte Miozzi das Bestreben, die Innenstädte aufzuwerten. Hierzu sollten die weniger einkommensstarken Bevölkerungsschichten aus dem Zentrum in die Peripherie (intern und extern) verdrängt werden. Dies sollte durch die Schaffung weiterer

►10
Repräsentativer Privatbau am Canal Grande (1924–1926), Casa Salviati, Foto 2021; C. Toson

►11
Exemplarischer Wohnungsbau aus dem 18. Jahrhundert, Fondamenta Tron, Foto 2021; C. Toson

►12
Exemplarisches gefördertes Wohnen (1905–1907), Case Sane ed Economiche alle Chiovere di San Giobbe, Foto 2021; C. Toson

günstigen Wohnraumes ermöglicht werden. Der so freigewordene Raum sollte durch eine bürgerliche (zahlungskräftigere) Klientel besetzt werden, damit die Immobilien und Bodenpreise im Zentrum sich der Nutzung und Lage entsprechend entwickeln würden.[124] Hierfür sollten sich die Standards der neu zu errichtenden Wohnbauten, besonders in Bezug auf die ortstypische Gestaltung, steigern, die Miozzi zufolge besonders die Tätigkeit des IACP der späten 1930er Jahre missen ließ.[125]

Um die **Handlungsfelder für Wohnbauten** in der internen Peripherie zu identifizieren, sind verschiedene Darstellungen der Stadt unumgänglich. Die erste topographische Untersuchung der Stadt Venedig wurde 1911 von den königlichen Ballonfahrern Regio Corpo di Aerostieri unter der Führung des erst kurz zuvor wieder eingerichteten Magistrato delle Acque ausgeführt. Die Lagunenbehörde setzte sich mit allen das Wasser der Lagune betreffenden Fachfragen auseinander. Die erste fotografische Vogelperspektive Venedigs ermöglichte eine realitätsgetreue Darstellung der Stadt, die als Handlungsbasis für zukünftige Eingriffe in das städtische Umfeld diente und das Ziel verfolgen sollte, die Funktionalität und den lagunaren Charakter Venedigs zu bewahren. Die dichte Stadtstruktur verfügt in ihrem Inneren noch über Freiräume oder Brachen ehemaliger Industrie. Auch die *Sacce* an den Rändern der Stadt sind noch unbebaut. Die Aufnahme von 1911 zeigt die Stadt gegen Ende der neoinsularen Phase am Limit ihrer industriellen Kapazitäten. Durch den 1917 erfolgten Schritt auf das Festland entstanden durch die Industriebrachen neue Freiräume. (▶ABB. 13) Das Stadtmodell der IUAV, das die bauliche Entwicklung Venedigs von 1900 bis 1961 hervorhebt, erlaubt eine Spezifizierung der baulichen Entwicklung zwischen den Weltkriegen. Anfang der 1960er Jahre wurden an der IUAV hierzu zahlreiche Studien durchgeführt. Den Studien folgte ein Stadtmodell, das 1961 ausgestellt wurde. Die zwischen 1900 und 1961 errichteten Bauwerke sind im Modell rot hervorgehoben. Kulturell bedeutsame Bauten sind dunkelbraun und die restliche Bebauung hellbraun dargestellt. Die meisten zusammenhängenden Bauten zwischen 1900 und 1961 finden sich im Westen von Dorsoduro, im Westen von Santa Croce, im Osten von Castello und auf der Giudecca. Weitere zusammenhängende Bauten befinden sich weniger zahlreich und dicht im Nordwesten von Cannaregio. In den *Sestieri* San Marco und San Polo befinden sich nahezu keine nach 1900 errichteten Bauten. Der Westen von Castello, der Osten von Cannaregio und der Osten von Dorsoduro verfügen, ähnlich wie die inneren *Sestieri,* nur vereinzelt über Bauten nach 1900. Die verstärkte Bauaktivität

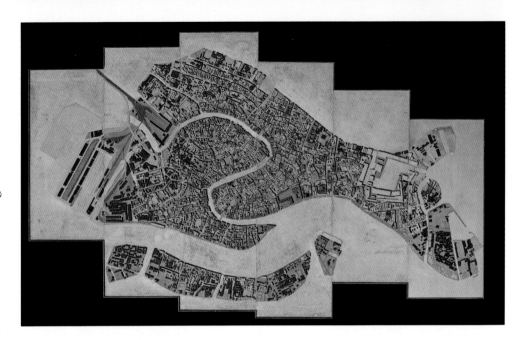

▶14    Zwischen 1900 und 1961 errichtete Bauten, Modell ca. 1961; Marco Acerbi, Università IUAV di Venezia –
       Collezione Archivio Progetti, Inv. 068894

im Westen und auf der Giudecca ist auf die industrielle Prägung zurückzuführen. Im Norden wurden bestehende Brachen und Freiräume mit Wohnbebauung aufgefüllt. Der Osten stellt ebenfalls eine Besonderheit dar, da hier das größte Quartier der Insel ex-novo errichtet wurde. (▶ABB. 14)

## Zusammenfassung Untersuchungsgegenstand

Die romantische **Wahrnehmung** Venedigs als Überrest der Serenissima stand der baulichen Realität der Stadt entgegen, die vor den gleichen gesellschaftlichen Herausforderungen stand wie jede andere europäische Stadt zu Beginn des 20. Jahrhunderts. Trotzdem schafft die **Lagune** noch heute einzigartige räumliche Verhältnisse für die Entwicklung der Stadt. Zum einen werden besondere visuelle Bedingungen geschaffen, zum anderen kann sich die Stadt nicht einfach ausdehnen, da nur begrenzter Baugrund zur Verfügung steht, der sich nur sehr aufwändig herstellen lässt. Im **Barbariplan** erscheint die Stadt schon als nahezu vollendet und nicht mehr ausbaufähig. Der, mit der durch Barbari definierten *forma urbis* verbundene, Bedeutungskosmos verlor ab 1797 zunächst unter französischer und folgend unter österreichischer Besatzung seine Gültigkeit und nur die reine Form verblieb.[126] Die folgenden **industriellen Modifizierungen** der Form verfolgten allein das Ziel, Venedig als Wirtschaftsstandort zu modernisieren und seine Wettbewerbsfähigkeit zu stärken. Der Anschluss an das Schienennetz war Ausdruck der Tendenz, die Stadt zu normalisieren. Die radikalen

Eingriffe in der zweiten Hälfte des 19. Jahrhunderts entsprangen ebenfalls dieser Logik. Auf die Normalisierung der Lagunenstadt folgte eine neoinsulare Rückbesinnung auf die Qualität der Stadt als Insel. Der Ausbau des Hafens und die Ansiedlung neuer Industrie erfolgten in Addition an die *forma urbis*. Mit den großformatigen Industriebauten wurden Typologien eingeführt, die der Stadt zuvor fremd waren und sich klar aus dem städtischen Gefüge hervorhoben. Doch während die Ränder und Brachen der Stadt industrialisiert wurden, wurde im Zentrum darauf geachtet, die überlieferte *Urbane Gestalt* nicht zu modifizieren. Der **Schritt auf das Festland** von 1917 folgte ebenfalls der Logik der wirtschaftlichen Modernisierung. Die Dimensionen der Lagunenstadt konnten nicht mehr mit der rasanten industriellen Entwicklung Schritt halten. Die Trennung des industrialisierten Venedigs auf dem Festland und der Altstadt in der Lagune führten **zu zwei getrennten Visionen** der Stadt, aus denen sich unterschiedliche **städtische Peripherien** entwickelten. Die interne Peripherie erwies sich hierbei als schwieriger zu bebauen. Neue Bauwerke mussten sich sowohl mit der bestehenden städtischen Situation als auch mit den Restriktionen der Lagune auseinandersetzen. Im **Rahmenplan** von 1939 wurde die Trennung der zwei unterschiedlichen Visionen von Venedig endgültig konsolidiert, indem der Erhalt der Monumentalität und des lagunaren Charakters bei der Entwicklung der Stadt fokussiert wurde und jegliche anderen baulichen Bedürfnisse und Tendenzen auf das Festland verbannt wurden.[127] Durch die Untersuchung von Vivante wurde die **Wohnungsnot** und der mit ihr verbundene Handlungsbedarf aufgezeigt. Gleichzeitig bildet sie die Grundlage für die zukünftige städtische Entwicklung. Die **bauliche Entwicklung** Venedigs in der externen Peripherie kann, durch die räumliche Distanz und die gewöhnlichen baulichen Voraussetzungen trotz der Verwendung lokal inspirierter Formensprache, als losgelöst von der Entwicklung der Lagunenstadt betrachtet werden. Die interne Peripherie hingegen muss sich in besonderer Weise mit der bestehenden Stadt auseinandersetzen. Die **staatlich koordinierten Interventionsmodelle** für die Herstellung von Wohnungsbau haben ihren Ursprung bereits gegen Ende des 19. Jahrhunderts. Erst durch die teilautonomen Institute, die durch das Luzzati-Gesetz zu Beginn des 20. Jahrhunderts entstanden sind, wurde die Herstellung von Wohnraum gleichzeitig anspruchsvoller und effektiver. Der venezianische **IACP** stand vor besonderen räumlichen Voraussetzungen. Dennoch wurde seine Tätigkeit zwischen den Weltkriegen zunehmend rationalisiert und industrialisiert. Die geförderten Bauten bilden, anders als die **private Wohnbautätigkeit**, größere Quartiere aus, die mit ihren einfacheren Formen das Leben des größten Teiles der Venezianer prägen und nicht wie die zeitgleich entstandenen Prunkbauten auf wenige Familien beschränkt sind. Die **Tradition des geförderten Wohnbaus** reicht in Venedig bis zur Serenissima zurück. Durch modulare Bauweise und geschickte Kombination der einzelnen Elemente wurde hier bereits räumlich ansprechender Wohnraum hergestellt. Eine **Besonderheit** im geförderten Wohnungsbau in Venedig zwischen den Weltkriegen stellt das Bestreben dar, die moderne Bedürfnisbefriedigung in intensiver Weise mit der ortstypischen Ästhetik zu verknüpfen.[128] Gegen Ende der 1930er Jahre sollte durch die herzustellenden Wohnbauten in der Peripherie eine Emigration der bedürftigen Bevölkerung aus dem Zentrum erzeugt werden, um das Stadtzentrum für eine bürgerliche Klientel herzurichten.

▶15    Untersuchungsbeispiele der internen Peripherie, Schwarzplan 2017; eigene Darstellung, basierend auf
https://www.openstreetmap.org (Zugriff am 02.03.2017)

Als **Handlungsfelder für den geförderten Wohnungsbau** in der internen Peripherie
von Venedig zwischen den Weltkriegen lassen sich acht Standorte herausstellen. Die
Quartiere San Giacomo (1919–1921), Campo di Marte (1919–1936), Madonna dell'Orto
(1919–1921), Sant'Alvise (1929–1930), San Girolamo (1929–1930), Santa Marta (1922–1935),
Celestia (1938–1939) und Sant'Elena (1922–1927) befinden sich alle am Rande der Stadt
in der internen Peripherie und scheinen das Ziel zu verfolgen, die *forma urbis* der Stadt
zu vervollständigen. (▶ABB. 15)

# *Urbane Gestalt* als Methode

Durch die besonderen räumlichen Voraussetzungen verfügt die Stadt Venedig über
eine starke bauliche Identität, welche die Zeit und technische Innovationen zu über-
dauern scheint. Die interne Peripherie stellt eine venezianische Besonderheit dar. Die
Standorte befinden sich zwar entfernt vom traditionellen Zentrum, stehen aber für
eine bauliche Entwicklung unter den gleichen besonderen räumlichen Bedingungen
wie das Zentrum der Stadt.[129] Der Zeitraum zwischen den Weltkriegen war eine Periode
des vermehrten industriellen und demographischen Wachstums. Die Wohnungsnot
intensivierte sich und zeitgleich differenzierte sich die Stadtentwicklung. Der geförderte Wohnungsbau stellte hierbei einen essentiellen Stadtbaustein dar, der primär
der Bedürfnisbefriedigung diente und von den lokalen Entscheidungsträgern durch
die autonomen Institute weitestgehend entkoppelt war.

Um darzustellen wie sich diese besonderen Voraussetzungen auf die Erscheinung der neu herzustellenden Wohnbauten auswirkten, werden die Quartiere anhand ihrer **Urbanen Gestalt** als Summe der physisch und visuell wahrnehmbaren Eigenschaften einer Stadt untersucht. Die *Urbane Gestalt* ist trotz des raschen Wandels von städtischen Gesellschaften, sei es durch ökonomische Innovationen, Flüchtlingszuzug oder intellektuellen Fortschritt, das dauerhafteste Merkmal einer Stadt. Durch die Formensprache und die Materialität kann die *Urbane Gestalt* für radikale Neuerung stehen oder den räumlichen Eindruck der Vergangenheit fortführen.[130] Wie die Stadt befindet sie sich in ständigem Wandel. Sie ist nie vollendet und wird durch aufeinanderfolgende Phasen geformt.[131] Sie ist gleichzeitig ein Indikator für die Lebensweise und Organisation einer Stadt[132] und funktioniert als Bezugsrahmen für jegliche in ihr stattfindende Aktivität. Die *Urbane Gestalt* wird immer ganzheitlich und nicht auf ein einzelnes Gebäude beschränkt wahrgenommen[133] und ist somit für die individuelle und kollektive Orientierung in der Stadt maßgebend.[134]

Die *Urbane Gestalt* wird durch verschiedene **Rahmenbedingungen** beeinflusst, die in ständiger Wechselwirkung zueinanderstehen und nicht isoliert zu betrachten sind. Ihre unterschiedlichen Rahmenbedingungen lassen sich in verschiedene Themengruppen zusammenfassen. Die gesellschaftlichen Rahmenbedingungen wirken sich durch kulturelle, politische, soziale und ökonomische Interessen sowie durch verschiedene Gruppen und Individuen auf die *Urbane Gestalt* aus. So können sich beispielsweise Repräsentationsansprüche oder die Profitmaximierung eines Bauunternehmens auswirken. Aber auch spezifische Eigenheiten des gesellschaftlichen Zusammenlebens können sich in der *Urbanen Gestalt* äußern. Die technischen Rahmenbedingungen sind eng mit den gesellschaftlichen Rahmenbedingungen verknüpft. Der Stand der Bau- und Versorgungstechnik, die Verwendung von Baustoffen und auch das Baurecht wirken sich maßgeblich auf die *Urbane Gestalt* aus. Durch die Verwendung von Stahlbeton kann beispielsweise höher gebaut werden, was wiederum durch das Baurecht eingeschränkt werden kann. Die geografischen Rahmenbedingungen setzten sich aus der spezifischen Topographie, den Bodenverhältnissen und dem Klima zusammen. So wird beispielsweise in Regionen mit hohen Temperaturen dichter gebaut als in kühleren Regionen und die Topographie beeinflusst die Wahrnehmung der *Urbanen Gestalt* maßgeblich. Die kombinierten Rahmenbedingungen wirken sich auf die *Urbane Gestalt* aus, determinieren diese aber in ihrer formalen Ausprägung nicht. Identische Formensprache, beispielsweise hergestellt durch die Anwendung internationaler städtebaulicher Konzepte oder durch einheitliche stilistische Fassadenelemente, kann in verschiedenen Kontexten unterschiedliche Inhalte transportieren.[135] Dennoch ist die *Urbane Gestalt* nicht zufällig, sondern reagiert auf die Auslegung und Interpretation der Rahmenbedingungen durch ihre Hersteller.[136]

Die funktionale Grundstruktur des Stadtraumes und seine Wahrnehmung ergibt sich aus dem Zusammenwirken der verschiedenen **formalen Bestandteile** der *Urbanen Gestalt*.

Die **Erschließungen** sind nach ihren sozialen, ökonomischen, technischen und repräsentativen Wertigkeiten hierarchisch aufgebaute, zusammenhängende Systeme, die konzentrisch, gitternetzförmig, topografisch, nachzeichnend oder auch amorph strukturiert und durch Befestigungen, Verkehrsringe oder Parkanlagen deutlich begrenzt werden können. Die einzelnen Straßen und Wege als Teil des Erschließungsnetzes können lang, kurz, breit oder schmal sein. Erschließungen in der Stadt bilden Zäsuren zwischen den Baukörpern und verfügen als öffentlicher Raum gleichzeitig über verkehrstechnische und kommunikative Funktionen.[137] Die stationär genutzten Flächen zwischen den Erschließungen werden als **Block** bezeichnet. Der Block wird durch das Verhältnis von bebautem, unbebautem, öffentlichem und privatem Raum gebildet. Seine Größe und Ausprägung wird maßgeblich durch die bevorzugte Fortbewegungsmethode bestimmt. Darüber hinaus beinhaltet der Begriff die kulturell bedingte, qualitative Fassung von öffentlichem Raum durch Gebäude.[138] Der öffentliche Raum ist ein universelles Merkmal der Stadt. Als künstlich errichteter Schauplatz dient er für Rituale und Interaktionen, deren Möglichkeiten im privaten Raum nicht gegeben sind. Der öffentliche Raum gibt den Menschen die Freiheit, ohne Einschränkungen zu leben und zu handeln.[139] Je nach Lage und Ausprägung verfügt er aber über unterschiedliche Wertigkeiten. Beispielsweise bietet eine repräsentativ angelegte Platzanlage andere räumliche Voraussetzungen für menschliches Handeln und Leben als eine schmale Gasse. Die **Fassaden** bezeichnen die vertikale Ansicht eines Gebäudes. Primär ist diese geprägt vom Tragwerk des Gebäudes und durch seine Nutzung. Beides kann aber auch durch Verblendung versteckt sein. Die Fassaden werden sowohl durch die Öffnungen als auch durch eine Vielzahl von Elementen wie Balkone, Stürze, Sohlbänke, Gesimse, Konsolen und Friese gestaltet und gegliedert. Durch die Intensität der Fassadengestaltung in Bezug auf die verwendeten Materialien, Bauschmuck und die Pflege lassen sich zahlreiche Rückschlüsse auf die Intentionen der Erbauer und die Nutzungen zu.

Zusätzlich zu der Analyse der *Urbanen Gestalt* werden die Untersuchungsbeispiele anhand ihrer Beziehung zu der übergeordneten Form der Stadt, der ***forma urbis***, untersucht. Die *forma urbis* ist nur aus der Vogelperspektive oder durch künstlerische Darstellungen wahrnehmbar und findet aufgrund ihrer Bedeutung für die bauliche Entwicklung Venedigs besondere Berücksichtigung. Die *forma urbis* definiert sich durch Grenzen, die das Verhältnis der Gesamtheit der Gebäude einer Stadt zu den räumlichen Hierarchien im Umland formulieren.[140] Anhand der Grenzen wird zwischen den Mitgliedern einer Gemeinschaft und denen, die außerhalb stehen, unterschieden.[141] Sie können sowohl geographischer als auch ökonomischer und gesellschaftlicher Natur sein.[142] Durch die rasante Entwicklung der Städte seit der Mitte des 19. Jahrhunderts wurden Stadtgrenzen auf dem Festland weitestgehend aufgehoben. Anstatt den städtischen Raum zu begrenzen und einen übergeordneten Sinn zu geben, diente die *forma urbis* nun als Bezugspunkt für die starke Ausdehnung der Städte in die Fläche.[143]

Im **ersten Arbeitsschritt** werden nach einer kurzen Beschreibung des lagunaren Systems die relevanten *Sestieri* untersucht. Hierbei wird besonderer Fokus auf den strukturellen Aufbau, die Position in der *forma urbis* und allgemeine Eigenschaften der *Urbanen Gestalt* gelegt. Im **zweiten Arbeitsschritt** werden zunächst die ermittelten Untersuchungsbeispiele in den jeweiligen *Sestieri* verortet und anschließend anhand ihrer *Urbanen Gestalt* untersucht. Um die spezifischen Bedeutungen, die mit der Gestaltung der Quartiere verbunden sind, herauszuarbeiten, wird neben der formalen Analyse von Plänen, Karten, Luftbildern, Schemazeichnungen und den gebauten

▶16
Bestandteile der *Urbanen Gestalt*;
Erschließung, Block, Fassade,
Schema 2020; eigene Darstellung

Quartieren selbst eine quellenkritische Bearbeitung von behördlicher und institutioneller Korrespondenz, behördlichen Akten und durch Primär- und Sekundärliteratur angefertigt. Zusätzlich zu der Analyse der formalen Bestandteile der *Urbanen Gestalt* Erschließung, Block und Fassade wird auch die Entstehungsgeschichte der Quartiere und ihre Verortung in der Stadt betrachtet. Nach dem Abgleich der beiden ersten Arbeitsschritte werden die Quartiere anhand ihrer ermittelten Eigenschaften untereinander verglichen und kategorisiert und die Ausprägung der verwendeten gestalterischen Mittel wird dargestellt.

Im **Fokus der Analyse** stehen die stadträumliche und architektonische Ausprägung der *Urbanen Gestalt* der venezianischen Untersuchungsbeispiele als Ergebnis ihres Entstehungsprozesses, auch im Hinblick auf nationale und internationale Planungsstrategien sowie die Frage, wie sich gegenüber der bereits bestehenden *Urbanen Gestalt* der Stadt positioniert wurde. (▶ABB. 16)

# *Urbane Gestalt* im italienischen Städtebau zwischen den Weltkriegen

Fachdiskurs

Zu Beginn des 20. Jahrhunderts wurde die noch junge Fachdisziplin des Städtebaus neben der versorgungstechnischen,[144] sozialen und demographischen Bedürfnisbefriedigung durch unterschiedliche kulturelle Strömungen beeinflusst. Die damit verbundenen Planungshaltungen prägten unterschiedliche Ansätze in Bezug auf den Umgang mit der *Urbanen Gestalt* der bestehenden Städte aus.[145]

Die Vertreter der **städtebaulichen und architektonischen Avantgarde** waren der Überzeugung, dass sich mit dem allgemeinen historischen Wandel auch die Städte verändern müssen. Durch einen mehr oder weniger radikalen Schnitt sollten, der neuen Zeit angemessene, Ausdrucks- und Lebensformen in der Stadt ermöglicht werden. In Italien fanden diese Bestrebungen ihren Ursprung in dem 1909 von **Filippo Tommaso Marinetti** (1876–1944) veröffentlichten futuristischen Manifest. Hier wurde eine radikal neue, schnelle Gesellschaft gefordert, deren Organisation sich an der Exaktheit von Maschinen orientieren sollte.[146] Aus dieser gesellschaftlichen Vision entwickelte sich ebenfalls eine Vision futuristischer Architektur. In dem 1914 erschienenen Manifest von Marinetti und dem Architekten **Antonio Sant'Elia** (1888–1916) wird eine Architektur gefordert, die sich neben der rabiaten Ablehnung aller überlieferten Normen neuer Materialien wie Eisenbeton und Glas bedient[147] und trotzdem künstlerischen Ausdruck besitzt, ohne dabei auf Ornamente zurückzugreifen. Dem neuen futuristischen Menschen sollte so ein angemessen moderner und technisierter Lebensraum geschaffen werden.[148] Die in seiner frühen Tätigkeit als Architekt gesammelten Erfahrungen mit historistischer und Stile Liberty-Formensprache lassen sich in seinen Plänen zur *Città Nuova* von 1914 dennoch erkennen. Auch verfügen diese auf dem Papier gebliebenen Visionen über eine gewisse emotionale und pittoreske Überhöhung der maschinenartigen Bauten, die sich nur schwer mit der propagierten rationalen neuen Welt vereinbaren ließ.[149] Der von Marinetti und Saint'Elia geforderte radikale Bruch mit der Vergangenheit blieb trotz der internationalen Tragweite ihrer Ideen weitestgehend folgenlos für die italienischen Städte. Aus den futuristischen Forderungen entstanden jedoch gemäßigte moderne Haltungen, die sich ihrerseits

wieder am internationalen Diskurs orientierten. Schließlich bildete sich um den Architekten **Giuseppe Terragni** (1904–1943) eine Vereinigung **rationalistischer Architekten,** die unter wechselnden Namen (»Gruppo 7« 1926–1928; »Movimento Architettura Razionale« 1928–1930) schließlich teilweise in einen faschistischen Dachverband »Raggruppamento Architetti Moderni Italiani« (RAMI) eingegliedert wurde. Ziel der faschistischen Intervention war es, unterschiedliche Strömungen des Rationalismus zu einer einzigen faschistischen Formensprache zusammenzufassen.[150] Der Rationalismus in Italien bot ein differenziertes modernes Programm, das weder durch einen radikalen futuristischen Bruch noch durch historistischen Rückgriff geprägt war.[151] Eines der bekannteste Gebäude ist die Casa del Fascio in Como, die antike Bautraditionen mit moderner Formensprache verbindet und dabei den gesamten städtischen Zusammenhang ergänzt.

Zeitgleich zum Rationalismus gab es auch **konventionelle architektonische und städtebauliche Tendenzen.**[152] In Mailand wirkte sich die neokonservative Bewegung des »Novecento«, die hauptsächlich in der Malerei existierte, auch auf die zeitgenössische Architektur aus. Einer ihrer bekanntesten Vertreter war **Mario Sironi** (1885–1961), der in seiner Arbeit durch abstrahierte Formen geometrische Kompositionen schuf. Durch Reduktion der Formen erstellte er archetypische und monumentale Perspektiven. Der von **Giovanni Muzio** (1893–1982) zwischen 1919 und 1921 in Mailand errichtete Gebäudekomplex (im Volksmund Ca'Brütta bezeichnet) ist eines der bekanntesten Beispiele für die Bewegung des Novecento in der Architektur. Durch einen historistischen, zum Teil eklektischen, Rückgriff auf vergangene Stadtgestaltung stellt die Ca'Brütta einen Ansatz dar, der dem futuristischen Bruch mit der Vergangenheit entgegenstand. (►ABB. 17) Der ebenfalls in Mailand gebildete »**Club degli Architetti e Urbanisti**«, zu dem auch Muzio zählte, bot eine Alternative zwischen dem Traditionalismus des »Novecento« und der Modernität des Rationalismus. Die zurückhaltende monumentale Architektur war primär darauf ausgelegt, städtische

Räume zu modellieren und zu definieren. Der viel diskutierte neue Regulierungsplan für Mailand wurde 1926 aufgestellt. Aufgrund seiner wirtschaftlichen Orientierung in Bezug auf die Begünstigung von Spekulanten erfuhr er Widerstand von dem einflussreichen Club, wurde aber trotz der Unterstützung von Giovannoni und Piacentini aus Rom von Benito Mussolini (1883–1945) beschlossen. Der Einfluss des Clubs im neuen Regulierungsplan beschränkt sich deshalb nur auf einzelne Straßenzüge, nicht aber auf die gesamte Neuordnung der Stadt.[153]

Die **faschistische Bautätigkeit** (1922–1943) war ein zentraler Bestandteil einer totalitären Gesellschaftsutopie.[154] Durch Architektur und Städtebau sollte dazu beigetragen werden, einen neuen faschistischen Menschen zu formen.[155] Die Städtebaupolitik hatte weitreichende Auswirkungen für die Städte Italiens bis in die kleinste Provinz.[156] Neben prestigeträchtigen Großprojekten wie der Urbarmachung der pontinischen Sümpfe, fielen der Modernisierungs- und Inszenierungswut Mussolinis zahlreiche alte Stadtviertel und deren Wohnbauten zum Opfer: Zwischen 1927 und 1931 wurden in Rom 50.000 Zimmereinheiten vernichtet, in Mailand 110.000, in Turin 80.000, in Genua 60.000, in Florenz 20.000 und in Neapel 30.000. Die freigewordenen Flächen der Stadtzentren füllten sich darauf mit Bürobauten und Automobilstraßen und die bedürftige Bevölkerung wurde in neu errichtete Vorstädte ausquartiert.[157] Die Faschisten idealisierten das Landleben und betrachteten die Städte als Quellen des gesellschaftlichen Verfalls. Dennoch waren sie für die Erfüllung der repräsentativen Ansprüche auf die Großstädte angewiesen. So wurde zum Beispiel Rom massiv den repräsentativen Bedürfnissen Mussolinis folgend umgestaltet. Auf dem Land hingegen entstanden zahlreiche Gründungsstädte nach faschistisch modernem Ideal unter Einbeziehung traditioneller Bauformen. Die in den pontinischen Sümpfen neugegründete Provinzhauptstadt Littoria (heute Latina) entsprach einer moderaten Stadtplanung, die Camillo Sitte (1843–1903) und der deutschen Städtebaumanualistik ebenso verpflichtet war wie den Experimenten des neuen Bauens.[158] Die Gründungsstadt Sabaudia ist sowohl von der römischen Stadtbaukunst als auch von der Renaissance und dem 19. Jahrhundert inspiriert, ohne dabei die dynamischen Anregungen des Futurismus und vor allem die neuesten Modelle der funktionellen Stadt aus den Augen verloren zu haben. Dennoch wirkt sie nicht schematisch und pittoresk, sondern eher rational und lebendig.[159]

Die **einflussreisten Protagonisten** des italienischen Städtebaus in der ersten Hälfte des 20. Jahrhunderts waren die römischen Architekten und Hochschullehrer **Gustavo Giovannoni** (1873–1947) und **Marcello Piacentini** (1881–1960). Die Lehre von Giovannoni wurde stark von seinen Erfahrungen mit der ingenieurstechnischen und hygienischen Stadtsanierung gegen Ende des 19. Jahrhunderts in seiner Heimatstadt Rom beeinflusst. Ausgehend von seiner akademischen Tätigkeit an der Regia Scuola di Applicazione di Roma elaborierte er verschiedene ästhetisch geprägte Ansätze in Bezug auf den Umgang mit den bestehenden Stadtzentren.[160] Basierend auf seinen Überlegungen zum Umbau von Rom erläutert er in zwei Artikeln[161] die von ihm entwickelten Theorien des Auslichtens (*Diradamento*) und Ausdünnens (*Sventramento*) als Antwort auf Fragen der Hygiene, des Ambienteschutzes und der Bodenpolitik. Er unterscheidet dabei zwischen dem Bild und der Struktur einer Stadt. Das Bild einer Stadt – das, was ihr Besucher primär wahrnimmt – kann sich mit der Zeit verändern, während die Struktur einer Stadt, also ihre Erschließung und die damit verbundenen Gebäudetypologien, von Beständigkeit geprägt ist.[162] Die einzelnen Elemente der Stadt werden hierbei als eng zusammenhängend betrachtet und sollen als Grundlage für die weitere Stadtplanung dienen. Durch das vorsichtige Ausdünnen und Auslichten der bestehenden Gebäudesubstanz soll eine kreative Modernisierung der städtischen Strukturen ermöglicht werden, die mit dem baulichen Umfeld harmonisiert.[163] Die Verbindung von alten und neuen Gebäuden betrachtet er als problematisch, da sie unter komplett unterschiedlichen gesellschaftlichen Anforderungen entstehen.[164] Sein 1931 veröffentlichtes Werk *Vecchie Città ed edilizia nuova* fasst seine Ansätze zusammen und kann als entscheidender Schritt für die Entwicklung einer Theorie und Praxis des Städtebaus gesehen werden, die sich auf die Geschichte und die bestehende Stadt bezieht.[165] Das Werk ist allerdings nicht als Städtebau-Manual, sondern vielmehr als ein Wegweiser für kommende Manuale zu betrachten, die den Orts- und Geschichtsbezug thematisieren.[166] Die von ihm hieraus entwickelte Theorie des Ambiente (*Ambiente Architettonico*) kann in der stadtästhetischen Tradition von Sitte gesehen werden[167] und steht am Beginn der modernen italienischen Stadtplanungstheorie.[168] Piacentini war einer der wichtigsten Architekten in der ersten Hälfte des 20. Jahrhunderts in Italien. Wie auch Giovannoni wuchs er im Rom des ausklingenden 19. Jahrhunderts auf, das durch radikale ingenieurstechnische Umbauten geprägt wurde. War sein Wirkungskreis zu Beginn seiner Karriere auf seine Heimatstadt beschränkt, weitete er sich im Laufe der Jahre auf die gesamte italienische Nation aus.[169] Ausgehend von der erhaltenswerten Bausubstanz seiner Heimatstadt setzte er sich zunächst noch für die von Giovannoni vertretenen Theorien des Auslichtens und Ausdünnens ein. Als praktizierender Architekt kam er aber schnell an die Grenzen dieser Konzepte, die sich als sehr zeit- und ressourcenaufwändig herausstellten. Wichtiger als der Schutz des baulichen Bestandes wurde ihm dementsprechend der behutsame Umgang mit den bestehenden städtischen Strukturen (Erschließung, Block), bei dem er sich an den Parametern des Ambiente von Giovannoni und der Erfahrbarkeit des Stadtraumes von Sitte orientierte. Hierbei betrachtet er nicht den gestalterischen Wert des einzelnen Gebäudes, sondern seinen Wert im städtischen Gefüge.[170] Die *Urbane Gestalt* wurde durch Piacentini besonders durch den Ort, sein Klima, seine Topographie und seine Bautradition beeinflusst.[171] Städtebau definiert er als eine komplexe Kunst, die durch die Anforderungen der Ästhetik, der Moral, der Soziologie, der Hygiene und der Sicherheit geprägt würde.[172] Im Gegensatz zu Giovannoni stand er den jungen Avantgardisten aufgeschlossen gegenüber und probierte den Ortsbezug in der Lehre des Rationalismus ebenso zu verankern, wie er auch die reduzierte Formensprache in sein Werk mit aufnahm. Er leitete den internationalen Städtebaukongress von 1929, der in Rom und Mailand abgehalten wurde. Der Schwerpunkt wurde auf den Umgang mit der historischen Stadt gesetzt und Italien konnte somit in der internationalen Gemeinschaft erstmals eigene Akzente setzen.[173] Möglichkeiten zur Errichtung schlichter und zum Teil serieller Architektur sah Piacentini in den Neubaugebieten gegeben, während er die städtebauliche Situation der Altstädte für diese Bautypen für ungeeignet hielt. Diese Strategie der Integration sollte zu einer Erneuerung der italienischen Architektur beitragen.[174]

In der ersten Hälfte des 20. Jahrhunderts wurden in ganz Italien zur Lösung der Wohnungsnot und der mit ihr verbundenen Probleme zahlreiche geförderte Wohnbauten durch den Staat oder staatliche Stellen hergestellt. Diese stützen sich bei der Herstellung von Wohnraum auf ein 1903 erlassenes Gesetz (Legge N. 251). Benannt nach seinem Urheber **Luigi Luzzatti** (1841–1927), bot es eine mögliche Lösung für das nationale Wohnproblem.[175] Es ermöglichte die Bildung von halb autonomen Unternehmen, die auf dem freien Wohnungsmarkt agieren konnten, jedoch durch das Gesetz an soziale und solidarische Prinzipien gebunden waren. In einer eigenen Satzung festgelegt, sollte das Hauptziel der Unternehmen sein, das soziale Gefüge der Städte zugunsten der einkommensschwächeren Schichten umzugestalten und nicht Profit zu erwirtschaften.[176] Erzielter Gewinn musste zweckgebunden für neue Projekte innerhalb des Unternehmens verwendet werden. Auch sah das Gesetz vor, dass die Unternehmen bevorzugt auf die Ressourcen der jeweilig zuständigen Kommune zugreifen können, gleichzeitig aber betont unpolitisch bleiben sollten.[177] Durch die autonomen Institute entstand eine Art zusätzlicher unabhängiger Planungsträger für geförderten Wohnbau auf dem Hoheitsgebiet der Gemeinde, der sich an die staatlichen Normierungen und Vorgaben für die Herstellung von geförderten Wohnbauten zu halten hatte. Diese Trennung zwischen den staatlichen und kommunalen Zuständigkeiten in Bezug auf die Herstellung von Wohnraum findet sich laut Zucconi in keiner anderen zeitgenössischen europäischen Gesetzgebung wieder.[178] Auf das Luzzatti-Gesetz folgten zahlreiche weitere ergänzende Normen. Das 1908 verabschiedete Gesetz N. 89 führte neue Standards für Konstruktion, Verkauf, Erbfolge und Hygiene ein. Ebenso wurde vereinfacht, für die Errichtung von Arbeiterwohnungen Bankkredite zu erhalten. Diese neuen Vorzüge konzentrierten sich auf die, durch das Luzzatti-Gesetz entstandenen, kommunalen Unternehmen und schlossen private Investoren aus.[179] Durch das Gesetz N. 1858 von 1919 wurde festgelegt, dass durch die Förderung entstandene Gebäude im Besitz der Unternehmen bleiben mussten oder dass es sich um Mitarbeiterwohnanlagen handeln musste. Außerdem mussten die Bauten den lokalen Satzungen entsprechen.[180] Der Mietdeckel wurde 1922 durch die Provinzverwaltung aufgehoben. Vermehrte private Investitionen waren die Folge, da diese auch noch weiterhin durch Prämien beim Bau von Wohnbauten durch den Staat unterstützt wurden.[181] Die faschistische Zentralisierung der Institute erfolgte in der gesamten Nation in den späten 1930er Jahren. [182] Die Übertragung der Kompetenz von der Kommune auf die Provinz, in Verbindung mit der zunehmenden Industrialisierung und Standardisierung, führte zu einer rationalistischen Ausrichtung der Institute.[183] Ungeachtet der anvisierten Zielgruppen, sollten Wohnbauten nun in rationalistischer Formensprache entstehen.[184]

Während sich in der internationalen Städtebautheorie der Bruch mit der Tradition und der konventionelle Städtebau unversöhnlich gegenüberstanden, sind die **italienischen Positionen** trotz der radikalen Rhetorik nicht getrennt voneinander zu betrachten. Beide Lager standen in intensivem gegenseitigem Austausch und der Bezug zur Gestaltungspraxis der Vergangenheit wurde auch unter Anwendung rationalistischer Modelle ausgeprägt. Besonders durch die **faschistische Baupolitik** vermischten sich je nach Bauaufgabe avantgardistischer Rationalismus mit konventionellen Programmen. Wie der Umbau von Rom anschaulich darstellt, war der Bezug zur baulichen Vergangenheit aber äußerst selektiv und mit der repräsentativen Ideologie des Regimes zu begründen. Die Konzepte des Ausdünnens und Auslichtens des Universitätsprofessors **Giovannoni** zeigen, dass die bestehende Stadt für seine Theorie essentiell ist. **Piacentinis** Wirken erstreckte sich von einzelnen Bauten bis hin zu der Planung von Stadtteilen und Regulierungsplänen. In Bezug auf die *Urbane Gestalt* der bestehenden Städte orientierte er sich an Giovannoni, war als praktizierender Architekt aber weitaus pragmatischer. Das **Luzzatti-Gesetz** war der Beginn einer sozial orientierten und, durch die besondere Organisationsform der Institute bedingten, intensiven Bautätigkeit. Trotz des Fokus auf eine unmittelbare Bedürfnisbefriedigung wurden auch ästhetische Ansprüche an die Gestaltung der Bauten gestellt. Noch vor der Etablierung der Lehren Giovannonis und Piacentinis und der faschistischen Zentralisierung setzten sich die Institute in ihrer Tätigkeit vermehrt mit lokalen Bautraditionen auseinander und interpretierten diese in Kombination mit den modernen Wohnstandards je nach Bauaufgabe.

# Sestieri

# Einführung

Das Konglomerat verschiedener Inseln, die das Stadtgebiet von Venedig bilden, ist in sechs übergeordnete Stadtteile, genannt **Sestieri**, aufgeteilt. Die *Sestieri* San Marco und San Polo bilden das ursprüngliche wirtschaftliche und politische Zentrum der Stadt. Santa Croce und Dorsoduro grenzen westlich an das Zentrum und weisen ähnliche bauliche Strukturen auf. Beide werden im Westen durch industrielle Großbauten ergänzt. Zwischen Dorsoduro und der südlich gelegenen Insel Giudecca befindet sich der Kanal der Giudecca. Die Giudecca zählt administrativ zu Dorsoduro. Hier befanden sich große Gärten venezianischer Patrizier, bevor das Flächenpotenzial in Bezug auf die Industrialisierung des Kanals der Giudecca ausgeschöpft wurde. Cannaregio schließt die Lagune nach Norden ab und wird durch die repräsentativen Bauten am Canal Grande, die dichte Bebauung um Rialto und durch einfache Bauten jüngeren Entstehungsdatums geprägt. Castello ist das einzige *Sestiere*, das nicht an den Canal Grande grenzt. Es bildet den östlichen Abschluss Venedigs. Sein innerer Aufbau wird durch das Arsenale bestimmt, das einen Großteil des *Sestiere* räumlich isoliert. Ebenfalls zum Stadtgebiet gehören zahlreiche Inseln, die für die räumliche Entwicklung des zentralen Stadtgebietes eine untergeordnete Rolle spielen.

Das **Kanalnetz** Venedigs ist ein hierarchisch geordnetes System, das essentiell für die Funktionalität und Einzigartigkeit der Stadt ist und als Teil der Lagune zu betrachten ist. Es entstand in einem sich über mehrere Jahrhunderte erstreckenden Prozess und ermöglicht die Erschließung eines urbanen Raumes in einem maritim geprägten Umfeld. Es besteht aus 177 Kanälen, die die gesamte Stadt erschließen. Die wichtigsten und größten Kanäle werden als *Canale* bezeichnet, wie beispielweise der Canal Grande. Alle kleineren Wasserwege, die den größten Teil der wasserläufigen Erschließung ausmachen, werden als **Rio** oder als *Riello,* als kleinste Ebene, bezeichnet. Die Tiefe der Kanäle variiert je nach Stand der Gezeiten und liegt im Mittelwert zwischen 1,5–2 Metern bei den kleinen Kanälen und 5–8 Metern bei den größeren Kanälen.[1] Über die Transportfunktion hinaus verfügen die Kanäle auch über eine essentielle vitale Funktion für die Stadt, da die Gezeiten Abfälle und Abwasser aus der Stadt spülen, die bis heute noch kein einheitliches Abwassersystem besitzt. Kanäle werden entweder direkt durch die Bebauung begrenzt oder sie werden durch fußläufige Erschließung ergänzt. (▶ABB. 18)

Das Wegenetz Venedigs ist ein komplexes System, das essentiell für die heutige Erschließung der Stadt ist. Die bestehende Erschließungshierarchie ist, aufgrund der nachträglichen Herstellung des Netzes und auch weil es weitaus feingliedriger und dichter als das Kanalnetz ist, schwierig zu erfassen. Die fußläufige Erschließung der Stadt war bis zum Ende der Serenissima klar dem Kanalsystem untergeordnet und die Schauseiten der meisten Bauten sind der Wassererschließung zugewandt. Nach 1797 verschob sich der Fokus allmählich auf die fußläufige Erschließung. In ganz Venedig existieren mehr als 3000 verschiedene Fußwege, die wegen der geringen Verfügbarkeit von Baugrund und ihrer, ehemals untergeordneten, Erschließungsfunktion häufig sehr schmal und meist von hoher Bebauung umgeben sind. (▶ABB. 19) Diese Wege werden **Calle** genannt und waren häufig privat oder dienten der ansäs-

▶18
Heutiges Kanalnetz; Schema 2009;
Franco Mancuso, *Venezia è una
città*. Venedig: Corte del Fontego
Editore

▶19
Heutiges Netz der Fußwege,
Schema 2009; Franco Mancuso,
*Venezia è una città*. Venedig: Corte
del Fontego Editore

sigen Bevölkerung als Erschließung. Mit einer Breite von 53 Zentimetern zählt die Calle Varisco in Cannaregio in der Nähe der Kirche San Canzian zu den schmalsten in ganz Venedig. Eine *Calle Lunga* bezeichnet einen sehr langen Fußweg. *Calle Larga* ist der Begriff für einen breiten Weg und *Ramo* und *Caletta* werden für kurze, in der Erschließungshierarchie untergeordnete, Wege verwendet. Als eine *Ruga* wird eine *Calle* bezeichnet, an der sich viele Geschäfte befinden. *Salizada* ist die Bezeichnung für einen Fußweg, der aufgrund seiner hohen Frequentierung mit Steinbelag versehen wurde. Ursprünglich waren die Fußwege nicht gepflastert. Ein *Sottoportego* ist ein überbauter Durchgang, der im Erdgeschoss zwei Wege miteinander verbindet. Eine *Calle* an einem Wasserweg wird als **Fondamenta** bezeichnet und, falls sie über Stufen verfügt, als *Riva*. Die bekanntesten Beispiele für eine *Fondamenta* sind die Zattere am Kanal der Giudecca oder die Fondamente Nove im Norden Cannaregios, die 1589 erstmalig hergestellt worden sind. Viele der Fußwege dienen neben der rückwärtigen Erschließung der Bauten auch dem Zugang zu einem Platz, der sich meist vor einer Kirche befindet.

▶20
Hauptfassaden an zugeschüttetem Kanal, Rio Terà San Leonardo, Foto 2021; C. Toson

Die durch das Zuschütten bestehender Kanäle entstandenen Fußwege werden **Rio Terà** genannt. Die ersten *Rii Terà* entstanden unter österreichischer Besatzung und wurden als Angriff der Besatzungsmacht auf die venezianische Einzigartigkeit abgelehnt und verurteilt. Noch um die Jahrhundertwende beklagten die Spätromantiker um Pompeo Molmenti (1852–1928) den Verlust der lagunaren Einzigartigkeit Venedigs durch das Schließen bestehender Kanäle und Schaffen von industrieller Infrastruktur.[2] Der *Rio Terà* ist eine vergleichsweise junge prägende Eigenschaft der *Urbanen Gestalt*: Ehemals dem Wasser zugewandte Schaufassaden säumen den Fußweg, der durch das Auffüllen eines Kanales entstanden ist und somit breiter ist als eine normale *Calle*. (▶ABB. 20) Die Plätze, genannt **Campo**, fungierten als soziale Treffpunkte der verschiedenen Stadtzentren. Ursprünglich waren sie wiesenartige Freiräume, die auch für Nutztiere verwendet wurden. Die *Campi* sind meist nach dem Patron der Kirche benannt, an der sie sich befinden, aber auch weltliche Namen sind nicht selten. *Campiello* ist die Bezeichnung für einen kleinen *Campo*. Ein kleiner Platz, der umgeben von Häusern der inneren Erschließung dient, wird als *Corte* bezeichnet. Ein häufiges Merkmal der öffentlichen und privaten Plätze in Venedig sind die Brunnen, genannt *Pozzo*, die dazu dienten, das Regenwasser zu sammeln. [3] (▶ABB. 21)

# Giudecca, Naherholung und Industriestandort

Als **Giudecca** wird eine Inselgruppe südlich von den venezianischen Hauptinseln bezeichnet. Seit 1171 ist sie Teil des *Sestiere* Dorsoduro und zählt heute zu dem gleichnamigen administrativen Verwaltungsbezirk. Trotz ihrer Zugehörigkeit zum System venezianischer Inseln wird sie häufig als Vorstadt oder Vorort von Venedig wahrge-

▶21
Wechsel zwischen geschlossen und offen, Campo Santa Maria Formosa, Foto 2021; C. Toson

nommen.[4] Die Giudecca hat, als ehemalige Erholungsinsel der Patrizier und darauffolgend als kleines industrielles Zentrum, in der Lagune verschiedene Nutzungen erfahren, die in ihrer Gegensätzlichkeit noch heute erfahrbar sind. In der Vedute von Jacopo de Barbari ist die Giudecca als untergeordneter Teil von Venedig dargestellt, der sich umgeben von Wolken diffus in der Lagune verläuft. Die 1592 eingeweihte Kirche Redentore wurde nach Plänen von Palladio errichtet und von der Stadt nach dem Ende der Pest gestiftet. Seitdem findet jährlich ein Patronatsfest statt, bei dem die Giudecca für eine Prozession zur Kirche durch eine schwimmende Brücke mit den venezianischen Hauptinseln verbunden wird.

Der **Anschluss an das Festland** von 1846 verschaffte der Giudecca eine neue strategische Position. Zusammen mit den Zattere (südlicher Abschluss des Kerngebietes und ehemaliges Handelskai) bildet sie die Grenzen für den Kanal der Giudecca, der bis Mitte des 20. Jahrhunderts für den merkantilen und industriellen Hafenverkehr genutzt wurde.[5] Durch ihre günstige Lage (Kanal der Giudecca, Marittima, Bahnhof) und die zahlreichen Freiräume bot die Giudecca optimale Bedingungen für die Ansiedlung von Industrie. Bereits gegen Ende des 19. Jahrhunderts waren zahlreiche ehemalige Freiräume bebaut und der Eindruck eines kleinen Industriezentrums entstand. Um 1900 bezeichnet der Schriftsteller und Lokalpolitiker Molmenti die Giudecca als essentiellen Bestandteil der Stadt. Er beklagt deren Industrialisierung und die Hässlichkeit der neu entstandenen modernen Bauten, die von den Hauptinseln aus zu sehen sind. Wer die ursprünglichen und charakteristischen Eigenschaften der Giudecca zu Gesicht bekommen wolle, so Molmenti, der müsse die von Venedig abgewandte Seite betrachten, die seinerzeit noch immer von Gärten und Wiesen bedeckt war.[6] Gleichzeitig aber betrachtet er die Industrialisierung als notwendig. So beschreibt er die Getreidemühle Stucky[7], die bereits 1884 am nördlichen Rand der Insel auf dem Gelände einer ehemaligen Kirche entstanden ist, als hässliches und störendes modernes Gebäude, sieht aber gleichzeitig seinen Nutzen, da einige Hundert Familien dort ihren Lebensunterhalt verdienen.[8] Vor dem Ersten Weltkrieg zählten neben der Getreidemühle Stucky mit bis zu 500 Angestellten, die Uhrenfabrik Junghans mit bis zu 700 Angestellten, die Schiffswerft der Savinem mit bis zu 300 Angestellten und die Textilfabrik der Firma Herion mit bis zu 60 Angestellten zu den wichtigsten Arbeitsstätten der Insel.[9] In den ersten zwei Jahrzehnten des 20. Jahrhunderts wurde die Entwicklung der Giudecca weiterhin durch die Industrie bestimmt und einige große und zahlreiche kleinere Industriebetriebe entstanden oder wurden erweitert.[10] Dass sich die industrielle Entwicklung negativ auf die Wohnbedingungen auf der Insel auswirkte, zeigt die 1909 von Raffaele Vivante durchgeführte Untersuchung. Die Giudecca zählte zu den am dichtesten besiedelten Gebieten mit den meisten Erdgeschosswohnungen der gesamten Stadt.

Durch die Verlagerung des **industriellen Zentrums auf das Festland** ab 1917 verlor der Kanal der Giudecca seine elementare Bedeutung für die venezianische Industrie. Zwar wurden die Industriebetriebe zum Teil noch bis in die 1950er Jahre fortgeführt, der industrielle Schwerpunkt verlegte sich aber auf das Festland und die immer größer werdenden Industrietransporte wurden über die Lagune nach Marghera geführt.

**Zwischen den Weltkriegen** wurden die bereits bestehenden Flächen umgenutzt und baulich verdichtet. Großflächige Modifizierungen erfuhr die Insel erst nach dem Zweiten Weltkrieg.[11] Nahezu die Hälfte der baulichen Strukturen der ehemaligen Garteninsel entstand zwischen 1900 und 1961 in der Mitte der Insel oder an ihrem südlichen Rand. Die nördliche Grenze zum Kanal der Giudecca wird durch ältere Bebauung gebildet. Neue Wohnbebauung entstand vornehmlich im Zentrum und im Osten der Inseln. Sie weisen keinen direkten Bezug zum Wasser auf, da sie sich im Inneren der Inseln befinden und dienen hauptsächlich der Unterbringung von in der Industrie tätigen Arbeitern.

**Räumlich begrenzt** wird die Giudecca durch den 460 bis 250 Meter breiten Kanal der Giudecca im Norden und durch die offene Lagune im Süden. Die insgesamt knapp zwei Kilometer lange Giudecca variiert in ihrer Breite zwischen 250 und 370 Metern und besteht aus neun Inseln zuzüglich Sacca Fisola und der Sacca San Biaggio. Sie befindet sich südlich der *Sestieri* Dorsoduro und San Marco, von denen sie durch den Kanal der Giudecca getrennt ist.

Die Giudecca gehört zum Motiv der *forma urbis*. Sie ist für die Erfassung der übergeordneten Form allerdings nicht essentiell. Erst nach dem Zweiten Weltkrieg wurde sie mit der Errichtung der Sacca Fisola modifiziert. Das **Kanalsystem** der Insel ist im Vergleich zu den Hauptinseln im Norden übersichtlich. Die Haupterschließungselemente sind der Kanal der Giudecca im Norden und die Lagune im Süden. Neun schmale Kanäle verbinden diese beiden übergeordneten Erschließungen von Norden nach Süden miteinander und werden zum Teil durch orthogonal zur Ausrichtung der Insel verlaufenden Kanäle untereinander verbunden. Das Netz der **Fußwege** orientiert sich an den Kanälen, ist aber weniger vernetzt und aufgrund der Größe der Inseln noch immer klar gegenüber der Wassererschließung untergeordnet. *Rii Terà* existieren auf der Giudecca aufgrund ihrer geringen Bebauungsdichte kaum. An der Nordseite verfügt die Insel auf ihrer kompletten Länge über eine zusammenhängende *Fondamenta*, die die einzige Möglichkeit darstellt, sich ohne Unterbrechung fußläufig von Westen nach Osten zu bewegen. Die restlichen

*Fondamenta* verlaufenden Stichwegen erschlossen, die häufig in Sackgassen enden und meist nicht untereinander verbunden sind. Klassische **Blöcke** existieren auf der Giudecca kaum. Ihre nördliche Seite ist baulich zusammenhängend geschlossen und den venezianischen Hauptinseln zugewandt. Die Bebauung nach Süden zur Lagune hin reiht sich in einfachen Zeilen an den Erschließungen auf. Zur offenen Lagune verläuft sie sich in Solitäre. Der öffentliche Raum im Inneren der Insel ist begrenzt. Die zahlreichen privaten Gärten sind zur offenen Lagune orientiert und baulich häufig nur nach Norden gefasst. Die **Fassaden** der Bebauung auf der Giudecca entsprechen überwiegend, besonders aber an der *Fondamenta*, dem prägenden visuellen Eindruck Venedigs, der durch den intensiven Bezug zur Lagune noch gestärkt wird.

Die *Urbane Gestalt* der Giudecca wird im Norden durch den direkten visuellen Bezug zu Venedig bestimmt. Nach Süden verläuft sich die Insel in der Lagune und Bauwerke verlieren zunehmend ihren Bezug zum städtischen Kontext. Unterbrochen werden beide räumliche Prägungen von den großformatigen Industriebetrieben.

# Cannaregio, Verbindung zum Festland

Das *Sestiere* **Cannaregio** ist das räumlich größte *Sestiere* Venedigs und diente durch seine Lage im Nordwesten als Verbindungspunkt zum Festland und zu den Inseln der nördlichen Lagune. Ursprünglich stellte es die Rückseite Venedigs dar, die sich baulich undefiniert in der Lagune verlief.

Durch den **Anschluss an das Festland** und den Bau des Bahnhofes während der zweiten österreichischen Besatzung 1846 verschob sich der zentrale Ankunftsort allmählich vom Wasser- auf den Landzugang. Der zentrale, repräsentative Ankunftsort Venedigs war für Jahrhunderte die Piazza San Marco, die über das Meer und die Lagune zu erreichen war. Der Verlust des Inselstatus brachte zunächst industrielles und wirtschaftliches Wachstum mit sich und der insulare Hafen (Marittima) wurde südlich des Bahnhofes errichtet.[12] Der Anschluss an das Festland fokussierte auch die fußläufige Erschließung Venedigs, die dann durch Großprojekte wie die Strada Nova oder durch die Herstellung von *Rii Terà* verstärkt wurde. Auch durch den besseren Anschluss an das Festland steigerte sich von 1850–1900 die Präsenz von Industriebetrieben im Nordwesten Venedigs. In Cannaregio befanden sich die großen Betriebe hauptsächlich an der Nordseite des *Sestiere*, aber vereinzelt auch im Inneren, wie zum Beispiel die Gießerei südlich des Ghetto Novo. Wie die von Raffaele Vivante 1909 durchgeführte Untersuchung der Wohnverhältnisse Venedigs aufzeigt, war der Westen Cannaregios trotz der weniger dichten Bebauung von den Auswirkungen des demographischen Wandels zu Beginn des 20. Jahrhunderts mehr betroffen als der Osten des *Sestiere*. Dies lässt sich auf die industrielle Nutzung und die weniger privilegierte Wohnlage in der Nähe des Bahnhofes zurückführen.

Durch die Verlagerung des **industriellen Zentrums auf das Festland** befand sich 1917 die in Cannaregio ansässige Industrie trotz des nahen Bahnanschlusses wieder auf der Rückseite Venedigs. Der Hauptbetrieb erfolgte nun über die offene Lagune südlich der Giudecca.

**Zwischen den Weltkriegen** wurde der Nordwesten des *Sestiere* durch Auffüllungen (*Sacce*) abgerundet und anschließend bebaut. Die Gestalt des *Sestiere* erreichte ihren heutigen Stand. Bereits ab der Jahrhundertwende entstanden im nördlichen und westlichen Bereich des *Sestiere* zahlreiche Neubauten, die auf Industriebrachen oder urbar gemachtem Gelände errichtet wurden. Auffällig ist, dass die zwischen den Weltkriegen errichteten Bauten alle an die Lagune grenzen und das *Sestiere* nach Norden abschließen.

**Räumlich begrenzt** wird Cannaregio durch den Bahnhof im Westen, die Lagune im Norden, den Canal Grande im Süden und im Osten von der gotischen Kirche Basilica dei Santi Giovanni e Paolo im *Sestiere* Castello und dem Rialto Viertel im *Sestiere* San Marco. Die Entwicklung von Cannaregio ergänzt die ***forma urbis*** sinnvoll. Bis zum Anschluss an das Festland stellte es die Rückseite Venedigs dar.

Bezogen auf das **Kanalsystem** wird Cannaregio durch parallel zueinander verlaufende, lineare Kanäle geprägt, die einheitlich auf das Festland ausgerichtet sind und meist gleichförmige Inseln zwischen sich begrenzen. Die Kanäle Rio de Cannaregio und Rio del Noal/della Misericordia sind die Hauptverbindungen von Canal Grande mit der nördlichen Lagune und unterteilen das *Sestiere* in drei Bereiche, die fußläufig durch die Strada Nova verbunden werden. Die Strada Nova dient als Verbindung von Bahnhof und Rialto. Für die Errichtung der parallel zum Canal Grande verlaufenden Straße wurden zwischen 1867–1871 nach haussmanschen Prinzipien Schneisen durch bestehende Bebauung geschnitten und Kanäle aufgefüllt. Das Netz der **Fußwege** orientiert sich an den Kanälen und wird durch zahlreiche Querverbindungen ergänzt. Im Süden des *Sestiere* wird es durch die Strada Nova bestimmt, die dem beschriebenen Prinzip nicht entspricht und nahezu parallel zu der Krümmung des Canal Grande verläuft. Freiräume entstehen an einigen wenigen *Campi* im Inneren des *Sestiere* und an seinen äußeren Rändern. Die Eigenschaften der **Blöcke** des *Sestiere* sind sehr heterogen. Es wird durch die kompakte Monumentalbebauung des Canal Grande, die hohe und dichte Wohnbebauung in der Nähe des Rialtoviertels, die dicht geschlossenen Wohngebiete im Norden des Quartieres und auch durch die verwinkelten baulichen Anlagen im Osten des *Sestiere* geprägt. Der Westen wird durch den Bahnhof, die länglichen Inseln und die urbar gemachten *Sacce* bestimmt, während der mittlere Bereich des *Sestiere* von der engen und hoch bebauten Insel des Ghetto novo geprägt wird. Die Gestalt der **Fassaden** des *Sestiere* sind nicht einheitlich zu bestimmen. In jedem Teilbereich des *Sestiere* können verschiedene Fassadenlösungen von einfachen Wohnbauten bis hin zu Prachtfassaden am Canal Grande aufgefunden werden.

Die *Urbane Gestalt* von Cannaregio wird sowohl durch Prachtbauten am Canal Grande als auch über orthogonal ausgerichtete Kanäle und Inseln geprägt, deren Form durch den Bezug zum Festland bestimmt wurde.

# Dorsoduro, neoinsulares Industriezentrum

Das *Sestiere* **Dorsoduro** befindet sich im Südwesten der venezianischen Hauptinseln und beinhaltet administrativ auch die Giudecca. Der Name Dorsoduro (harter Rücken) lässt sich auf die Beschaffenheit der länglich angeordneten Inseln zurückführen, die der Strömung des Flusses Brenta widerstanden. Vor seiner Umleitung floss dieser durch den Kanal der Giudecca in das Meer.[13] Dorsoduro wird sowohl durch den Canal Grande als auch den Kanal der Giudecca begrenzt und beide Kanäle treffen im spitz zulaufenden Osten des *Sestiere* aufeinander. An diesem Kreuzungspunkt, unmittelbar vor San Marco, befand sich die zentrale Zollstelle der Stadt (Punta della Dogana), auf die nahezu das gesamte *Sestiere* ausgerichtet ist. Im Nordwesten befindet sich eine schmale hervorstehende Insel, die nicht dieser Ausrichtung entspricht. Die Mendigola oder Arzerè di Santa Marta zählt zu den ältesten Siedlungsbereichen Venedigs,[14] aber bereits um 1500 handelte es sich um städtische Peripherie.

Der **Anschluss an das Festland** von 1846 und der damit verbundene Bau des Bahnhofes modifizierten auch für Dorsoduro die räumlichen Hierarchien. Die Ausrichtung nach San Marco und in Richtung des Canal Grande wich zunehmend der Ausrichtung auf den Kanal der Giudecca als neues industrielles Handelszentrum.[15] Die Logik des neuen Industriezeitalters, welches in Venedig spätestens mit der Eisenbahn und den Eisenbrücken, errichtet unter österreichischer Besatzung, Einzug erhielt, musste an das spezielle Umfeld der Lagune angepasst werden.[16] Am 1. März 1880 wurde in Dorsoduro der neue insulare Hafen (Marittima) eröffnet, auch weil sich von der Eröffnung des Suez Kanals elf Jahre zuvor ein wirtschaftlicher Aufschwung im Adriaraum erhofft wurde. Die Bauarbeiten begannen bereits 1869 und ihnen gingen zahlreiche Wettbewerbe und Planungen voraus, die alle zum Ziel hatten, die Lagunenstadt wieder zu einem Handelsknotenpunkt von internationaler Bedeutung zu machen.[17] Die Aufgaben des neuen Hafens bestanden darin, das Be- und Entladen von Meeresfrachtern und Kleinbooten gleichermaßen zu ermöglichen und zu gewährleisten, dass die Güter störungsfrei auf Züge verladen werden konnten.[18] Die Dezentralisierung und Invertierung der alten städtischen Hierarchien, angestoßen durch den Bahnhof, wurden noch weiter verstärkt.[19] Der Westen von Dorsoduro entwickelte sich gegen Ende des 19. Jahrhunderts neben dem Arsenale in Castello zu dem wichtigsten insularen Wirtschaftsstandort Venedigs. Zahlreiche kleine, aber auch vereinzelte große Industriebetriebe profitierten von der Verbindung des Hafens mit der Eisenbahn.[20] Der Strand von Santa Marta im Süden der Mendigola wurde gegen Ende des 19. Jahrhunderts ebenfalls wirtschaftlich genutzt. Ab 1871 entstanden nach Plänen Annibale Forcellinis (1827–1891) Magazine in unmittelbarer Umgebung des neuen Hafens. Die noch freien Zonen am Strand von Santa Marta wurden aufgefüllt, ohne jedoch Kanäle zu schließen oder Gebäude abzureißen. Der militärische Exerzierplatz nördlich von Santa Marta sollte als Fläche für neue Projekte genutzt werden. Zum Beispiel existierten Planungen, hier die Schienenverbindungen für die Magazine zu installieren. 1882 folgte die Weberei von Santa Marta. Sie wurde zwischen den Magazinen und dem Rio von San Nicolò errichtet und verfügte über zahlreiche Anlegestellen am Kanal der Giudecca. [21] Mit dem Bau des neuen Hafens, der Industriezone auf der Giudecca, den Magazinen und der Weberei war die Transformation Venedigs in eine moderne Stadt abgeschlossen.[22] Gemeinsam mit der Getreidemühle Stucky auf der Giudecca kann die Weberei von Santa Marta als Monument des neuen industriellen, insularen Venedigs der Manufakturen betrachtet werden und stellt anschaulich die Aufbruchsstimmung des ausklingenden 19. Jahrhunderts dar.[23] Dass die industrielle Entwicklung für die ansässige Bevölkerung nicht folgenlos war, zeigt die von Vivante durchgeführte Untersuchung der Wohnverhältnisse Venedigs von 1909. Hier wurde festgestellt, dass der Westen Dorsoduros zu den am stärksten von Überfüllung und von Wohnen in feuchten Erdgeschossen betroffenen Gebieten in Venedig zählte. Ähnliche Ergebnisse konnten nur auf der Giudecca und im östlichen Castello nachgewiesen werden.

Wie auch die Giudecca litt der Industriestandort Dorsoduro an der Verlagerung des **industriellen Zentrums auf das Festland** ab 1917. Zwar bestanden die Industriebetriebe weiter fort, verloren für die venezianische Wirtschaft jedoch an Relevanz. **Zwischen den Weltkriegen** erfuhr das *Sestiere* einschneidende Modifikationen. Noch 1936 wurde die Wichtigkeit und Modernität der Weberei betont, die kurz zuvor umfassend modernisiert worden war.[24] Der neue, zunächst prosperierende, merkantile Hafen innerhalb der Inselgrenzen erwies sich aber bereits zu Beginn des 20. Jahrhunderts als zu klein. Von großer Auswirkung auf das *Sestiere* war auch der automobiltaugliche Ausbau der Eisenbahnbrücke von 1934. Am Kopf der Brücke entstand die Piazzale Roma als Wendehammer und Ankunftsort für den motorisierten Privatverkehr. Zur besseren Anbindung des neuen Verkehrsmittels an das Kanalnetz und als Abkürzung zwischen dem Bahnhof und dem südöstlichen Canal Grande wurde der Rio Novo als einziger neu angelegter Kanal Venedigs hergestellt.[25] Ähnlich wie bereits bei der Strada Nova mehr als 60 Jahre zuvor wurde eine Schneise in den Bestand geschlagen und Kanäle erweitert. Mit dem Ziel, die modernen Einschübe zu verdecken, wurde darauf geachtet, die Kanalfronten soweit wie möglich intakt zu halten.[26] Die Eingriffe dauerten bis in die 1950er Jahre an. Flächige Neubauten entstanden ab der Jahrhundertwende vornehmlich im Westen des *Sestiere* und im Bereich des Rio Novo. Die Bauaktivität im Osten beschränkte sich auf vereinzelte Gebäude.

**Räumlich begrenzt** wird Dorsoduro durch den Canal Grande im Osten, den Kanal der Giudecca im Süden und durch *die Sestieri* Santa Croce und San Polo im Norden und Westen.

Die *forma urbis* wurde durch die Addition der Marittima sowie durch die Herstellung des Rio Novo stark modifiziert. Besonders die Marittima stellt einen Fremdkörper dar, der sich aufgrund der großformatigen Industrie nicht in die übergeordnete Form der Stadt einordnet.[27] Die **Kanäle** des *Sestiere* sind darauf ausgerichtet, die beiden Haupthandelsrouten (Canal Grande, Kanal der Giudecca) miteinander zu verbinden. Im Westen wird diese Tendenz durch die nachträglich hergestellten *Sacce* erschwert und die Kanäle verbinden die beiden Haupthandelsrouten nicht mehr auf direktem Weg. Der Rio Novo verbindet den Hauptbahnhof direkt mit dem Canal Grande. Den Kanälen folgend kann das *Sestiere* in drei Bereiche aufgeteilt werden. Die zusammenhängenden *Rii* (Rio de Ca'Foscari, Rio Santa Margherita, Rio del Carmini) verbinden die beiden Hauptkanäle von Ost nach Südwest und bilden die Grenze zwischen dem westlichen Bereich und dem mittleren Bereich. Der Rio de S. Trovaso verbindet ohne Umwege den Canal Grande mit dem Kanal der Giudecca von Norden nach Süden und bildet die Grenze zwischen dem mittleren und östlichen Bereich. Das **Netz der Fußwege** orientiert sich an den Kanälen und wird durch verschieden *Rii Terà* ergänzt. Im Süden des Quartieres befindet sich eine zusammenhängende *Fondamenta*, welche die Punta della Dogana mit den Magazinen verbindet. Freiräume ergeben sich aus den verschiedenen Geometrien des *Sestiere*, die durch die Ausrichtung auf die verschiedenen Kanäle entstehen. Die Eigenschaften der **Blöcke** sind nicht einheitlich zu bestimmen. Der östliche Bereich des *Sestiere* wird durch die Bebauung am Canal Grande und am Kanal der Giudecca bestimmt. Der westliche Bereich wird vom Hafen und den industriellen Bauwerken geprägt. In den Bereichen des Canal Grande und des Kanales der Giudecca prägt enge und verwinkelte Bebauung auf unregelmäßigen Inseln das Bild. Im Westen des *Sestiere* hingegen überwiegen größere gleichförmige Inseln, die zu ihren Rändern baulich geschlossen sind und in ihrem Inneren über großflächige Grünräume verfügen. Die **Fassaden** des *Sestiere* sind ebenfalls nicht einheitlich zu bestimmen. Der dicht bebaute Osten entspricht dem typischen Bild venezianischer Architektur. Die Architekturen des Westens probieren diesem Bild ebenfalls zu entsprechen, sind hierbei aber an die Gesetze und Normen des frühen 20. Jahrhunderts gebunden.

Die ***Urbane Gestalt*** des *Sestiere* wird durch den Gegensatz der großformatigen Industrie im Westen und den alten Strukturen im Osten bestimmt. Dorsoduro erinnert in seiner gestaltlichen Vielfalt an das bereits beschriebene Cannaregio. Zusätzlich sieht sich das *Sestiere* aber mit den Bedürfnissen und Problemen sowohl des Hafens und des Bahnhofes im *Sestiere* Santa Croce als auch mit der großformatigen Industrie im Südwesten konfrontiert.[28]

# Castello, produktiver Kern der Serenissima

Das *Sestiere* **Castello** ist ein essentieller Bestandteil des venezianischen Systems des Barabariplanes. Es bildet den östlichen Abschluss der Lagunenstadt und verfügt über unterschiedliche räumliche Prägungen. Prägendstes Element ist das Arsenale, das ein Drittel der Fläche des *Sestiere* einnimmt und selbiges in Ost und West aufteilt. Das Arsenale war einer der wichtigsten Bausteine für den militärischen und wirtschaftlichen Erfolg der Serenissima. Hier wurden bereits im Mittelalter Kriegs- und Handelsschiffe seriell gefertigt. Um die Verbreitung der Konstruktionsgeheimnisse zu verhindern, war es streng vom Rest der Stadt getrennt und den Arbeitern war es nicht erlaubt, das Arsenale zu verlassen.[29] Mit dem schwindenden wirtschaftlichen und politischen Einfluss Venedigs in Europa und den Veränderungen im Schiffsbau[30] verringerte sich auch die Produktion im Arsenale.[31] Östlich des Arsenale, ursprünglich am äußersten Osten Venedigs, befindet sich die Insel San Pietro di Castello. Neben Rialto stellte sie eines der ersten besiedelten Zentren in der Lagune dar. Aufgrund der zunehmenden wirtschaftlichen und gesellschaftlichen Ausrichtung auf den Canal Grande entwickelte sie sich zu einem peripheren Standort in der Lagunenstadt. 1596 wurde nach Plänen von Palladio die heutige Basilika San Pietro errichtet, wo sich bis 1807 der Sitz des venezianischen Patriarchen befand. Mit der französischen Besetzung wurde die Stadt den Prinzipien des napoleonischen Städtebaus strukturiert und geordnet.[32] Die napoleonischen Maßnahmen zielten darauf ab, Venedig seinen aristokratischen Charakter baulich und somit auch gesellschaftlich zu nehmen. Parallel zu den politisch repräsentativen Eingriffen in das Stadtbild,[33] gab es auch aufgeklärtere urbanistische Planungen und Veränderungen. Der venezianische Architekt Giannantonio Selva (1751–1819) erstellte für die französischen Besatzer einen Gesamtplan für die Restrukturierung Venedigs, der allerdings nicht erhalten ist. Die meisten umgesetzten Maßnahmen finden sich in Castello. Ausgehend von der reinen Kasernennutzung des Arsenale und der Umnutzung des Klosters neben der Basilika von San Pietro als Munitionslager,[34] wurde das gesamte *Sestiere* städtebaulich nach den Plänen von Selva umstrukturiert. Schlüsselprojekt war die Schließung und teilweise Auffüllung des Rio de S. Anna, der den Südosten von Castello bis dahin vom Rest der Stadt trennte. Die so entstandene breite und lange Straße Via Eugenia (heute Via Garibaldi) wurde als eine der schönsten und bequemen Straßen Venedigs gerühmt und sollte Basis für ein neues wirtschaftliches Zentrum in Konkurrenz zu Rialto sein. Als direkter Seitenarm von der Via Eugenia nach Süden wurde eine Allee angelegt, welche die neue Straße direkt mit den, ebenfalls durch Selva geplanten, öffentlichen Gärten im Südosten der Stadt verband. Die Grünanlage, genannt Giardini, stellte eine innovative politische Geste dar, da ihre Nutzung hauptsächlich durch die etwa 2000 ansässigen Arbeiter zur Naherholung vorgesehen war.[35] Die Realisierung der Allee sowie der Giardini waren nur durch Zerstörungen von Klöstern und Bestandsbebauung möglich. Die Giardini wurden geometrisch nach englischem Vorbild angelegt und 1812 fertiggestellt.[36] Im gesamten 19. Jahrhundert wurde eine mögliche Erweiterung der Stadt im Südosten über die Giardini hinaus diskutiert. Selvas Planungen waren hierfür maßgeblich.

Der **Anschluss an das Festland** durch die Eisenbahn markiert 1846 den Wendepunkt für die wirtschaftliche Bedeutung von Castello. Der folgende Bau des neuen insularen Hafens verhinderte vermehrte wirtschaftliche Investitionen im Südosten der Stadt. Das Arsenale wurde bis zum Beginn des 20. Jahrhundert zwar noch ausgebaut, doch für die sich entwickelnde Industrie erwiesen sich die räumlich begrenzten Anlagen als unzureichend. 1895 wurde in den ehemals öffentlichen Giardini erstmals die Kunstausstellung der Biennale durchgeführt und eine Wohnnutzung der bestehenden Brachen wurde diskutiert. Um den Anschluss an das Zentrum zu gewährleisten, wurde 1910 mit der Riva degli Schiavoni eine direkte Verbindung vom Markusplatz nach Castello fertig gestellt. Die geänderte strategische Ausrichtung von Castello zum erweiterten Wohn- und Kulturstandort wurde durch die 1909 durchgeführte Untersuchung von Vivante gestützt. Der Bereich südöstlich des Arsenale zählte gemeinsam mit der Giudecca zu den am dichtesten besiedelten Gebieten mit den meisten Erdgeschosswohnungen der gesamten Stadt.

Trotz des letzten produktiven Höhepunktes des Arsenale während des Ersten Weltkrieges führte die Verlagerung des **industriellen Zentrums auf das Festland** von 1917 zu einem industriellen Bedeutungsverlust von Castello. Folglich wurde eine Wohnnutzung der industriellen Brachen im Südosten der Stadt immer wahrscheinlicher. Für eine großflächige Erweiterung empfahl sich die *Sacca* von Sant'Elena, die sich zuvor zu großen Teilen als militärischer Exerzierplatz in staatlichem Besitz befand.

**Zwischen den Weltkriegen** verfestigte sich die kulturelle Nutzung des Südostens von Castello und die Errichtung eines neuen Stadtteiles wurde fokussiert. Noch 1911 wurde der südöstliche Abschluss Venedigs von den Giardini gebildet. In den folgenden Jahrzehnten wurde die *Sacca* von Sant'Elena für eine Wohnbebauung urbar gemacht und die Stadt wurde nach Südosten erweitert. Das auf der *Sacca* neu entstandene Quartier Vittorio Emanuele II stellt die größte und bekannteste Erweiterung Venedigs zu Wohnzwecken in der Lagune dar.

**Räumlich begrenzt** wird Castello im Westen von den *Sestieri* San Marco und Cannaregio. Im Norden, Süden und Osten grenzt es an die offene Lagune. Das Arsenale teilt es nahezu vollständig in Ost und West.

Die Entwicklung von Castello stellt eine Erweiterung der ***forma urbis*** dar. Aufgrund der Errichtung zunächst der Giardini und folgend des Quartieres Vittorio Emanuele II mit Park zur Lagune kann die Ergänzung als eine Erweiterung des Naturraumes oder als eine bewusste Verschleierung der baulichen Entwicklung gedeutet werden. Das **Kanalnetz** westlich des Arsenale ist wie auch in den angrenzenden Bereichen von San Marco und Cannaregio unregelmäßig, aber weniger dicht. Die Inseln, die durch die Kanäle voneinander getrennt werden, sind größer als in den westlich angrenzenden *Sestieri*. Eine Durchwegung von der südlichen in die nördliche Lagune wird auf direktem Weg nur durch einen einzigen *Rio* (Rio de la Pleta, Rio di Santa Giustina) gewährleistet. Östlich des Arsenale hingegen ist das Kanalnetz deutlich reduziert. Die wenigen, nahezu linear verlaufenden Kanäle sind an den Mauern des Arsenale ausgerichtet und untereinander nicht verbunden. Sie alle münden direkt oder über Umwege in den Kanal von San Pietro. Die *Sacca* von Sant'Elena wird in ihrem Inneren nicht von Kanälen erschlossen, sondern nur durch jeweils einen Kanal von der Insel Sant'Elena und den Giardini getrennt. **Das Netz der Fußwege** wird durch eine breite Promenade zur Lagune geprägt (Riva degli Schiavoni, Riva Ca' di Dio, Riva San Biasio, Riva dei Sette Martiri), die den Markusplatz direkt mit den Giardini verbindet. Westlich des Arsenale ist das Netz unregelmäßig, aber aufgrund der Größe der Inseln weniger dicht als in den angrenzenden *Sestieri*. Bezugspunkte sind hier die Fondamenta Nove in Cannaregio im Norden und die bereits erwähnte Riva degli Schiavoni im Süden. Freiräume werden durch zahlreiche *Campi* als Knotenpunkte ausgebildet. Östlich des Arsenale wird das Netz der Fußwege sowohl durch die Via Garbaldi (ehemals Via Eugenia) bestimmt, als auch durch die Promenade im Südwesten ergänzt. Die meisten Erschließungen zweigen orthogonal von der Haupterschließung ab und teilen so schmale, nahezu rechteckige Baufelder zwischen sich auf. Freiräume existieren außer der geräumigen Via Garibaldi keine. Eine Ausnahme bildet hier die Insel von San Pietro, die über unregelmäßigere Wegeführung und einen eigenen *Campo* verfügt. Die primäre Ausrichtung des Fußnetzes östlich des Arsenale wird durch die Giardini unterbrochen. Die breite Promenade verjüngt sich (Viale

Giardini Publici) und erschließt die neue Wohnbebauung von Sant'Elena. Die neue Wohnbebauung ist noch über einen weiteren Fußweg im Norden angeschlossen. Die *Sacca* von Sant'Elena wird durch ein unregelmäßiges, aber klares Netz von Fußwegen ohne Sackgassen erschlossen. Die Eigenschaften der **Blöcke** sind nicht einheitlich zu bestimmen. Der westliche Bereich orientiert sich an den westlich angrenzenden *Sestieri*, ist aber weniger dicht. Die verwinkelte Bebauung öffnet sich zum Teil mit Gärten nach innen. Östlich des Arsenale finden sich vermehrt längliche Zeilen mit geringem Seitenabstand, die orthogonal zu der Haupterschließung Via Garibaldi ausgerichtet sind. Gärten existieren kaum. Auf der Insel San Pietro di Castello lassen sich keine einheitlichen Eigenschaften der Blöcke ausmachen, da die Insel sowohl Zeilen als auch eng verwinkelte Bebauung aufweist. Auf der *Sacca* von Sant'Elena wiederum wird zum Teil eine Blockrandstruktur eingeführt, die meist klar zwischen privat und öffentlich unterscheidet. Die **Fassaden** des *Sestiere* sind ebenfalls nicht einheitlich zu bestimmen. Der dicht bebaute Westen entspricht dem typischen Bild venezianischer Architektur, lässt aber aufwändige Fassadengestaltungen, wie sie sich am Canal Grande auffinden lassen, missen. Östlich des Arsenale ist die Fassadengestaltung bis auf wenige Ausnahmen reduziert. So auch auf der Insel San Pietro di Castello. Auf der *Sacca* von Sant'Elena schließlich wechseln sich höherer Aufwand und reduzierte Gestaltung ab.

Die ***Urbane Gestalt*** des *Sestiere* wird durch die trennende Wirkung des Arsenale bestimmt. Im Westen entwickelt sie sich aus den angrenzenden *Sestieri*. Östlich hingegen wird sie durch das Arsenale und dessen Anforderung an einfaches Wohnen bestimmt. Ausnahme bildet hier die Insel San Pietro di Castello und deren unmittelbare Umgebung, deren *Urbane Gestalt* wiederum an das westliche Castello erinnert. Die *Sacca* von Sant'Elena schließlich verfügt, auch aufgrund ihrer Entwicklungsgeschichte, über eine eigene Prägung der *Urbanen Gestalt*.

# Wohnraumergänzung

▶22 Geschlossenes Ensemble San Giacomo, Entwurfsperspektive 1922; Rivista Mensile della città di Venezia

# San Giacomo

## Entstehung

**Von 1919 bis 1920** wurde das Quartier San Giacomo auf der Giudecca, dessen Name sich auf ein unter napoleonischer Besetzung zerstörtes Kloster bezieht, vom IACP fertiggestellt. Teile des Grundstückes befanden sich bereits in kommunalem Besitz, da hier schon die Vorgängerorganisation des IACP 1907 und 1910 Arbeiterwohnbauten auf ehemaligen Gärten errichtete. Das restliche Gelände wurde dem IACP von Arbeitergenossenschaften überlassen, die auf der Giudecca ansässig waren. In Ergänzung zu den durch die Kommune errichteten Gebäuden des Quartiers mit 70 Wohnungen für ca. 470 Personen entstanden unter der Leitung des institutsinternen Ingenieurs 58 Wohnungen verteilt auf eine Kubatur von 21.583 Kubikmetern für ca. 300 Personen. Auch aufgrund der geringen Kosten von 2.271.885 Lire[1] bezeichnete der Präsident des IACP das Quartier als ein gelungenes Experiment, welches die hohe Nachfrage nach bezahlbarem Wohnraum angemessen bediente. Darüber hinaus sollte durch die technischen Standards, den Komfort und die generelle ästhetische Qualität dazu beigetragen werden, dass die dort ansässigen Arbeiter sich mit den neuen Wohnanlagen identifizieren. Eine Besonderheit bei der Realisierung war, dass alle Arbeiten erstmals ausschließlich mit hauseigenen Mitteln des IACP realisiert wurden.[2] (▸ABB. 22)

## Areal

Das **Areal der Wohnbebauung** des Quartieres von San Giacomo befindet sich im Zentrum der Giudecca. Zum Kanal der Giudecca wird es durch die bestehenden Bauten verdeckt. Im Süden wird es durch bereits zuvor bestehende Bebauung und die Lagune begrenzt. Im Osten und Westen wird es jeweils durch Mauern von dem Besitz der Kirche Redentore und der 1907 eröffneten Schiffs- und Industriewerft der Kommune, die bis in die 50er Jahre die Produktionsstätte der lokalen Nahverkehrsboote war, eingeschlossen. In direkter Nachbarschaft waren auch die Uhrenfabrik Junghans, die Getreidemühle der Familie Stucky und die 1910 eröffnete Schule fußläufig zu erreichen. Geschäfte des täglichen Bedarfs sowie eine Apotheke fanden sich an der *Fondamenta*, vereinzelt aber auch im Inneren des Quartiers.

Die **Form des Areales** des Quartieres von San Giacomo umfasst eine nahezu quadratische Fläche von ca. 2330 Quadratmetern, bei 1327 Quadratmetern bebauter Fläche und 1003 Quadratmetern öffentlich zugänglichem Raum.[3]

Die **Entwicklung des Areales** wird in den relevanten Katastern von Venedig unterschiedlich dargestellt. Schon im österreichischen Kataster von 1846 sind die Grenzen des zu Beginn des 20. Jahrhunderts bebauten Terrains vorhanden. Das Kloster nahm große Teile der schmaleren Kopfseite des Areales ein und ließ nur einen schmalen Streifen für die Erschließung der dahinterliegenden Gärten. Das Grundstück des Klosters wurde unter Beibehaltung der alten Grenzen neu bebaut und ist durch die Mauern der Hinterhöfe von dem Rest des Quartieres getrennt. Die vier Bauten im Mittelpunkt des Quartieres sind in das Kataster von 1877 bereits eingetragen. (▸ABB. 23, 24)

## Erschließung

Die **Erschließung in der Umgebung** des Quartieres wird durch die durchlaufende *Fondamenta* der Giudecca geprägt, die sich auf der Venedig zugewandten Seite befindet. Die Erschließung der restlichen Insel wird durch orthogonal zur *Fondamenta* verlaufende Stichel schließungen gewährleistet. Kanäle haben für die Erschließung des Inneren der Giudecca eine untergeordnete Rolle. Aufgrund der geringen Tiefe der Insel ist die Lagune schnell zu erreichen.

Die **Eigenschaften der Erschließung** des Quartieres werden durch ein orthogonales, zur *Fondamenta* im Norden ausgerichtetes, unregelmäßiges Raster bestimmt.

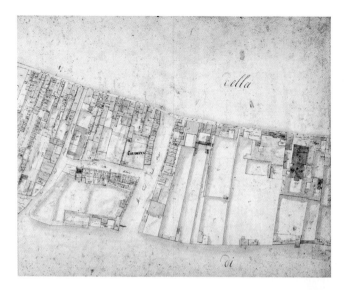

▶23
Unbebautes Areal von San Giacomo, Kataster 1846; Archivio di Stato di Venezia, mappe austriache, comune censuario 7 Venezia Giudecca, sotto numero 6

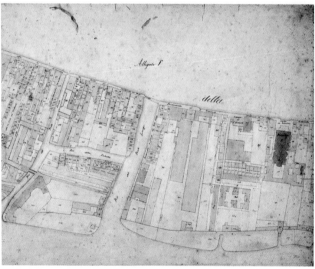

▶24
Bauliche Entwicklung San Giacomo, Kataster 1877; Archivio di Stato di Venezia, mappe austro-itale, comune censuario 112 Venezia Giudecca, sotto numero 6

Zwischen zwei Quererschließungen wird das Areal durch mehrere Längserschließungen in Baufelder gegliedert. Die südliche der beiden Quererschließungen führt heute in den, seit Beginn der 1980er Jahre des 20. Jahrhunderts bestehenden, direkt an der Lagune gelegenen Kommunalpark. Das Quartier verfügt nur über einen **Hauptzugang**, der von der *Fondamenta* aus zugänglich ist. Die Calle di San Giacomo führt einmal quer über die gesamte Breite der Insel und endet in einer Sackgasse. Die verschiedenen **Gassen** sind zwischen drei bis sieben Meter breit und dienen ausschließlich der fußläufigen Erschließung des Quartieres. Die Wegeführung teilt das Gelände in meist rechteckige Abschnitte ein, die längs oder quer zur Ausrichtung der *Fondamenta* verlaufen. Die Benennung der Wege ist außer bei der Calle San Giacomo auf die typischen venezianischen Wegbezeichnungen (*Calle*, *Ramo*, usw.) beschränkt. (▶ABB. 25)

Die Eigenschaften des **Blockes in der Umgebung** werden durch die bereits beschrieben Eigenschaften der Giudecca bestimmt.

Die **Eigenschaften des Blockes** im Quartier können den Kategorien Zeile und Blockrandbebauung zugeordnet werden. Die Zeilen sind zwischen 13 und 23 Meter tief und variieren in ihrer Länge zwischen 74 und 90 Metern. Sie sind sowohl quer als auch längs der Ausrichtung der Insel positioniert. Die Blockrandbebauungen haben eine zwischen 58 und 35 Metern variierende Seitenlänge. Der an die Lagune grenzende Block ist geschlossen und unregelmäßig parzelliert. Die Blockrandbebauung im Zentrum des Quartieres ist durchlässig. Zu den jeweiligen Erschließungen nach Osten und Westen ist der Block durch zwei quer gespiegelte, offene Hofhäuser komplett geschlossen. Zwischen den Schenkeln der offenen Hofhäuser befinden sich zwei ebenfalls längs gespiegelte Einzelbauten, durch die je zwei Zugänge zu dem Innenhof ausgebildet werden. Die Baukörper nehmen die Flucht der offenen Hofhäuser auf und sind zu der Gebäudemitte geringfügig zurückgesetzt. Die dem Innenhof zugerichtete Gebäudeseite verfügt über keine Vor- oder Rücksprünge und ragt mit einer Breite von zwölf Metern und einer Tiefe von 14 Metern in den Innenhof hinein.

Die Erschließung der Gebäude erfolgt zum größten Teil aus dem **öffentlichen Raum**. Nur die längs ausgerichteten Zeilen werden durch einen Vorgarten erschlossen. Der den Zeilen vorbehaltene private Freiraum ist zu den Quartiersgrenzen orientiert oder befindet sich südlich der längs ausgerichteten Zeilen. Der öffentliche Raum wird zusätzlich durch Mauern und Zäune begrenzt. Die vier Bauten der durchlässigen Blockrandbebauung bilden einen rechteckigen Innenhof aus, der zur besseren Aufsicht der Kinder der Quartiersbewohner vorgesehen war.[4] Rein öffentlicher Freiraum findet sich im gesamten Quartier nur am *Campo* von San Giacomo an der *Fondamenta* vor dem ehemaligen Kloster. (▶ABB. 26, 27)

Fassaden

Die **Fassaden der Umgebung** werden durch die Abfolge der geschlossenen Bebauung an der *Fondamenta* in Verbindung mit dem Blickbezug zu Venedig und der Lagune bestimmt. Die sich hier befindlichen Bauten sind hauptsächlich vor 1797 errichtet worden und erinnern in ihrer Gestaltungsvielfalt und abwechselnden Intensität an die venezianischen Hauptinseln.

Der **Eingang in das Quartier** wird nicht gesondert hervorgehoben. Er erfolgt durch eine Gasse, die vom vorgelagerten *Campo* nach Süden abzweigt. Sie wird von einfacher linearer Zeilenbebauung begleitet. Diese Zeilen wurden zum größten Teil noch vor dem Ersten Weltkrieg errichtet und ähneln sich in ihrer Fassadengestaltung. Drei- bis viergeschossig sind sie meist schmucklos ausgeführt, verputzt und in Pastelltönen gestrichen. Der Ziegelsockel ist bis zur Unterkante der Fenster hoch-

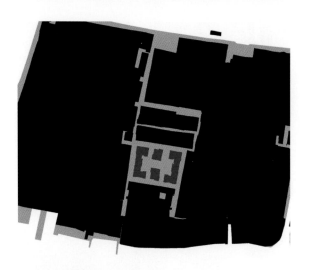

▶25
Öffentlicher Raum San Giacomo,
Schema 2018; eigene Darstellung

▶25
Öffentlicher Raum San Giacomo,
Schema 2018; eigene Darstellung

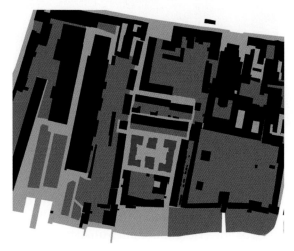

▶26
Privater Raum San Giacomo,
Schema 2018; eigene Darstellung

▶27
Grünflächen San Giacomo,
Schema 2018; eigene Darstellung

▶28   Detaillierung der Außenfassaden San Giacomo, Calle Albero, Foto 2017; J. Fichte

geführt. Die Fenster und Türen sind durch Kunststein gerahmt. Vereinzelt sind die rechteckigen Rahmungen durch einen Bogen oder eine einfach profilierte Sohlbank ergänzt. Der horizontale Abschluss der Gebäude erfolgt durch in Kunststein ausgebildete Dachbalken.

  Die **Fassadengestaltung** der vier zwischen 1919 und 1920 errichteten Bauten ist einheitlich und hebt sich in ihrer Intensität vom Rest des Quartieres ab. Die offenen Hofhäuser sind an den Nordecken fünfgeschossig, ansonsten viergeschossig. Die jeweiligen Ecken werden durch einen leichten Rücksprung in der Fassade in der Fassadenmitte hervorgehoben. Auch die Ost- und Westfassaden der Punktbauten werden durch jeweils einen vertikalen Vor- oder Rücksprung in der Fassadenebene gegliedert. Die Sockelzone ist zweigeteilt. Auf einem etwa 20 Zentimeter hohen Betonsockel werden Ziegel bis an die Unterkante der Fenster geführt. Die Häuser waren ursprünglich alle verputzt und in unterschiedlichen Pastelltönen gestrichen. Im Erdgeschoss werden die Fenster und Türen durch regelmäßig profilierten Kunststein gerahmt. Die Sohlbänke werden durch Konsolen gestützt. Im ersten Obergeschoss finden sich Bogenfenster, die unregelmäßig durch Balkone mit verzierten Metallgittern ergänzt werden. Die Bögen werden durch eine Ziegelblende mit Keilstein geschmückt und durch ein rechteckiges Fries gerahmt. Das gleiche Friesband gliedert auch andere Teile der Fassade. In den restlichen Geschossen sind die Fenster mit

►29
Reduzierter Fassadenschmuck im
Innenhof, San Giacomo, Foto 2017;
J. Fichte

wenigen Ausnahmen identisch zum Erdgeschoss ausgeführt. Abgeschlossen werden alle Gebäude gleichermaßen durch ein umlaufendes Konsolenfries. Die Schornsteine sind einheitlich in einfacher Form ausgeführt. Die aufwendigere Fassadengestaltung im Bereich der Fenster beschränkt sich ausschließlich auf die äußeren Bereiche und auf die Zugänge zum Innenhof. (►ABB. 28) Im Innenhof selbst findet sich außer den sichtbaren Stürzen und Sohlbänken keinerlei Fassadendekoration. (►ABB. 29) Der südliche Block an der Lagune ist unregelmäßig bebaut. Das Blockinnere wird durch Bebauung aus dem 18. Jahrhundert, einen Wohnbau aus den 1960er Jahren und eine Ziegelmauer vom öffentlich zugänglichen Raum getrennt.

## Zusammenfassung

Die **Entstehung** des Quartieres von San Giacomo ist einzig auf die Aktivität des IACP zurückzuführen. Es wurde mit eigenen Mitteln auf bereits zum Besitz des Institutes zählenden Grundstücken errichtet. Das Quartier kann als direkte Antwort des IACP auf die Wohnungsnot in Verbindung mit den neuen ästhetischen Anforderungen bewertet werden. Das **Areal**, auf dem das Quartier entstanden ist, befindet sich im Inneren der Giudecca und ist von in den Jahrzehnten zuvor entstandenen Wohnbauten umgeben. Die übergeordneten Eigenschaften der *forma urbis* werden durch das

Quartier nicht berührt. Vielmehr trägt es zu einer Verdichtung des in der Vedute von Barbari definierten Stadtraumes bei. Die **Erschließung** innerhalb des Quartieres ist mit rechten Winkeln und graden Wegen ohne Unterbrechungen auf die *Fondamenta* der Giudecca, als einzige zusammenhängende Erschließung und Knotenpunkt der gesamten Inseln, zurückzuführen. Durch die Durchlässigkeit des **Blockes** bleibt das Ensemble eine Ausnahme auf der Giudecca. Durch die Vor- und Rücksprünge der Baukörper wird ein komplexer Raum gebildet, der im Gegensatz zu den linearen Baukörpern des restlichen Quartieres steht. Die Fassaden des Quartieres wurden von zahlreichen Vorbildern in der gesamten Stadt inspiriert und finden sich zum Teil in identischer Ausführung an den verschiedensten Bauten in ganz Venedig.

Bezug zum Wasser besteht durch das Fehlen von Kanälen und die Entfernung zur Lagune nicht, dennoch zeigt das Ensemble durch die gelungenen Zitate und die komplexeren Gebäudeformen das wachsende Bewusstsein gegenüber den ästhetischen Anforderungen, die sogar an ein einfaches Arbeiterwohnen gestellt wurden. Jedoch bleiben die gelungenen Zitate in der *Urbanen Gestalt* im Quartier isoliert. Die Ausrichtung und der Aufbau des gesamten Quartieres stellen eine Neuheit auf der Giudecca und in ganz Venedig dar.

# Madonna dell'Orto

## Entstehung

Das Quartier von Madonna dell'Orto wurde **von 1919 bis 1921** errichtet. Benannt wurde es nach dem 1921 verstorbenen Bürgermeister Venedigs, Filippo Grimani. Das Grundstück diente zuvor der Lagerung von Holz für die Kohleproduktion. Es wurde noch während des Krieges vom IACP aufgrund der kriegsbedingten Preisdepression zu einem so geringen Preis erworben, dass bereits der Verkauf des Abbruchmateriales die Kosten des Einkaufs deckte.[5] Hier entstand mit einer Kubatur von 41.626 Kubikmetern in 132 Wohnungen Raum für ca. 650 Personen. Unter der Leitung des IACP wurde der südliche Teil des Quartieres durch privatwirtschaftliche Kredite finanziert, was sich im Vergleich zu anderen zeitgleich errichteten Quartieren positiv auf die Bilanz des IACP auswirkte.[6] Die Gesamtkosten betrugen 3.954.331 Lire.[7] Das Quartier richtete sich an Arbeiter der umgebenden Industrie, denen durch die stetige Belüftung aus der nördlichen Lagune und die großen Abstandsflächen besonders hygienisches Wohnen ermöglicht werden sollte.[8] Gleichzeitig wurde es als notwendig erachtet, das gesamte Grundstück von den Winden der Lagune durch einen großen Baukörper abzuschirmen.[9] (▸ABB. 30)

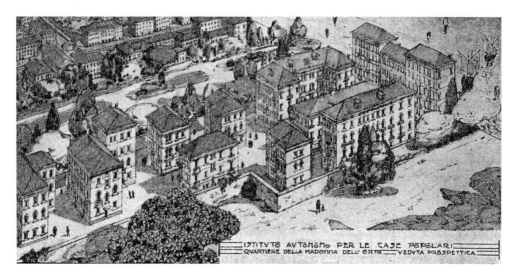

▶30   Ensemble Madonna dell'Orto, Entwurfsperspektive 1922; *Rivista Mensile della città di Venezia*

## Areal

Das **Areal der Wohnbebauung** des Quartieres Madonna dell'Orto grenzt an die Lagune und befindet sich im mittleren Bereich des *Sestiere* auf der Insel der gleichnamigen Kirche. Im Osten grenzt das Areal an die im 15. Jahrhundert vollendete Kirche mit dem dazugehörigen Klostergelände sowie an eingeschossige Gewerbehallen aus dem 19. Jahrhundert, die sich über den gesamten Osten der Insel erstrecken. Die Kirche und ihr *Campo* sind über die südliche *Fondamenta* zugänglich, während die Lagerhallen im Norden an die Lagune grenzen. Im Westen wird das Quartier durch private Grünstreifen von einer gemischten Bebauung getrennt. Hier befinden sich das Krankenhaus Arcangelo Raffaele sowie zahlreiche kleinere zusammenhängende Wohnhäuser.

     **Die Form des Areales** gleicht einem länglichen Rechteck, das quer zur Ausrichtung der Insel verläuft und ca. 158 Meter lang und zwischen 40 und 65 Meter breit ist. Die Gesamtfläche des Areales beträgt 8471 Quadratmeter, wovon 3138 Quadratmeter bebaut sind. Die 5333 Quadratmeter unbebaute Fläche gliedert sich in 2816 Quadratmeter öffentliche Erschließung und 2517 Quadratmeter private Gärten.[10]

Die **Entwicklung des Areales** wird in den für die Untersuchung relevanten Katastern von Venedig unterschiedlich dargestellt. Im österreichischen Kataster von 1846 entspricht das Grundstück bereits den Ausdehnungen des späteren Quartieres. Die kleinteilige, geschlossene Bebauung zur Lagune wurde zu einem großen, flächigen Baukörper zusammengefasst. Im Kataster von 1877 ist bereits das aktuelle Quartier eingetragen. (▶ABB. 31, 32)

Die **Erschließung in der Umgebung** des Quartieres wird durch eine zusammenhängende, längs der Ausrichtung der Insel verlaufende *Fondamenta* mit dazugehörigem *Rio* im Süden der Insel geprägt. In der Mitte der *Fondamenta* befindet sich der *Campo* der Kirche Madonna dell'Orto. Die Insel ist über drei gleichmäßig verteilte Brücken an die südlich gelegenen Inselstreifen angeschlossen. Die Strada Nova kann fußläufig erreicht werden. Die ca. 380 Meter lange *Fondamenta* ist geschlossen durch zwei-bis dreigeschossige Wohnhäuser bebaut. Das nördliche Drittel der Insel wird zusätzlich durch drei querverlaufende Straßen erschlossen, die zum Teil in Sackgassen münden.

Die **Eigenschaften der Erschließungen** des Quartieres werden durch eine strenge orthogonale Organisation geprägt, anhand derer das Quartier in zwei Bereiche aufgeteilt werden kann. Der Zugang von der *Fondamenta* im Süden durchschneidet das gesamte Quartier. Diese Hauptverbindung wird in der nördlichen Hälfte des Quartieres durch eine parallel verlaufende Erschließung ergänzt. Beide Wege münden in eine Längserschließung, die das Quartier abschließt und im Osten den Zugang zu der Haltestelle an der Lagune ermöglicht. Der **Hauptzugang** zum Quartier wird durch eine Gasse nordwestlich der Kirche gebildet, die in die Bebauung der *Fondamenta* eingeschnitten ist und eine Durchwegung der Insel bis zur Lagune ermöglicht. Hier befindet sich heute auch die Vaporettohaltestelle Madonna dell'Orto. Alle **Gassen** und auch der Platz des Quartieres sind nach einer erfolgreichen Verteidigungsschlacht im Ersten Weltkrieg gegen die Österreicher am Fluss Piave in Kombination mit den venezianischen Ortsbezeichnungen benannt. Die Verbindungen sind vorwiegend acht Meter breit und verjüngen sich im nördlichen Teil des Quartieres auf fünf Meter, um sich dann wieder auf über zehn Meter zu erweitern. (▶ABB. 33)

## Block

Die Eigenschaften des **Blockes in der Umgebung** werden durch großformatige Typologien wie Klöster und kleinteilige dichte Bebauung, die quer zu der Ausrichtung der Insel verläuft, bestimmt. Die einzige Anbindung des Quartieres an seine Umgebung erfolgt durch den Hauteingang an der *Fondamenta*.

Die **Eigenschaften des Blockes** werden durch eine strenge orthogonale Organisation geprägt. Die Gebäude bewahren große Abstände zueinander. Der Anwendung der unterschiedlichen Finanzierungsmodelle folgend, können zwei Baufelder zugeordnet werden. Der ausschließlich **öffentlich finanzierte Bauabschnitt** im Norden ist großformatig und verfügt über mehr Wohnfläche und weniger Gärten. Er besteht aus drei Zeilenbauten und einem offenen Hofhaus. Die elf Meter tiefe und 56 Meter lange Zeile folgt der Ausrichtung der Insel und schließt das Quartier zur Lagune ab. Sie wahrt einen Abstand von mindestens zehn Metern zu den südlich anschließenden Bauten, die parallel zueinander quer zu der Form des Areales ausgerichtet sind. Das

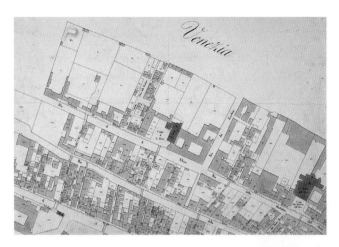

▶31
Unbebautes Areal Madonna dell'Orto und Sant'Alvise, Kataster 1846; Archivio di Stato di Venezia, mappe austriache, comune censuario 3 Venezia Cannaregio, sotto numero 2

▶32
Bauliche Entwicklung Madonna dell'Orto und Sant'Alvise, Kataster 1877; Archivio di Stato di Venezia, mappe austro-itale, comune censuario 109 Venezia Cannaregio, sotto numero 2

offene Hofhaus ist 19 Meter tief und 37 Meter lang und befindet sich am westlichen Rand des Quartieres. Es ist zum Quartiersinneren geöffnet und durch Mauern vom öffentlichen Raum getrennt. Die mittlere Zeile ist elf Meter tief und 39 Meter lang und komplett von öffentlichem Raum umgeben. Die östliche Zeile ist zehn Meter tief und 37 Meter lang und zu den Quartiersgrenzen durch Mauern abgeschlossen. Südlich der großformatigen Zeilen beginnt der **privat finanzierte Bauabschnitt**. Er besteht aus drei kurzen Zeilen, einer einzelnen Zeile, einer kombinierten Zeile und dem Umbau am Eingang des Quartieres. Die drei kurzen Zeilen sind zehn Meter tief und 18 Meter lang. Im Gegensatz zu den öffentlich finanzierten Bauten sind sie der Ausrichtung der Insel folgend angeordnet. Zwei der drei Bauten sind in einer Flucht mit den Schenkeln des öffentlich finanzierten, offenen Hofhauses ausgerichtet. Der dritte Baukörper ist um 180 Grad gedreht und endet in einer Flucht mit der südwestlichen Zeile des öffentlich finanzierten Bauabschnittes. Die einzelne Zeile ist neun Meter tief und 17 Meter lang. Ohne Vor- und Rücksprünge in der Fassadenebene, ist

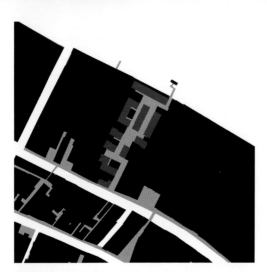

►33
Öffentlicher Raum Madonna
dell'Orto, Schema 2018;
eigene Darstellung

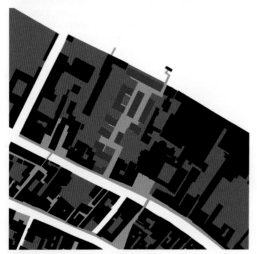

►34
Privater Raum Madonna dell'Orto
Schema 2018; eigene Darstellung

►35
Grünflächen Madonna dell'Orto,
Schema 2018; eigene Darstellung

sie wie die Bauten des öffentlich finanzierten Bereiches quer ausgerichtet und verläuft in einer Flucht mit der mittleren nördlichen Zeile. Der Baukörper wird ebenfalls im Osten durch Mauern begrenzt. Die kombinierte Zeile ist längs zur Insel ausgerichtet und setzt sich aus einer kleineren zehn Meter tiefen und 14 Meter langen sowie einer zehn Meter tiefen und 25 Meter langen Zeile zusammen. Bei dem Umbau am Quartierseingang handelt es sich um einen Bau des 16. Jahrhunderts, der entsprechend der neuen Wohnanforderung umgebaut wurde.

Die Bauten werden alle direkt aus dem **öffentlichen Raum** erschlossen. Die mittlere Zeile im öffentlich geförderten Bereich ist als einziger Bau komplett von öffentlichem Raum umgeben. Alle anderen Bauten verfügen über private Gärten, die überwiegend zu den Quartiersgrenzen orientiert sind, sich aber ebenfalls an den Haupterschließungen wiederfinden. Dementsprechend wird der öffentliche Raum zusätzlich zu den Baukörpern von Mauern und Zäunen begrenzt. Zwischen dem öffentlich finanziertem und dem privat finanzierten Bauabschnitt befindet sich der *Campo* des Quartieres, der ausschließlich durch die Kopfseiten der verschiedenen Gebäude und Gartenmauern begrenzt wird. (▶ABB. 34, 35)

## Fassaden

Die **Fassaden der Umgebung** werden durch die Abfolge der geschlossenen Bebauung an der *Fondamenta* bestimmt. Die hier befindlichen Bauten sind hauptsächlich vor 1797 errichtet worden und sind sehr variationsreich in der Ausführung ihrer Gestaltung.

Der dreigeschossige Bau, der den **Eingang des Quartieres** markiert, unterscheidet sich äußerlich nicht von den restlichen Bauten an der *Fondamenta*. Er verfügt über keine oder nur eine geringe Sockelzone und das Erdgeschoss ist ziegelsichtig ausgeführt. Die oberen beiden Geschosse sind verputzt und Fenster und Türen sind von istrischem Marmor eingefasst. Das Dach liegt auf einem Konsolenfries. Die Qualität des Fassadenschmuckes an der der *Fondamenta* zugewandten Seite lässt auf ein älteres Entstehungsdatum des Baus schließen. Der großzügige Zugang zum Quartier ist zusätzlich durch eine Steintafel markiert. Von einem Fries eingefasst, wird auf ihr die Widmung des Quartieres erläutert. (▶ABB. 36)

Die Intensität der **Fassadengestaltung** unterscheidet sich in den öffentlich und frei finanzierten Bereichen des Quartieres. Der **frei finanzierte Bereich** wird durch eine aufwändigere Gestaltung geprägt. Die kombinierte Zeile ist viergeschossig. Das gesamte Gebäude ist verputzt und die regelmäßige Lochfassade ist klar gegliedert. Die gemeinschaftlich genutzten Treppenhäuser sind durch die Fenster in der Fassade erkennbar. Im Erdgeschoss werden die Fenster durch detaillierte Friesbänder gerahmt und liegen auf verzierten Sohlbänken auf. Im ersten Geschoss werden die Fenster als Bogenfenster mit Keilstein ausgeführt und liegen ebenfalls auf verzierten Sohlbänken auf, die wiederum durch kleine Konsolen gehalten werden. Darüber hinaus verfügt das erste Geschoss je Wohneinheit über einen kleinen Balkon mit Metallgitter. Die Fenster der beiden oberen Geschosse liegen auf einer einfachen

▶36  Blick in das Quartier Madonna dell'Orto, Ramo Primo Piave, Foto 2017; J. Fichte

Sohlbank auf und sind durch schmucklosen Kunststein gerahmt. Das Dach wird durch einen Konsolenfries gestützt. Die kleine Einzelzeile ist dreigeschossig, flächig verputzt und verfügt über eine einfache Lochfassade. Das Erdgeschoss wird nahezu zur Hälfte durch Ladenlokale geprägt. Im nördlichen Bereich ist die Erdgeschosszone mit einer einfachen Rustizierung überzogen. Die Fenster sind durch weiße Faschen hervorgehoben. In den oberen beiden Geschossen liegen die Fenster auf einer Sohlbank aus Stein auf und werden nicht weiter gefasst. Je Wohneinheit existiert ein schmuckloser Balkon mit einem einfachen Metallgeländer. Das Dach wird ebenfalls durch ein einfaches Konsolenfries gestützt. Die drei identischen Zeilen sind dreigeschossig, in den oberen beiden Geschossen flächig verputzt und verfügen ebenfalls über eine einfache Lochfassade. Das Erdgeschoss ist durch eine grob verputzte Sockelzone und eine einfache Rustizierung zwischen den Fenstern hervorgehoben. Stürze, Laibungen und Sohlbänke sind im Erdgeschoss durch Kunststein gerahmt. Im ersten Geschoss werden die Fenster durch profilierte Rundbögen und Sohlbänke gefasst. Hier bestehen ebenfalls mehrere kleine Balkone, die durch ein Metallgitter geschützt werden. Im zweiten Geschoss sind die Fenster nur noch durch einen profilierten Sturz und eine einfache Sohlbank hervorgehoben. Das Dach liegt wie bei den Vorgängerbauten auf einem einfachen Konsolenfries auf. Der **öffentlich finanzierte Bereich** wird durch eine reduziertere Fassadengestaltung bestimmt. Das viergeschossige, offene Hofhaus verfügt über eine einfache Lochfassade und ist einheitlich verputzt. Nur das Erdgeschoss ist durch eine grob verputzte Sockelzone und einen dunkelgrauen Anstrich hervorgehoben. Die Fenster und Balkone sind mit Stürzen und Sohlbänken ausgeführt, die teilweise durch einfache Rundbogen ergänzt werden. Die Balkone mit simplen Metallgeländern werden ebenfalls durch Konsolen gestützt. Die Fenster im dritten Obergeschoss verfügen nur über eine sichtbare Sohlbank. Das Dach liegt auf einem schmucklosen Konsolenfries auf. Die mittlere Zeile ist dreigeschossig und entspricht in ihrem Fassadenaufbau dem soeben beschriebenen offenen Hofhaus. Gegenüber der Privatgärten des offenen Hofhauses befinden sich in einem gleichmäßigen Raster Loggien über alle Geschosse verteilt. Die Betonloggien sind nahezu schmucklos. Die dritte Zeile ist viergeschossig und entspricht im Aufbau ihrer Fassade dem bereits beschriebenen offenen Hofhaus. Eine Besonderheit ist hier, dass Teile des Erdgeschosses öffentlichen Waschräumen vorbehalten waren. Die größte Zeile im Norden entspricht in ihrer Fassadengestaltung ebenfalls dem restlichen, öffentlich ausgeführten Teil des Quartieres. Die beiden äußeren Bereiche sind fünfgeschossig und der mittlere Teil ist viergeschossig. Der abschirmende Charakter des Baus wird durch die Fassadengestaltung der Lagunenfassade verstärkt, da hier jeglicher Zierrat fehlt. (▶ABB. 37)

## Zusammenfassung

Die **Entstehung** des Quartieres wurde durch das Bedürfnis geprägt, Wohnraum herzustellen. Jedoch wurden auf dem vom IACP erworbenen Gelände sowohl öffentlich finanzierter als auch frei finanzierter Wohnungsbau hergestellt. Die freie Finanzierung bezog sich hier allerdings nur auf die Bereitstellung des Kapitals, da der IACP die Herstellung des gesamten Quartieres selber durchführte. Das **Areal**, auf dem das Quartier entstanden ist, befindet sich am nördlichen Rand Venedigs in Anbindung an die Lagune und ist von Bestandsbauten und Industrie umgeben. Das Quartier trägt dazu bei, eine Baulücke an der offenen Lagune zu füllen. Die übergeordnete *forma urbis* wurde somit vervollständigt, da durch das Quartier die Stadtansicht von der Lagune aus betrachtet geschlossen wird. Die **Erschließung** des Quartieres erfolgt quer zur Ausrichtung der Insel über eine Hauptachse, die im nördlichen Bereich durch eine parallel verlaufende Gasse ergänzt wird. Die stationär genutzten Flächen des **Blockes** werden durch die längliche Form des Grundstückes und seine Erschließung bestimmt. Die Bauten reihen sich je nach Bautyp quer oder längs an der Erschließungsachse auf. Im Quartier kommen verschiedene Typologien zur Anwendung (Zeile, Solitär, offenes Hofhaus). Private Freiräume werden ebenfalls an der zentralen Erschließung aufgereiht. Der öffentliche Raum wird durch die Mauern und Zäune der Privatgärten und zum Teil durch die Kopfseiten der Gebäude gefasst. Die **Fassaden** im frei finanzierten Bereich des Quartieres sind aufwändiger als die des öffentlich finanzierten Bereiches. Dieser wird durch reduzierte Fassadengestaltung ohne Vor- und Rücksprünge bis hin zur vollkommenen Abwesenheit von gestalteri-

schen Elementen geprägt. Die Gestaltung lässt in ihrer Reduzierung einen Bezug zu venezianischen Vorbildern zu, wobei sich der frei finanzierte Bereich noch vermehrt an internationaler Gestaltung orientiert.

Durch den Einschnitt des Quartierseinganges in die Bestandsbebauung und die Sanierung der sich dort befindlichen Bauten, wurde das Quartier unmittelbar an die *Fondamenta* angeschlossen. Die Ausrichtung und der Aufbau des Quartieres stellen ein Novum in Cannaregio dar. Das Innere des Quartieres ist nach seinen Finanzierungsmodellen zu trennen. Während der privat finanzierte, südlichere Bereich der kürzeren Zeilen über aufwändigere Gebäudeformen und Fassadenschmuck verfügt, reduziert sich die Gestaltung der geförderten Zeilen. Bezug zur Lagune besteht durch das Fehlen von Kanälen und durch den Abschluss gegenüber der Lagune nicht.

# Sant'Alvise

## Entstehung

**Zwischen 1929 und 1930** wurde in unmittelbarer Nachbarschaft zu der Kirche von Sant'Alvise und dem dazugehörigen Augustinerinnenkloster von der staatlichen Eisenbahn ein Quartier für die eigenen Mitarbeiter errichtet. Das Quartier richtete sich speziell an die Arbeitskräfte der zur Eisenbahn gehörigen staatlichen Post- und Telegrafenstelle in Venedig.[11] Die genossenschaftlich errichteten Wohnungen entsprechen daher einem moderaten Wohnstandard. Bei dem Areal handelt es sich zum Teil um eine Industriebrache, die noch zu Beginn des 20. Jahrhunderts von der angrenzenden Glasbläserei Vianello Giacoletti genutzt wurde, in deren Gebäuden sich heute ein

Schwimmbad und ein Gemeinschaftszentrum befinden. Im östlichen Bereich des Areales im Anschluss an das Klostergelände befanden sich Nonnenwohnheime, die mit dem Neubau des Quartieres aufgegeben wurden.[12] Die Neubauten verfügen mit 95 Wohnungen für ca. 475 Personen über eine Kubatur von 30.452 Kubikmetern.[13] Zusätzlich zu den Arbeiten an dem Quartier wurde das Gebäude der ehemaligen *Scuola* von Sant'Alvise, die mit der napoleonischen Besetzung aufgelöst und unter anderem als ein Holzlager verwendet wurde, instandgesetzt. Der schnelle Bau des Quartieres sollte nicht nur dazu dienen, Wohnraum für Beamte zu schaffen, sondern auch die Arbeitslosigkeit der Arbeiterschicht lindern.[14]

## Areal

Das **Areal der Wohnbebauung** des Quartieres von Sant'Alvise grenzt im Norden an die Lagune und befindet sich auf der gleichnamigen Insel, die gemeinsam mit der Insel von Madonna dell'Orto das *Sestiere* Cannaregio zur Lagune abschließt. Im Osten grenzt das Areal an die im 14. Jahrhundert errichtete Kirche Sant'Alvise mit dem dazugehörigen Klostergelände, welches sich über den gesamten Ostteil der Insel erstreckt. Im Westen schließt das Areal an seit dem 16. Jahrhundert bestehende Wohnbebauung an, die im Süden durch Bestandsbebauung, unter anderem durch die *Scuola* von Sant'Alvise, von dem *Campo* der Kirche getrennt ist.

Die **Form des Areales** erinnert an ein Rechteck. Es verläuft quer zur Ausrichtung der Insel, ist 125 Meter lang und ca. 50 Meter breit. Die Gesamtfläche beträgt 5980 Quadratmeter[15] und unterteilt sich in 2351 Quadratmeter bebaute Fläche und 3639 Quadratmeter öffentlich zugänglichen Raum. Öffentliches Grün oder private Gärten existieren innerhalb des Quartieres nicht.

Die **Entwicklung des Areales** wird in den relevanten Katastern von Venedig unterschiedlich dargestellt. Im österreichischen Kataster von 1846 sind Teile der westlichen Bebauung nicht mehr vorhanden und das nördliche der beiden Grundstücke ist zweigeteilt. Das Areal erscheint immer noch privatem Nutzen vorbehalten zu sein, da es nicht öffentlich zugänglich ist. Im Kataster von 1877 sind die drei Teilgrundstücke zu einem großen Grundstück zusammengefasst, das bereits den Ausdehnungen des späteren Quartieres entspricht. Die Bebauung ist bis auf den Abschluss zum *Campo* im Süden zwei großformatigen Zeilen gewichen, die sich an den Ost- und Westgrenzen über die komplette Parzelle erstrecken. Der so entstandene Freiraum zwischen den Gebäuden öffnet sich nur zur Lagune im Norden. (▸ABB. 31, 32)

Die **Erschließung in der Umgebung** des Quartieres wird durch eine zusammenhängende, längs der Ausrichtung der Inseln im Süden verlaufende *Fondamenta* mit dazugehörigem *Rio* geprägt. Östlich des Quartieres befindet sich an der *Fondamenta* der *Campo* der Kirche Sant'Alvise. Hier ist auch eine der zwei Brücken, über die die Insel an die südlich gelegenen Inselstreifen angeschlossen ist. Die Strada Nova kann fußläufig erreicht werden. Die ca. 250 Meter lange *Fondamenta* ist geschlossen durch zwei- bis dreigeschossige Wohnhäuser bebaut. An ihren jeweiligen Endpunkten führt sie zu zwei verschiedenen Klosterkomplexen. Die **Eigenschaften der Erschließung** werden durch eine strenge orthogonale Organisation geprägt. Allerdings wird das Quartier nicht klar hierarchisiert. Von den drei Quererschließungen befinden sich zwei an den Außengrenzen des Quartieres. Die Dritte verläuft versetzt durch die Quartiersmitte. Die fünf Längserschließungen können in drei übergeordnete und zwei untergeordnete Erschließungen aufgeteilt werden. Die drei Übergeordneten verlaufen ununterbrochen über die gesamte Breite des Quartieres und befinden sich an den jeweiligen Grenzen und seiner Mitte. Die zwei untergeordneten Quererschließungen reichen jeweils nur von den Außengrenzen des Quartieres bis zu der mittleren Quererschließung. Das Erschließungssystem des Quartieres schließt im Westen an die Erschließung der Bestandsbauten an. Es ist möglich, das Quartier komplett bis zur Lagune zu durchqueren und an seinem nördlichen Ende befindet sich heute die Vaporettohaltestelle Sant'Alvise. Der **Hauptzugang** zum Quartier erfolgt über den *Campo* von Sant'Alvise. Parallel kann das Quartier sowohl über die Gassen der Bestandsbebauung im Westen als auch durch die Lagune im Norden erreicht werden. Die Breite der **Gassen** variiert zwischen sechs Metern in den Grenzbereichen und zehn Metern in der Quartiersmitte. Die neuen Gassen sind nach örtlichen Eigenheiten benannt und werden mit lokalen Bezeichnungen ergänzt. Die Namen der bereits bestehenden Gassen wurden übernommen. So existieren zum Beispiel eine Holzgasse (Calle Larga Legname) oder eine Nonnengasse (Calle Canossiane, Ramo de le Canossiane). Einzig die neu erstellte *Fondamenta* zur Lagune wurde nach einem Kriegshelden des Ersten Weltkrieges, General Giuseppe Giurati, benannt. (▸ABB. 38)

## Block

Die Eigenschaften des **Blockes in der Umgebung** werden durch großformatige Typologien wie Klöster und kleinteilige dichte Bebauung, die quer zu der Ausrichtung der Insel verläuft, geprägt. Das Quartier wird im Südosten durch den Klosterkomplex und im Norden durch die Lagune begrenzt. Im Nordwesten und Südwesten hingegen ist es an den Bestand angebunden.

Die **Eigenschaften des Blockes** werden durch eine strenge orthogonale Organisation bestimmt. Die Gebäude verlaufen zu den Grenzen des Areales in einer Flucht.

Die wiederkehrenden Bautypen sind quer zu dem Verlauf der länglichen Insel ausgerichtet. Die zwei identischen offenen Hofhäuser sind 38 Meter lang und 24 Meter tief. Sie sind an ihrer Längsseite gespiegelt und zueinander versetzt. Im Nordwesten und Südosten des Quartieres positioniert, sind sie zu den Quartiersgrenzen geöffnet. An den geschlossenen Längsseiten der offenen Hofhäuser befinden sich jeweils zwei identische Zeilen, im Nordwesten zehn Meter tief und 22 Meter lang und im Südwesten zehn Meter tief und 17 Meter lang. Am *Campo* von Sant'Alvise befindet sich ein Neubau, der gemeinsam mit der instandgesetzten *Scuola* den offiziellen Eingang in das Quartier ausbildet.

Die Gebäude sind komplett von **öffentlichem Raum** umgeben und bewahren entsprechend der Breite der Straßen große Abstände zueinander. Privater Freiraum existiert innerhalb des Quartieres nicht. Der durch die offenen Hofhäuser definierte Freiraum ist nach außen zu den Quartiersgrenzen orientiert. Öffentliche Grünflächen sind nur in dem nahegelegenen Park vorhanden. Im Norden zur Lagune wird durch die längeren Zeilen ein Freiraum zur *Fondamenta* ausgebildet. (▶ABB. 39, 40)

## Fassaden

Die **Fassaden der Umgebung** werden durch die Abfolge der geschlossenen Bebauung an der *Fondamenta* bestimmt. Die sich hier befindlichen Bauten sind hauptsächlich vor 1797 errichtet worden und sind sehr variationsreich in der Ausführung ihrer Gestaltung.

Der **Eingang in das Quartier** wird durch einen Neubau am *Campo* von Sant'Alvise gebildet. Der Bau schließt im Westen dreigeschossig an die bestehende Bebauung an. Im Osten befindet sich die sanierte zweigeschossige *Scuola* von Sant'Alvise. Die beiden Gebäude bilden eine fünf Meter breite *Calle* aus, die den Eingang zu dem neuen Quartier darstellt. Sie werden im ersten Obergeschoss durch einen Bogen ohne statische Funktion miteinander verbunden. Ihre Fassaden sind zum *Campo* aufwändig mit istrischem Marmor verziert. Die Dächer liegen auf intensiv gestalteten Konsolenfriesen auf und Öffnungen in der Fassade sind detailliert eingefasst. Der Bogen ist verputzt und verfügt über einen sichtbar ausgeführten Keilstein. (▶ABB. 41) Die beiden Bauten bilden gemeinsam mit den umgebenden Gebäuden einheitliche Raumgrenzen für den *Campo*. Ihre dem Quartier zugewandten Rückseiten sind weniger aufwändig verziert.

Die reduzierte **Fassadengestaltung** des Quartieres wird durch eine klare Differenzierung zwischen Innen und Außen bestimmt. Die Schenkel der offenen Hofhäuser sind viergeschossig und die, durch einen Versatz in der Fassadenebene kenntlich gemachten, Kopfseiten fünfgeschossig. Das Erdgeschoss ist mit einer regelmäßigen Rustizierung ausgeführt. Die restlichen Geschosse sind einheitlich verputzt oder ziegelsichtig ausgeführt. Die regelmäßige Lochfassade wechselt zwischen Bogenfenstern und normalen Fenstern. Beide Fenstertypen sind einheitlich mit hervorgehobenen Stürzen, Laibungen und Sohlbänken ausgeführt. Im zweiten und dritten Obergeschoss wird die Fassadengestalt noch durch massive Balkone mit Stein oder

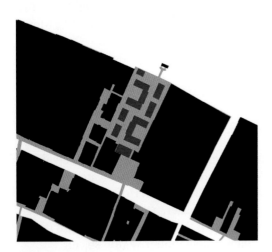

▶38
Öffentlicher Raum Sant'Alvise,
Schema 2018; eigene Darstellung

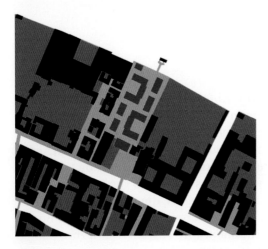

▶39
Privater Raum Sant'Alvise, Schema
2018; eigene Darstellung

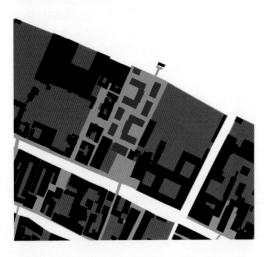

▶40
Grünflächen Sant'Alvise, Schema
2018; eigene Darstellung

▶41
Eingang in das Quartier
Sant'Alvise, Campo Sant'Alvise,
Foto 2021; C. Toson

Metallbrüstung ergänzt. Jedes Geschoss wird durch ein einfach ausgeführtes Konsolband kenntlich gemacht. Das Dach liegt auf einem einfachen Konsolenfries auf. Die Gebäude verfügen über, zum Teil aus dem Straßenraum sichtbare und in ihrer Gestaltung lokal inspirierte, Schornsteine. Bei den öffentlichen zugänglichen Höfen der Hofhäuser ist die Fassadengestaltung auf ein Minimum reduziert. Die vier Zeilen sind viergeschossig und verfügen über keine Versprünge in der Fassadenebene. Sie entsprechen in der Gestalt ihrer Fassaden den bereits beschriebenen offenen Hofhäusern. (▶ABB. 42)

## Zusammenfassung

Die **Entstehung** des Quartieres wurde durch das Bedürfnis geprägt, durch die staatliche Wohnbaugenossenschaft der Eisenbahn öffentlich finanzierten Wohnraum herzustellen, der sich an ein mittleres Segment richtete. Das Quartier wurde komplett mit Mitteln der Genossenschaft errichtet. Das **Areal**, auf dem das Quartier entstanden ist, befindet sich am nördlichen Rand Venedigs in Anbindung an die Lagune und ist von Bestandsbauten und Industrie umgeben. Wie bereits das Quartier von Madonna dell'Orto trägt das Quartier von Sant'Alvise dazu bei, eine Baulücke an der offenen Lagune zu füllen. Die übergeordnete *forma urbis* wird somit vervollständigt, da durch das Quartier die Stadtansicht, von der Lagune aus betrachtet, geschlossen wird. Die **Erschließung** des Quartieres ist orthogonal am *Campo* von Sant'Alvise und der *Fondamenta* ausgerichtet. Der Hauptzugang wird durch einen historisierenden Neubau am *Campo* flankiert. Es wird sowohl durch innere Gassen als auch über eine bestehende umlaufende Gasse im Westen erschlossen. Die stationär genutzten Flächen des **Blockes** werden durch den orthogonalen Aufbau innerhalb des Quartieres geprägt. Der Versatz im Aufbau verhindert trotz der einfachen linearen Organisation das Entstehen von Sichtachsen. Außer dem *Campo* von Sant'Alvise bestehen keine ex-

▶42    Blick in den Norden des Quartieres Sant'Alvise, Calle Larga Legname, Foto 2021; C. Toson

plizit definierten Freiräume im Inneren des Quartieres. Die Gestaltung der **Fassaden** der Bauten unterscheidet sich im Quartier. Die historisierenden Bauten am *Campo* sind äußerlich nicht von den umgebenden Bauten zu unterscheiden und auch der Bogen, der den Eingang in das Quartier markiert, ist ein häufig wiederkehrendes Motiv in Venedig. Im Inneren des Quartieres ist die Fassadengestaltung auf wenige, horizontal ausgerichtete Elemente reduziert und in den Innenbereichen der Hofhäuser fehlen sie sogar komplett.

Durch den Einschnitt des Quartierseinganges in die Bestandsbebauung und die Sanierung der sich dort befindlichen Bauten wurde das Quartier unmittelbar an den *Campo* angeschlossen, auf den es auch ausgerichtet ist. Die Ausrichtung und der Aufbau des Quartieres stellen gemeinsam mit den anderen zeitgleich in Cannaregio errichteten Quartieren ein Novum dar. Die Gestaltung im Inneren ist auf wirtschaftliche und hygienische Aspekte zurückzuführen. Die räumliche Abwechslung, die durch die variierenden modularen Baukörper hergestellt wird, wird durch die hohen Abstände zwischen den Baukörpern und deren Geschossigkeit abgeschwächt. Zur Lagune wird das Quartier durch eine *Fondamenta* abgeschlossen, die baulich nicht klar definiert wird. Trotz der Ausrichtung auf ein mittleres Segment kann die Gestalt des Quartieres als reduziert bezeichnet werden.

# Celestia

## Entstehung

Das Quartier am *Campo* an der Celestia wurde in zwei unmittelbar aufeinander folgenden Bauabschnitten **von 1938 bis 1940** errichtet und stellte die letzte Aktivität des IACP vor dem Ausbruch des Zweiten Weltkrieges dar. Das zu bebauende Areal, das westlich an das Arsenale angrenzt, war zuvor komplett mit eingeschossigen Magazinbauten bedeckt. Hier entstanden insgesamt 168 Wohnungen, die Raum für ca. 850 Personen aus den unteren Einkommensschichten Venedigs boten.[16] Ergänzt wurde das Quartier durch einen gestalterisch aufwändigeren Büroneubau am Kopf des *Campo*, der gemeinsam mit dem ersten Bauabschnitt errichtet wurde. Insgesamt verfügt das Quartier über eine Kubatur von 44.749 Kubikmetern (erster Abschnitt 20.773 Kubikmeter, zweiter Abschnitt 23.975 Kubikmeter). Für die Realisierung des Quartieres wurden dem IACP 1.600.000 Lire vom Ministerium in Rom zur Verfügung gestellt.[17] Die Kommune wollte den ersten Bauabschnitt zunächst nicht genehmigen, da er aufgrund des zu hohen Verhältnis zwischen bebauter und unbebauter Fläche (2/3 zu 1/3) gegen die Hygienesatzung der Stadt verstieß.[18] Auch die Denkmalbehörde kritisierte das Quartier scharf und appellierte, nicht durch massive einheitliche Wohnbauten die Fehler der Vergangenheit zu wiederholen.[19] Das Projekt wurde schließlich auf Hinwirken des Bürgermeisters wie ursprünglich geplant ausgeführt, da dieser die Bauten aus politischen Gründen als notwendig bezeichnete.[20] Mit dem Ziel, die hohen Bauten des ersten Bauabschnittes zu verdecken, wurde sich darauf geeinigt, das Gebäude am Kopf des *Campo* aufwändiger zu gestalten. Eine weitere Unstimmigkeit bei der Herstellung des Quartieres war, dass die Scoletta del Convegno – ein kleiner Bau aus dem 16. Jahrhundert, der in das Denkmalverzeichnis der Stadt eingetragen war – eigenmächtig vom IACP abgerissen wurde, obwohl er sich außerhalb des für den Wohnbau vorgesehenen Bereich befand. Nach intensivem Schriftwechsel zwischen dem IACP, der Denkmalschutzbehörde und der Kommune entschied der Bürgermeister Venedigs die Situation wie schon zuvor, indem er sich auf die Wohnungsnot und den politischen Druck berief und auf die Seite des IACP stellte. Zeitgleich ordnete er aber an, dass erhaltenswerte Fassadenelemente der Scoletta del Convegno in den Bau für einen Kindergarten, der an gleicher Stelle errichtet werden sollte, mit aufgenommen würden.[21] In einer Sondersitzung des beratenden Organes in Wohnbaufragen wurde der zweite Bauabschnitt des Quartieres zum Anlass genommen, um die gestalterische Qualität der Arbeit des IACP der vergangenen Jahre in Bezug auf das venezianische Umfeld zu kritisieren.[22] In Bezug auf die Tätigkeit des IACP in der gesamten Stadt wurde abgestimmt, dass vergleichbare uniforme und austauschbare Bauten in Zukunft nicht mehr errichtet werden sollten und Platz für höhere gestalterische Qualität auch bei gefördertem Wohnungsbau eingeräumt werden sollte. Dies sollte, soweit möglich, unter Anwendung und Einsatz lokaler Baupraktiken geschehen. [23]

## Areal

Das **Areal der Wohnbebauung** des Quartieres an der Celestia befindet sich im Nordwesten von Castello. Im Norden grenzt es an die Lagune und im Osten wird es von den Mauern des Arsenale begrenzt. Im Westen befindet sich ein Klosterkomplex sowie die Pfarrkirche San Franceso della Vigna. Im Süden schließt der gleichnamigen *Campo* das Quartier ab. Das Gelände der Gasbehälter von San Francesco della Vigna befindet sich in fußläufiger Entfernung westlich der Klosterkomplexe.

Die **L-Form des Areales** orientiert sich an den Mauern des Arsenale. Das längliche Gelände des ersten Bauabschnittes (ca. 114 Meter auf 35 Meter) verläuft parallel zur Lagune, wird von ihr aber durch den zweiten Bauabschnitt (ca. 80 Meter auf 55 Meter) getrennt. Das Areal des gesamten Quartieres verfügt über eine Fläche von 7313 Quadratmetern, von denen 3270 Quadratmeter bebaut und 4042 Quadratmeter unbebaut sind.[24] Öffentliches Grün existiert nicht und private Gärten befinden sich nur im Westen des Quartieres.

Die **Entwicklung des Areales** wird in den relevanten Katastern von Venedig durch die Klosterkomplexe, die Mauern des Arsenale sowie den *Campo* der Celestia geprägt. Im Kataster von 1877 wird das gesamte Areal von großformatigen Lagerhallen bedeckt. (▶ABB. 43, 44)

## Erschließung

Die **Erschließung in der Umgebung** des Quartieres westlich des Arsenale wird durch den dichten Wechsel von *Campo*, *Calle*, *Fondamenta* und *Rio* bestimmt.

Die **Eigenschaften der Erschließung** des Quartieres werden trotz der Verbindung mit dem *Campo* und der Kirche San Francesco della Vigna durch das L-förmige Areal geprägt. Die L-Form wiederum ist auf den *Rio* der Celestia mit dazugehöriger *Fondamenta* zurückzuführen, der von Norden nach Süden und von Westen nach Osten ausgerichtet ist. Der *Rio* trennt das Quartier vom Arsenale und diente zuvor der Anlieferung der sich auf dem Areal befindlichen Magazine. Im Norden grenzt das Quartier an die Lagune und wird durch eine *Fondamenta* erschlossen. Hier befindet sich heute auch die nach dem Quartier benannte Vaporettohaltestelle. Das Quartier wird durch ein orthogonales Netz aus Fußwegen bestimmt, die die bereits bestehenden Wege mit aufnehmen. Parallel zu der *Fondamenta* wird das Quartier durch eine zusammenhängende Gasse erschlossen. Von ihr zweigen orthogonal in beide Richtungen Wege ab, die das Grundstück mit der *Fondamenta*, dem *Campo* und einer das Quartier begrenzenden Straßen verbinden. Der fußläufige **Hauptzugang** des Quartieres erfolgt über den *Campo* und über die Gasse von San Francesco della Vigna. Der *Rio* im Norden des Quartieres dient heute ausschließlich der Anbindung des Quartieres an das Kanalnetz über die Lagune. Die Benennung der **Gassen** folgt den bereits bestehenden Bezeichnungen und wird zum Teil durch einfache Bezeichnungen ergänzt, die mit den

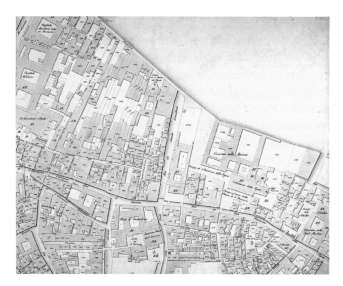

▶43
Vorherige Nutzung des Areals,
Kataster 1846; Archivio di Stato
di Venezia, mappe austriache,
comune censuario 2 Venezia
Castello, sotto numero 3

▶44
Vorherige Nutzung des Areals,
Kataster 1877; Archivio di Stato
di Venezia, mappe austro-itale,
comune censuario 110 Venezia
Castello, sotto numero 3

lokalen Ortsbezeichnungen verknüpft werden. (Fondamenta Case Nuove, Calle della Celestia) Die Breite der Gassen variiert zwischen fünf und sieben Metern. (▶ABB. 45)

## Block

Das Quartier wird durch die Mauern des Arsenale, Kanäle und großformatige Kloster-anlagen von den Eigenschaften des **Blockes in der Umgebung** getrennt. Diese werden durch die bereits beschriebenen Eigenschaften des westlichen Castello geprägt. Die **Eigenschaften des Blockes** können trotz der unterschiedlichen Bauphasen einheitlich für das gesamte Quartier bestimmt werden. Der **erste Bauabschnitt** setzt sich zusammen aus drei Zeilen, einem offenen Hofhaus und einem unregelmäßigen Bau. Das 17 Meter tiefe und 26 Meter lange offene Hofhaus verläuft parallel zu der von Osten nach Westen ausgerichteten *Fondamenta* und öffnet sich nach Süden. Der unregelmäßige Bau verläuft ebenfalls parallel zu der *Fondamenta* und ist 17 Meter tief und 52 Meter lang. Er bildet eine Kante mit Versprüngen zur *Fondmenta* nach Norden aus und gliedert den Freiraum nach Süden durch von Norden nach Süden verlaufende Schenkel. Nach Süden wird er durch die acht Meter tiefe und 14 Meter lange Zeile vom *Campo* abgeschirmt. Die Zeile im Osten des ersten Bauabschnittes ist von Norden nach Süden ausgerichtet und verfügt über eine Länge von 25 Metern und eine Tiefe von zehn Metern. Der klare Baukörper weist keine Versprünge auf. Das letzte Gebäude des ersten Bauabschnittes stellt die räumliche Verbindung zwischen den beiden Bauabschnitten her. Die Zeile nimmt die Flucht der offenen Hofhäuser auf, befindet sich aber als einziges Gebäude des ersten Bauabschnittes direkt an der von Norden nach Süden verlaufenden *Fondamenta*. Der **zweite Bauabschnitt** setzt sich aus drei Zeilen, einem offenen Hofhaus und einem unregelmäßigen, S-förmigen Bau zusammen. Im Westen wird das Quartier durch eine elf Meter tiefe und 50 Meter lange Zeile abgeschlossen, die von Norden nach Süden ausgerichtet ist. Die zwei restlichen Zeilen des Bauabschnittes grenzen östlich an die lange Zeile und verfügen über eine Tiefe von elf Metern und eine Länge von 20 Metern. Sie sind ebenfalls von Norden nach Süden ausgerichtet und befinden sich direkt an der *Fondamenta* zur Lagune. Südlich befindet sich ein, in Ausrichtung und Maßen identisch zum ersten Bauabschnitt ausgeführtes, offenes Hofhaus, das ebenfalls nach Süden geöffnet ist. Zum von Norden nach Süden verlaufenden *Rio* wird das Quartier durch den S-förmigen Bau abgeschlossen, der 18 Meter tief und 37 Meter lang ist. Er ist sowohl nach Osten als auch nach Westen geöffnet. Der Bau verjüngt sich nach Norden, was eine Verbreiterung der öffentlichen Wege zur Folge hat.

    **Öffentlicher Raum** wird in Ergänzung zu dem *Campo* im Süden des Quartieres nur durch die Erschließungen und die Versprünge in den Baukörpern gebildet. Alle Bauten werden von öffentlichem Raum umgeben. Nur zu den Quartiergrenzen im Westen und zwischen den identischen Zeilen im Norden des Quartieres wird privater Freiraum ausgebildet. (▶ABB. 46, 47)

## Fassaden

Die **Fassaden der Umgebung** werden durch die geschlossene Gestaltung der großformatigen Klöster und durch die simple Gestaltung einfacher Wohnbauten vor 1797 geprägt.

    Der **Eingang in das Quartier** ist nicht genau definiert. Vielmehr wird das Quartier durch den Bau am *Campo* verdeckt. Der Bau ist zweigeschossig. Die Fensteröffnungen der Lochfassade werden durch weiße Faschen gerahmt und sitzen auf einfachen Kunststeinsohlbänken. Die Eingangstür ist über einen Podest aus drei

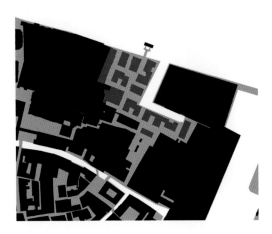

▶45
Öffentlicher Raum Celestia,
Schema 2018; eigene Darstellung

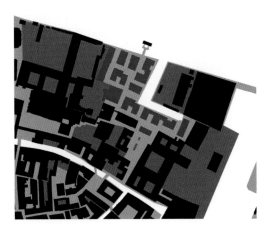

▶46
Privater Raum Celestia, Schema
2018; eigene Darstellung

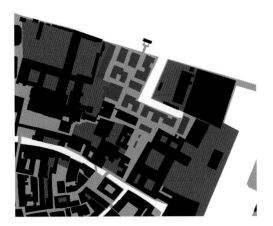

▶47
Grünflächen Celestia, Schema
2018; eigene Darstellung

▶48
Zweiter Bauabschnitt an der Celestia an das Arsenale grenzend, Fondamenta Case Nove, Foto 2018; J. Noeske

Stufen zu erreichen und durch einen einfachen Kunststeinportikus geschmückt. Über der Tür ist eine Gedenktafel für den langjährigen Präsidenten des IACP Donatelli angebracht, der noch während der Bauarbeiten am Quartier starb. Direkt über der Eingangstür befindet sich ein kleiner Balkon mit geschwungenen Metallgeländer, der in der Fassade durch einen Rundbogen hervorgehoben wird. Das gesamte Gebäude wird durch einen ca. 40 Zentimeter hohen Betonsockel gegründet, dessen Färbung im Anstrich bis unter die Fenster hochgeführt wird. Der Rest des Gebäudes ist einheitlich verputzt und in einem hellen roten Pastellton gestrichen. Das Dach liegt auf einem einfach ausgeführten Konsolenfries aus Kunststein auf und die Schornsteine sind nach ortstypischer Art abgeschlossen.

Die **Fassadengestaltung** des gesamten Quartieres ist weitestgehend einheitlich. Die Bauten des **ersten Bauabschnittes** verfügen über vier Geschosse. Die Öffnungen in den Fassaden sind ohne Dekor. Nur Stürze oder Sohlbänke werden materialsichtig ausgeführt. Die ebenerdigen Eingänge werden durch Kunststein gerahmt, verfügen aber über kaum Verzierungen. Balkone bestehen aus einfachen Betonplatten mit schmucklosen Metallgeländern, die zum Teil an den Ecken rund ausgebildet sind. Die Bauten sitzen auf einem Sockel, der – als Anstrich oder Rustizierung ausgeführt – meist bis zur Unterkante der Fensteröffnungen hochgezogen ist. Einzig der unregelmäßige Bau in der Nähe des *Campo* verfügt über eine Rustizierung, die das gesamte Erdgeschoss bedeckt. Die Bauten sind verputzt und in Pastelltönen gestrichen. Nur der Verbindungsbau zum zweiten Bauabschnitt ist komplett ziegelsichtig ausgeführt. Die Dächer liegen direkt auf den Baukörpern auf. Die Fassaden des **zweiten Bauabschnittes** stimmen weitestgehend mit den Eigenschaften des ersten Abschnittes überein. Nur die zwei kleineren Zeilen im Norden an der Lagune sind dreigeschossig und in ihrer Fassadengestaltung noch gröber und reduzierter. Schornsteine sind im gesamten Quartier an den lokalen Eigenheiten orientiert, aber nicht so aufwändig ausgeführt wie bei dem Bau am *Campo*. (▶ABB. 48)

▶49   Erhaltener Portikus der Scoletta an der Celestia, Calle Gerardo Sagredo, Foto 2018; J. Noeske

## Zusammenfassung

Die **Entstehung** des Quartieres an der Celestia wurde durch den Streit zwischen staatlichen und kommunalen Stellen geprägt. Hierbei fällt auf, dass die zentralisierte faschistische Verwaltung die Schaffung von Wohnraum trotz Verstößen gegen geltendes Recht begünstigte. Das Areal, auf dem das Quartier entstanden ist, mündet in die nördliche Lagune und grenzt an die Mauern des Arsenale. Das Gelände diente zuvor einer industriellen Nutzung. Die Errichtung des Quartieres hatte keine direkten Auswirkungen auf die übergeordnete *forma urbis* der Stadt. Die bereits im Barbariplan abgebildete Fläche wurde einer neuen Nutzung zugeführt und die Stadtansicht von der Lagune aus so geschlossen. Die Eigenschaften der **Erschließung** werden durch den bereits bestehenden *Rio* bestimmt, auf den auch die besondere Grundstücksform zurückzuführen ist. Aus diesem Grund hat das Quartier zwei Achsen, deren Knotenpunkt allerdings nicht besonders hervorgehoben ist. Eine klare Hierarchisierung entsteht durch die Orientierung auf den *Rio* ebenfalls nicht, da die Hauptachse des Quartieres parallel zum *Rio* verläuft. Die stationär genutzten Flächen des **Blockes** werden durch verschiedene unregelmäßige Baukörper gefüllt. Durch Vor- und Rücksprünge variieren die Kanten des öffentlichen Raumes. Die Straßen sind jedoch zu breit, um die für Venedig typische Dichte zu erzeugen. Privater Freiraum existiert kaum. Weder zur Lagune noch zum *Rio* wird eine klare räumliche Kante definiert. Die Eigenschaften der **Fassaden** reduzieren sich nach Norden zunehmend. Dennoch werden die wenigen modernen Gestaltungselemente mit lokalem Bezug ausgeführt. Die Wiederverwendung der architektonischen Fragmente der Scoletta del Convegno beschränkte sich auf den Neubau des Kindergartens. Von ihrer ursprünglichen Position entfernt tragen sie aber nicht dazu bei, einen stadträumlichen Zusammenhang zu schaffen. (▶ABB. 49)

Die Gestaltung des Quartieres ist trotz der rationalistischen Ausrichtung des Institutes noch lokal inspiriert. Durch die höhere Bebauungsdichte und die variierenden Baukörper wird ein räumlicher Bezug zu der umgebenden Bebauung ermöglicht. Ein Bezug zum Wasser besteht trotz des *Rio* nicht, da dieser zwar prägend für die Ausrichtung der Erschließung war, jedoch für die Erschließung des Quartieres und somit auch seinen Aufbau eine untergeordnete Rolle spielte. Diese Ausrichtung wird durch die abnehmende Gestaltungsintensität nach Norden unterstrichen. Das Quartier füllt die zur Verfügung stehende Fläche effektiv aus und verfügt trotz der zeitgenössischen Kritik und einfachen Ausführung über gestalterischen Bezug zu den bestehenden städtischen Strukturen.

# Minimalwohnen

▶50 Gesamtes Quartier vor dem Abriss, bearbeitetes Luftbild 2019; eigene Darstellung basierend auf: *Ridisegnare Venezia*, Venedig: Quaglia und Polli, 1986

# Campo di Marte

## Entstehung

**Zwischen 1921 und 1936** entstanden auf dem Gelände des ehemaligen militärischen Exerzier- oder Marsfeldes (Campo di Marte) auf der Giudecca in drei Bauabschnitten 335 Wohnungen. Von 1919 bis 1921 wurden 139 Wohnungen mit einer Kubatur von 44.452 Kubikmetern errichtet.[1] Von 1930 bis 1931 wurden 124 Wohnungen mit einer Kubatur von 23.500 Kubikmetern gebaut.[2] Im dritten und letzten Bauabschnitt 1936 wurden 72 Wohnungen mit einer Kubatur von 7575 Kubikmetern erstellt.[3] Die im Durchschnitt pro Wohneinheit anzurechnende Kubatur hatte sich im Laufe der Jahre auf ein Drittel reduziert. Was bemerkenswert ist, da bereits der erste Abschnitt des Quartieres 1922 vom Präsidenten des IACP als das einfachste unter den Arbeiterquartieren nach dem

Ersten Weltkrieg beschrieben wurde. Das Gelände wurde während des Ersten Weltkrieges aus staatlichem Besitz mit dem Ziel erworben, Wohnbauten für die bedürftige
Bevölkerung zu errichten.[4] Das Quartier richtete sich an die ansässigen Industriearbeiter der lokalen Industrie, die weitestgehend im Westen der Inseln konzentriert
war. Heute sind nur noch die Gebäude des ersten Bauabschnittes erhalten. (▸ABB. 50)

## Areal

Das **Areal der Wohnbebauung** des Quartieres Campo di Marte befindet sich im östlichen Drittel der Giudecca auf der Höhe der Kirche Santa Maria della Presentazione
(Le Zitelle). Wie schon in San Giacomo, wird das Gelände nach Norden zum Kanal der
Giudecca durch bereits bestehende Bebauung verdeckt. Die einzige räumliche Begrenzung erfolgt durch die Grundstücksgrenzen im Norden, Osten und Westen sowie durch
einen bereits im ersten Jahrzehnt des 20. Jahrhunderts errichteten Zeilenbau im Süden.

Die **Form des Areales** gleicht einem ungleichmäßigen Rechteck. Das Gelände
der drei Bauabschnitte zählt zusammen insgesamt 15.060 Quadratmeter (erster Bauabschnitt 9000 Quadratmeter, zweiter Bauabschnitt 4500 Quadratmeter, dritter Bauabschnitt 1560 Quadratmeter).[5] Bebaut sind 7254 Quadratmeter und der nicht bebaute
Raum gliedert sich in 1038 Quadratmeter private und 11.282 Quadratmeter öffentlich
zugängliche Fläche, die auch der Erschließung des Quartieres dient.

Die **Entwicklung des Areales** wird in den relevanten Katastern von Venedig
unterschiedlich dargestellt. Das österreichische Kataster von 1846 zeigt Campo di
Marte als ein großes Grundstück ohne Bebauung in direktem Anschluss an die, der
*Fondamenta* zugewandten, Bauten. Im Kataster von 1877 ist das komplette Gebiet
parzelliert und der erste Bauabschnitt eingetragen. Die Neuaufteilung des Areales
orientiert sich zum Teil an den bereits bestehenden Grundstücksgrenzen und garan-
tiert so die Erschließung vom Kanal bis hin zur Lagune.[6] (▸ABB. 51, 52)

## Erschließung

Die **Erschließung in der Umgebung** des Quartieres wird durch die durchlaufende *Fondamenta* der Giudecca geprägt. Die restliche Insel wird durch orthogonal verlaufende
Sticherschließungen gewährleistet. Kanäle haben für die Erschließung des Inneren
der Giudecca eine untergeordnete Rolle. Aufgrund der geringen Tiefe der Insel ist die
Lagune schnell zu erreichen.

Die **Eigenschaften der Erschließung** des Quartieres werden durch orthogonal
verlaufende Quer- und Längserschließungen geprägt, die ausgehend von der quer
verlaufenden Haupterschließung das Areal in unterschiedlich große, rechteckige Baufelder unterteilen. Der **Hauptzugang** befindet sich direkt an der, seit 1934 bestehenden,

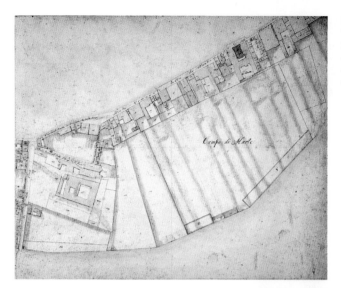

▶51
Unbebautes Areal Campo di Marte,
Kataster 1846, Archivio di Stato
di Venezia, mappe austriache,
comune censuario 7 Venezia
Giudecca, sotto numero 5

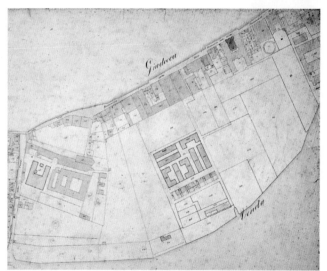

▶52
Neues Quartier Campo di Marte,
Kataster 1877, Archivio di Stato
di Venezia, mappe austro-itale,
comune censuario 112 Venezia
Giudecca, sotto numero 5

Vaporettohaltestelle Zitelle an der *Fondamenta* und führt durch einen langen *Sottoportego* in das Quartier direkt auf die Haupterschließung. Die Calle Michelangelo verläuft quer zur *Fondamenta* und mündet im Süden ohne Verschwenkungen in die Lagune. Der westliche Eingang in das Quartier ist schon durch seine Erscheinung untergeordnet und führt auf eine namenlose Parallele zur Hauptstraße. Die Benennung der Gassen ist außer bei der Calle Michelangelo auf die venezianischen Wegbezeichnungen beschränkt und die Breite variiert zwischen acht und 15 Metern. (▶ABB. 53)

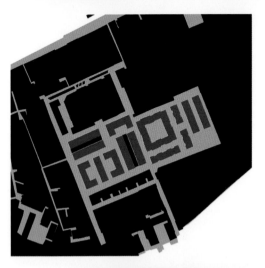

▶53
Öffentlicher Raum Campo
di Marte, Schema 2018;
eigene Darstellung

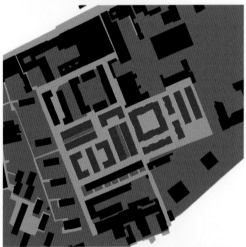

▶54
Privater Raum Campo di Marte,
Schema 2018; eigene Darstellung

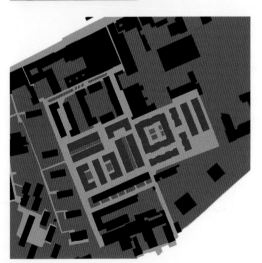

▶55
Grünflächen Campo di Marte,
Schema 2018; eigene Darstellung

Die Eigenschaften des **Blockes in der Umgebung** werden durch die bereits beschriebenen Eigenschaften der Giudecca bestimmt.

Die **Eigenschaften des Blockes** werden durch Zeilen und offene Hofhäuser geprägt. Die acht Gebäude des **ersten Bauabschnittes** können auf drei identische Bautypen reduziert werden. Die vier Zeilen sind 49 Meter lang und elf Meter tief. Sie sind jeweils mit einer anderen Zeile durch Mauern verbunden. Das längs ausgerichtete Paar begrenzt den Bauabschnitt im Nordwesten und das quer ausgerichtete Paar im Südosten verläuft parallel zur Haupterschließung des Quartieres. Die drei nahezu identischen offenen Hofhäuser sind 37 Meter lang und zwischen 17 und 19 Meter tief. Das längs der Ausrichtung der Insel positionierte Hofhaus schließt das Baufeld nach Nordosten ab und ist nach Süden geöffnet. Zwei weitere quer ausgerichtete Hofhäuser begrenzen das Baufeld nach Süden. Ihre Öffnungen liegen sich gegenüber und sie werden durch eine kleinere, quer ausgerichtete, zehn Meter tiefe und 37 Meter lange Zeile voneinander getrennt. Der **zweite Bauabschnitt** besteht aus vier Gebäuden östlich der Haupterschließung. Mit einer Länge von 45 Metern bildet ein quadratischer Block einen Hof mit einer Seitenlänge von 28 Metern aus. Südlich des Blockes befindet sich eine ebenfalls 45 Meter lange und zehn Meter tiefe längs ausgerichtete Zeile. Durch zwei identische Querzeilen, die in einer Flucht verlaufen, wird der zweite Bauabschnitt nach Osten abgeschlossen und begrenzt zugleich die Fläche des dritten Bauabschnittes. Der **dritte Bauabschnitt** setzt sich aus zwei identischen 51 Meter langen und neun Meter breiten Querzeilen zusammen, die parallel ausgerichtet sind und sich ganz im Osten des Quartieres befinden.

Die Bauten werden alle direkt aus dem **öffentlichen Raum** erschlossen. Die durch die offenen Hofhäuser entstehenden Räume sind alle öffentlich zugänglich. Der kleine *Campo* in der baulichen Mitte des ersten Bauabschnittes richtet sich als Knotenpunkt der Binnenerschließung an die Anwohner. Privater Freiraum existiert, außer zwischen den Zeilenpaaren des ersten Bauabschnittes, nicht. Im öffentlichen Raum verfügt das Quartier über punktuelle Bepflanzungen, ansonsten aber über keine nennenswerten Grünflächen. (▶ABB. 54, 55)

## Fassaden

Die **Fassaden der Umgebung** werden durch die Abfolge der geschlossenen Bebauung an der *Fondamenta* in Verbindung mit dem Blickbezug zu Venedig und der Lagune bestimmt. Die sich hier befindlichen Bauten sind hauptsächlich vor 1797 errichtet worden und erinnern in ihrer Gestaltungsvielfalt und abwechselnder Intensität an die Bebauung der venezianischen Hauptinseln.

Der **Eingang in das Quartier** wird nicht gesondert hervorgehoben. Er erfolgt direkt von der *Fondamenta* über zwei unscheinbare *Sottoportegi*, die in lange Gassen

►56
Zentrum des ersten Bau-
abschnittes Campo di Marte,
namenloser *Campo*, Foto 2017;
J. Fichte

münden. Die **Fassadengestaltung** des Quartieres reduziert sich vom ersten zum dritten Bauabschnitt auf ein gestalterisches Minimum. Die verwendeten Formen orientieren sich allerdings an vergangener Gestaltung. Trotz der unterschiedlichen Bautypen gleichen sich die Gebäude des **ersten Bauabschnittes** in der Einfachheit ihrer Fassadengestaltung. Sie sind ausnahmslos dreigeschossig, verputzt und in roten und gelben Pastelltönen gestrichen. Das Erdgeschoss verfügt über einen in der Höhe variierenden Sockel. Die Fenster der einheitlichen Lochfassaden sind, je nach Sanierungsstand der einzelnen Bauten, weiß gerahmt und mit grünen Schlagläden versehen. Die Sohlbänke sind meist nicht sichtbar oder sehr dezent ausgeführt. Jede Wohneinheit verfügt über mindestens einen kleinen Balkon, der als verlängertes Fenster ebenfalls dem Raster der Lochfassade folgt. Die Balkone liegen auf schmucklosen weißen Balken auf und werden durch eine einfache Gitterbrüstung begrenzt. Die Zeilen verfügen zusätzlich noch über Loggien, die in einer Flucht auf allen drei Geschossen liegen. Die Dächer liegen direkt auf den Bauten auf. Die Schornsteine sind einheitlich ausgeführt, orientieren sich aber an ortstypischer Gestaltung. (►ABB. 56) Der **zweite Bauabschnitt** ist nach dem Vorbild des IACP Quartieres in San Girolamo (1929–1930) in Cannaregio am nordwestlichen Rand Venedigs entstanden.[7] Die Gebäude sind dreigeschossig und nur der Block ist an seinen Rändern zur Haupterschließung viergeschossig. Bei allen vier Bauten sitzt das Erdgeschoss auf einem Kunststeinsockel und wird durch einen ununterbrochenen horizontalen Fries zum ersten Geschoss begrenzt. In der gerasterten Lochfassade sind die Fenster ebenfalls weiß gerahmt und sitzen auf einfach ausgeführten Sohlbänken. Die Balkone liegen in einer vertikalen Flucht und sind durch Metallbrüstungen begrenzt. Durch Rücksprünge der Fassade zur Gebäudemitte wird der jeweilige Baukörper optisch gefasst. Die Dächer liegen auf einem einfachen Konsolenfries auf. Der Block stellt die Besonderheit des Quartieres dar. Sein Innenhof ist durch eingeschossige Tore im Norden und Süden zugänglich und seine Hauptfassade nach Westen zur Calle Michelangelo weist im Vergleich zu den restlichen Bauabschnitten eine aufwändigere Gestaltung auf. Der gesamte Aufbau der Fassade ist durch die Spiegelung an der vertikalen Mittelachse gegliedert. Fenster und Balkone folgen dem Raster der

▶57    Südlicher Abschluss erster Bauabschnitt Campo di Marte, Calle Cooperative, Foto 2017; J. Fichte

Lochfassade und betonen dabei durch ihren aufwändigeren Zierrat (Bogenfenster, Konsolen) die vertikale Gliederung des Baukörpers. Zur Gebäudemitte erfolgt eine doppelte Zurücksetzung der Fassadenebene. In der Fassadenmitte wird der Zugang zum Baukörper geschossübergreifend gerahmt. Im Erdgeschoss befindet sich der Haupteingang und in den beiden Geschossen darüber werden innen liegende Treppenpodeste gezeigt, die nach außen nur durch eine Balustrade getrennt werden. Durch die vertikale Gliederung erfolgt eine horizontale Ausrichtung auf die Erschließung im Mittelpunkt. Die gesamte Fassade wirkt so wie ein Tor. Die zwei Gebäude des **dritten Bauabschnittes** orientieren sich an den zuvor in Mestre errichteten Minimalwohnbauten Case Barche. Die einfachen dreigeschossigen Zeilen werden in der Fassadenebene durch Blendarkaden gegliedert, welche jeweils die Fenster und Balkone in einer Achse über drei Geschosse verbinden. Das Dach liegt auf einem einfachen Konsolenfries auf. Nach Süden werden beide Zeilen durch einen eingeschossigen Anbau abgeschlossen. (▶ABB. 57)

Die **Entstehung** des Quartieres Campo di Marte ist einzig auf die Aktivität des IACP zurückzuführen. Auf bereits im Besitz des Instituts befindlichen Grundstücken wurden Wohnbauten für die bedürftigste Bevölkerung Venedigs errichtet. Das **Areal**, auf dem das Quartier entstanden ist, befindet sich, wie schon das Quartier von San Giacomo, im Inneren der Giudecca und ist von Wohnbauten und Gärten umgeben, die in den Jahrzehnten zuvor entstanden. Die übergeordneten Eigenschaften der *forma urbis* werden durch das Quartier nicht berührt. Vielmehr trägt es zu einer Verdichtung des, in der Vedute von Barbari definierten, Stadtraumes bei. Die orthogonal gerasterte **Erschließung** orientiert sich in ihrer Ausrichtung an der *Fondamenta* der Giudecca als einzigem verfügbaren Bezugspunkt. Die stationär genutzten Flächen des **Blockes** werden hauptsächlich durch Zeilen gefüllt, die den öffentlichen Raum in einfacher Weise begrenzen. Freiräume werden zwar ausgebildet, durch den hohen Abstand der Gebäude zueinander aber nicht klar definiert. Die Gestaltung der **Fassaden** ist sehr reduziert. Im zweiten Bauabschnitt sind die Fassaden und die Formen der Gebäude auf den ersten Blick aufwändiger. Im dritten Bauabschnitt ist die Fassadengestaltung auf das absolute Minimum reduziert. Obwohl sich die Fassadengestaltung auf Vorbilder in Venedig bezieht, lassen die streng orthogonal ausgerichteten Zeilen diesen gestalterischen Bezug in den Hintergrund treten.

Aufgrund seiner Lage inmitten der Giudecca und auch weil keine neuen Kanäle angelegt wurden, besteht kein Bezug zum Wasser. Die Ausrichtung und der Aufbau des Quartieres stellen aufgrund der streng orthogonalen Organisation eine Neuheit auf der Giudecca dar. Im gesamten Quartier kommen durch die gerasterte Erschließung und die einfachen Zeilen keine komplexen Räume zustande. Die geringe Intensität der Fassadengestaltung wird bis zum letzten Bauabschnitt auf ein Minimum reduziert. Innerhalb von 15 Jahren vereint das Quartier Campo di Marte drei unterschiedliche Ansätze des geförderten Wohnbaus, die durch verschiedene Vorgaben aus Gesellschaft und Politik geprägt wurden. Ein gemeinsames Merkmal ist, dass sie sich jeweils im untersten Wohnbausegment des IACP befanden, dessen gestalterische Grenze sich aber innerhalb der Errichtungszeitspanne zum Nachteil der bedürftigen Bevölkerung verschoben hatte.[8] Die lokal geprägte Ästhetik der *Urbanen Gestalt* trat hierbei zunehmend in den Hintergrund.

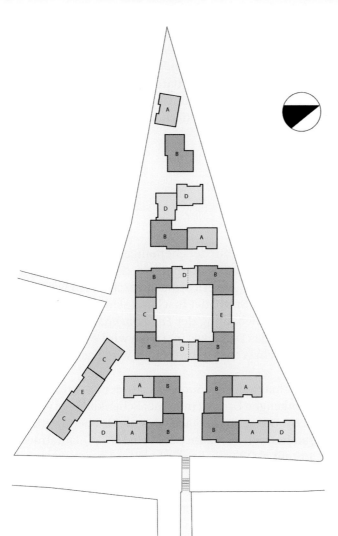

▶58
Übersichtsplan des Quartieres
San Girolamo, Schema 2020;
eigene Darstellung basierend auf:
Archivio Comunale di Venezia,
1926–1930 IX-1-4

# San Girolamo

Entstehung

Das Quartier von San Girolamo wurde **zwischen 1929 und 1930** errichtet. Bei dem Areal handelt es sich um eine in den Jahren zuvor von der Kommune urbar gemachte und erschlossene *Sacca*,[9] die anschließend dem IACP zwecks der Errichtung von Wohnbauten übertragen wurde. Das Quartier ist nach der Pfarrkirche San Girolamo benannt, die sich auf einer östlich gelegenen Insel befindet. Es besteht aus sechs verschiedenen Baukörpern, deren Einzelteile auf fünf verschiedene Module reduziert werden können. Mit einer Kubatur von 57.624 Kubikmetern[10] bieten die Bauten in 224 Wohnungen Raum für ca. 1120 Personen.[11] Das Quartier entstand, um Wohnraum für die benachteiligten Bewohner der Stadt zu schaffen und richtete sich unter anderem speziell an die Venezianer, deren Behausungen zugunsten des neuen prestigeträchtigen Quartier Sant'Elena in Castello abgerissen wurden.[12] Aufgrund der Knappheit der durch das 1926 verabschiedete Gesetz Nr. 386 verfügbaren Mittel zielte die Gestaltung des Quartieres darauf ab, die elementarsten Bedürfnisse seiner Bewohner zu befriedigen und wurde unter Vernachlässigung ästhetischer Gesichtspunkte auf das notwendige Mindestmaß beschränkt.[13] (▸ABB. 58)

## Areal

Das **Areal der Wohnbebauung** des Quartieres auf der ehemaligen *Sacca* von San Girolamo befindet sich im mittleren Teil des *Sestiere* Cannaregio, der durch den Kanal von Cannaregio und den Rio del Noal/della Misericordia abgeschlossen wird. Das dreieckige Areal ergänzt die nordwestliche Spitze der Insel und schließt ohne Kanal direkt an die Rückseite der nördlichen Bebauung der *Fondamenta* des Kanal von Cannaregio an. An der kürzesten Seite des Dreieckes im Osten wird es durch einen *Rio* von zwei geschlossen bebauten Inseln getrennt. Im Norden wird das Areal durch die offene Lagune begrenzt.

Die **Form** des, durch die Urbarmachung der *Sacca* entstandenen, Areales entspricht ungefähr einem gleichschenkeligen Dreieck mit einer Schenkellänge von 198 Metern, 200 Metern und 145 Metern. Die gesamte Fläche des Areales beträgt 11.000 Quadratmeter, die sich auf 4116 Quadratmeter bebaute Fläche und 6884 Quadratmeter öffentlich zugänglichen Raum aufteilt.[14] Öffentliches Grün befindet sich vereinzelt im öffentlichen Raum und privater Freiraum existiert nicht.

Die **Entwicklung des Areales** wird in den für die Untersuchung relevanten Katastern von Venedig unterschiedlich dargestellt. Im Kataster des Jahres 1846 wird der Kanal von Cannaregio zu beiden Seiten durch eine dicht bebaute *Fondamenta* flankiert. Im nördlichen Bereich befindet sich die Kirche Santa Maria delle Penitenti. Auch die Inseln, die das Quartier im Osten begrenzen, sind bereits eingetragen. Im dreieckigen Bereich des heutigen Quartieres ist allerdings noch keine Insel oder *Sacca* zu erkennen. Im italienischen Kataster von 1877 sind einige Änderungen nachvollziehbar. Südlich des Kanal von Cannaregio ist die Schlachterei von San Giobbe erkennbar, die direkt über die Lagune vom Festland aus beliefert wurde und die zuvor bestehende Bebauung ersetzt. Heute befindet sich hier die Wirtschaftsfakultät der Universität Ca'Foscari. Zusätzlich zu dem Grundstück des zukünftigen Quartieres werden weitere dreieckige Freiräume zur Lagune als unbebaute Inseln dargestellt. (▸ABB. 59, 60)

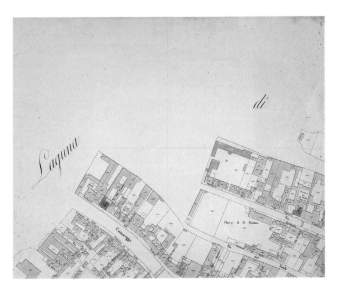

▶59
Standort der zukünftigen Sacca San Girolamo, Kataster 1846; Archivio di Stato di Venezia, mappe austriache, comune censuario 3 Venezia Cannaregio, sotto numero 3

▶60
Sacca San Girolamo, Kataster 1877; Archivio di Stato di Venezia, mappe austro-itale, comune censuario 109 Venezia Cannaregio, sotto numero 3

## Erschließung

Die **Erschließung in der Umgebung** des Quartieres kann grob in zwei Bereiche geteilt werden. Der südöstliche Bereich, der durch den Canal Grande und die Strada Nova geprägt wird, entstand zum Teil im frühen 13. Jahrhundert. Der nordöstliche Bereich entlang des Kanal von Cannaregio entstand in den folgenden Jahrhunderten, bis er im 20. Jahrhundert seine heutige Form erreichte. Als wichtige Verbindung zum Festland ist der Kanal von Cannaregio zu beiden Seiten durch eine durchgehende *Fondamenta* flankiert, die geschlossen mit zwei- bis dreigeschossigen Gebäuden bebaut ist. Die nördliche *Fondamenta* des Kanal von Cannaregio ist die zentrale Erschließung des nordwestlichen Teiles der Insel. Die Strada Nova sowie der Bahnhof sind von hier

►61
Öffentlicher Raum San Girolamo,
Schema 2018; eigene Darstellung

►62
Privater Raum San Girolamo,
Schema 2018; eigene Darstellung

►63
Grünflächen San Girolamo,
Schema 2018; eigene Darstellung

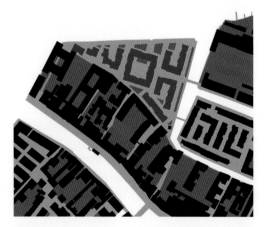

fußläufig in wenigen Minuten erreichbar. Für die Erschließung der weiter nördlich gelegenen Bereiche zweigen zahlreiche quer verlaufende Nebenerschließungen ab, die häufig über einen *Sottoportego* zu erreichen sind und meist in Sackgassen enden.

Die **Eigenschaften der Erschließung** des Quartieres San Girolamo werden durch die dreieckige Form der *Sacca* bestimmt. Das Quartier ist an seinen Außenseiten komplett von einer zusammenhängenden öffentlichen Erschließung umgeben, die es von der Lagune im Norden, dem *Rio* im Osten und von der Bestandsbebauung im Süden trennt. An der Nord- und Ostseite verfügt es über jeweils eine *Fondamenta*. In seinem Inneren wird es durch vier quer verlaufende Gassen erschlossen, die sich parallel zur östlichen *Fondamenta* befinden. Das so nahezu gerasterte Grundstück wird in sieben unterschiedlich große Baufelder aufgeteilt. Der **Hauptzugang** zum Quartier erfolgt über die östliche *Fondamenta*. Eine Brücke über den *Rio* verbindet beide *Sacce* miteinander und markiert einen orthogonal verlaufenden Zugang in das Quartier. Außerdem ist das Quartier über vier Einschnitte von der *Fondamenta* des Kanal von Cannaregio aus dem Süden zu erreichen. Die Breite der **Gassen** variiert zwischen drei und neun Metern. Sie verbinden den nördlichen und südlichen Schenkel des dreieckig geformten Areales. Die Benennung der Gassen und Plätze ist äußerst simpel (Calle delle Case Nuove, Fondamenta delle Case Nuove, Calle Luzzatti). Nur die Gasse, die das Areal nach Süden abschließt, ist nach der angrenzenden Kirche benannt. (▸ABB. 61)

## Block

Das Quartier wird durch die Lagune und den Bestand im Süden begrenzt. Die Eigenschaften des **Blockes in der Umgebung** werden durch quer zur Ausrichtung der Inseln verlaufende Blockrandbebauung und Zeilen mit privatem Freiraum geprägt.

Die **Eigenschaften des Blockes** werden durch die orthogonale Ausrichtung an der östlichen *Fondamenta* bestimmt. Den in sieben Baukörpern organisierten 27 Häusern liegen fünf Module zugrunde, durch deren unterschiedliche Kombination zwei Punktbauten, drei unregelmäßig geformte offene Hofhäuser, ein Block und eine Zeile entstanden sind. Im Osten begrenzen zwei, an dem orthogonal zur östlichen *Fondamenta* verlaufenden Hauptzugang, gespiegelte Bauten das Quartier. Die identischen und 30 Meter tiefen offenen Hofhäuser verfügen über ungleich lange Schenkel (43 Meter und 23 Meter) und sind jeweils nach Norden und Süden geöffnet. In ihrer Mitte begrenzen sie den Hauptzugang des Quartieres. Der westlich anschließende nahezu gleichseitige Block (40 Meter auf 43 Meter) wird von der öffentlichen Erschließung mittig durchstochen. Das hier westlich anschließende kleinere offene Hofhaus ist 30 Meter tief und 32 Meter lang und zur Lagune geöffnet. In der westlichsten Spitze des Areales befinden sich die zwei Punktbauten mit einer Seitenlänge von 15 Metern, die aus unterschiedlichen Modulen zusammengesetzt sind. Nach Süden wird das Quartier von einer zehn Meter tiefen und 50 Meter langen Zeile abgeschlossen. Anders als der Rest des Quartieres, ist die Zeile an der Bestandsbebauung im Süden ausgerichtet und nicht an der *Fondamenta* im Osten.

**Öffentlicher Raum** entsteht zusätzlich zu der umlaufenden Erschließung immer dort, wo die orthogonal an der östlichen *Fondamenta* ausgerichteten Bauten auf die Grenzen des dreieckigen Areales treffen (im Norden und Süden). Vor dem südlichen Abschluss des Quartieres wird ein kleiner Platz ausgebildet. Die Gebäude sind komplett von öffentlicher Erschließung umgeben und bewahren unterschiedlich große Abstände zueinander. Privater Freiraum existiert innerhalb des Quartieres nicht und öffentliche Grünflächen sind in die öffentlich zugänglichen Erschließungsbereiche integriert. (▶ABB. 62, 63)

## Fassaden

Die **Fassaden der Umgebung** werden durch die Abfolge der geschlossenen Bebauung an der *Fondamenta* bestimmt, die durch schmale Gassen unterbrochen wird. Die hier befindlichen Bauten sind hauptsächlich vor 1797 errichtet worden und sehr simpel in der Ausführung ihrer Gestaltung.

An der östlichen *Fondamenta* befindet sich der **Eingang des Quartieres**, der durch einen Bogen zwischen den Baukörpern markiert wird. Der Bogen erstreckt sich über alle vier Geschosse der gespiegelten offenen Hofhäuser und ist ziegelsichtig ausgeführt. Er verfügt über einen, durch seine Materialität hervorgehobenen, Keilstein und wird in einer Flucht mit den umgebenden Bauten durch einen Dachbalken aus Kunststein, ein Konsolenfries und eine Dachkonstruktion abgeschlossen. Die **Fassadengestaltung** des Quartieres ist reduziert einheitlich. Die Gebäude sind verputzt und in verschiedenen Pastellfarben gestrichen. Sie sitzen auf einem gemauerten Sockel und die Lochfassaden sind klar gegliedert. Einzig die Sohlbänke der Fenster sind sichtbar in Kunststein ausgeführt. Sie verfügen über gar keine oder wenig Profilierung. Die Laibungen und Stürze sind verputzt und die Dächer liegen auf einer umlaufenden Konsole auf. Die Gestaltung der Fassaden unterscheidet nicht zwischen Vorder- und Rückseite. Einzig die Bauten am Haupteingang des Quartieres verfügen über einen Konsolenfries im Dachbereich. Alle Gebäudemodule verfügen über zwei bis drei Rücksprünge in der Fassade, die aber baulich nicht weiter betont werden. Bis auf ein viergeschossiges Modul, das am Eingang in das Quartier und an den Eckpunkten der Baukörper zum Einsatz kommt, sind alle Bauten dreigeschossig. (▶ABB. 64)

## Zusammenfassung

Die **Entstehung** des Quartieres wurde durch das dringende Bedürfnis geprägt, Wohnraum für die benachteiligten Bevölkerungsteile Venedigs herzustellen. Mit eigenen Mitteln des IACP entstand ein aus wenigen Modulen zusammengesetztes Quartier. Das **Areal**, auf dem das Quartier entstanden ist, befindet sich am nordwestlichen

▶64   Quartierseingang San Girolamo mit Bogen, Fondamenta Carlo Coletti, Foto 2017; J. Fichte

Rand Venedigs in Anbindung an die Lagune. Es handelt sich um eine *Sacca,* die aus kommunalem Besitz an den IACP übertragen wurde. Die dreieckige Grundfläche des Quartieres ergänzt die ***forma urbis*** und scheint die übergeordnete Form zu vervollständigen. Die **Erschließung** ist klar nach Osten ausgerichtet. Sie wird durch das dreieckige Areal geprägt und sowohl durch ein inneres Gassennetz als auch durch eine umlaufende Verbindung erschlossen. Beide Elemente sind miteinander verbunden. Eine Erschließung ist aber auch über die Lagune sowie partiell über das Kanalnetz möglich. Die stationär genutzten Flächen des **Blockes** werden durch die variationsreich eingesetzten, wenigen Module bebaut. Nur nach Osten wird eine klare Kante ausgebildet und nach Norden verläuft sich die Bebauung in der Lagune. Freiräume entstehen überall dort, wo die orthogonal an der östlichen *Fondamenta* ausgerichtete Bebauung auf die spitz zulaufenden Grenzen des Areales treffen. Im Inneren existieren keine privaten Freiräume. Der öffentliche Raum wird durch die Vor- und Rücksprünge der Baukörper gegliedert. Die Gestaltung der **Fassaden** im Osten des Quartieres weist in ihrer Einfachheit Bezug zu venezianischen Wohnbauten der Vergangenheit auf. Auch der überdimensionierte Bogen, der den Eingang des Quartieres markiert, ist als gestalterisches Element hervorzuheben. Im restlichen Quartier sind die gestalterischen Bezüge sehr reduziert.

Die Gestaltung des Quartieres reagiert mit einfachen Mitteln auf die besondere Form des Areales, die untypisch für das nordwestliche Cannaregio ist, das durch längliche und einheitlich tiefe Inseln geprägt wird. Durch die unterschiedliche Kombination der Module und deren Ausführung wird die Fläche der Insel effektiv ausgenutzt. Die räumliche Komplexität, die durch die variierenden modularen Baukörper hergestellt wird, wird durch die hohen Abstände zwischen den Baukörpern abgeschwächt. Durch die besondere Form des Areales und die umlaufende *Fondamenta* wird ein Bezug zur Lagune hergestellt. Die Ausrichtung nach Osten erzeugt nur einen oberflächlichen städtischen Zusammenhang, da das Quartier unmittelbar an Bebauung im Süden anschließt, die es in seinem Aufbau weitestgehend ignoriert. Obwohl sich das Quartier an die bedürftigsten Venezianer richtet und der Bezug zu den Bauwerken der bestehenden Stadt vernachlässigt worden ist, kann seine *Urbane Gestalt* durch den Einsatz der Module und das Ausbilden einer Hauptfassade als ambitioniert bezeichnet werden.

# Stadterweiterungen

▶65   Das Quartier Santa Marta ohne die letzten Bauabschnitte, Luftbild 1931; *Il nuovo quartiere urbano di Santa Marta intitolato alla Società Adriatica di Elettricità Venezia*, Rivista Mensile le tre Venezie

# Santa Marta

## Entstehung

Die Entstehung des Quartieres von Santa Marta kann in **vier Bauabschnitte** aufgeteilt werden, von denen drei zwischen die Weltkriege fallen. Insgesamt wurde zwischen 1922 und 1935 für Kosten von ungefähr 16.000.000 Lire eine Kubatur von 174.595 Kubikmetern realisiert. Das Quartier richtete sich mit 590 Wohnungen an über 3350 Personen unterschiedlicher sozialer Milieus und ist nach der gleichnamigen Kirche ganz im Westen der Insel benannt. Bei dem Kernbereich des heutigen Quartieres handelt es sich um die bereits zuvor bestehende Insel **Mendigola**, deren Bestandsbebauung nach und nach abgerissen und ersetzt wurde. Die Mendigola war hauptsächlich ein Wohnort für Fischer (genannt *Mendigoli*), die in ärmlichen Behausungen weit vom prosperierenden Zentrum der Stadt lebten.[1] Mit der österreichischen Besatzung änderte sich auch die Mendigola. Zusammen mit dem militärischen Exerzierplatz, der nördlich auf einer neu aufgeschütteten Insel hergestellt wurde, wurde im Quartier ein Richthaus mit Henker eingerichtet. Die isolierte und unabhängige »Republik der Fischer«[2] wurde der gesamtstädtischen Verwaltung einverleibt. Nach dem Bau der Eisenbahn 1846 und auch weil Venedig mit dem Anschluss an das italienische Königreich 1866 die letzten Hafenprovinzen im Mittelmeer verlor, wurde eine Erneuerung oder Weiterentwicklung des Hafensystems der Stadt notwendig. 1880 wurde in dem ehemaligen Sumpf- und *Sacca*-Gebiet nordwestlich der Mendigola der neue Handelshafen eröffnet.[3] Der Strand von Santa Marta wurde nach Süden erweitert, da sich die Mendigola nun in idealer Lage für die Ansiedelung von Industriebetrieben befand. Die Magazine (1872) und die Weberei (1882) entstanden und der *Rio* zum Exerzierplatz im Norden wurde aufgeschüttet. Diese massiven Eingriffe in die Lagune wurden von Zeitgenossen kritisiert. Camillo Boito (1836–1914) beklagt bereits 1883 den Sieg der Technik über den Künstler. Trotz der wirtschaftlich notwendigen Industrialisierung hätte bei einer Stadt von internationaler kultureller Bedeutung wie Venedig mehr Feingefühl nicht geschadet.[4] Molmenti beklagt 1887 das Schicksal des Quartieres Santa Marta, das durch den Bau der Weberei gespalten wurde und dadurch seinen einzigartigen Charakter am Rande Venedigs verloren hatte.[5] Weiterhin kritisiert er die Bestrebung Venedigs, sich den anderen Städten anzugleichen, anstatt seine Besonderheit zu akzeptieren.[6] Besonders die Weberei stellte einen enormen Eingriff in die bestehende Bebauung dar. Für die Errichtung des großformatigen Industriebaus wurden zahlreiche Wohnbauten abgerissen. Die sich zuvor einheitlich vom Festland entwickelnde Bebauung wurde zerschnitten und der westliche Teil des Quartieres isoliert. Eingeschlossen von dem militärischen Exerzierplatz im Norden, den Magazinen im Süden und der Weberei im Osten war die Restbebauung nur über einen Weg, der südlich der Weberei verlief, zu erreichen. Durch die Beschneidung der Bezirke Santa Marta und San Nicolo entstand ein »schmutziger Vorort des Festlandes«,[7] der nicht mehr länger als Teil der Lagunenstadt empfunden wurde. Die Bestandsbebauung wurde als rückständig und störend betrachtet und in den kommenden Jahrzehnten kontinuierlich ersetzt. **Zwischen 1914 und 1918** entstanden die ersten Neubauten des Quartieres. Gefördert durch nationale Gesetzgebung,[8] errichtete die staatliche Eisenbahn Wohnraum für die eigenen Angestellten. Die Zeilenbauten mit 154 Wohnungen sind entlang der Eisenbahnverbindung zu den Magazinen aufgereiht. Für die bessere Kommunikation des neu entstehenden Quartieres mit der restlichen Stadt wurde bereits 1915 die Herstellung einer neuen Straße, in Ergänzung zu dem bestehenden Trampelpfad im Süden, seitens der Kommune angeregt. Diese sollte parallel zum Rio dei Secchi über eine Brücke an die Fondamenta delle Arzere angeschlossen werden. Der Anschluss erfolgte aber erst gegen Ende der 1920er Jahre.[9] Das hierfür notwendige Terrain wurde der Kommune von der Weberei überlassen und die Eisenbahn wurde aufgefordert, sich an den Kosten zu beteiligen. In Bezug auf die historistische Fassadenverkleidung der neu errichteten Wohnbauten der Eisenbahn in Santa Marta betont der Architekt Max Ongaro (1858–1924) 1912 die Notwendigkeit, auf historistisches Fassadendekor zu verzichten, um so den Gebäuden ein zeitgenössisches Gesicht zu geben und die Vergangenheit nicht zu imitieren.[10] Der Bauabschnitt **von 1922 bis 1927** wurde bewusst nördlich des Bestandes der Mendigola realisiert, vor dessen Abriss zuerst neuer Wohnraum geschaffen werden sollte. Kontakt zu der Fondamenta delle Arzere und somit zum restlichen *Sestiere* wurde durch eine Brücke von der Fondamenta dei Secchi hergestellt. Auf einer Fläche von 22.000 Quadratmeter, die dem IACP mit dem Ziel, Wohnbauten für Arbeiter zu errichten, kostenfrei von der Weberei überlassen wurde, entstanden entlang der neu angelegten Straße am Rio Terà dei Secchi 133 Wohnungen und vier Ladenlokale für insgesamt 650 Personen. Die Kubatur des Bauabschnittes betrug 40.370 Kubikmeter[11] und die Kosten 3.386.137,55 Lire.[12] Um private Initiativen im Wohnungsbau zu fördern, verkaufte der IACP Teile des Geländes. Der Erwerb eines solchen Grundstückes war jedoch an verschiedene Bautypen gebunden, die zuvor vom IACP selbst festgelegt worden waren. 1927 errichtete die Weberei am nordwestlichen Rand ihres Grundstückes einen Wohnbau, der sich mit seiner aufwändigeren Gestaltung an ein höheres Segment richtete. Im Erdgeschoss befand sich ein Ladenlokal und der Bau bot, mit einer Kubatur von 1269 Kubikmetern, in vier Wohnungen Raum für 20 Personen.[13] Bezogen auf die Konstruktionstechniken sowie auf die äußere Gestalt sollte der Bauabschnitt sich an dem zuvor vollendeten, privat finanzierten Abschnitt des Quartier Madonna dell'Orto orientieren.[14] Impulsgeber für die Errichtung neuer Wohnbauten war der 1922 erfolgte Ausbau des Hafens.[15] Von den, bei den zuständigen staatlichen Stellen angefragten, 28.000.000 Lire wurden lediglich 10.000.000 Lire genehmigt. Somit konnte nur ein Teil der bereits vorliegenden Projekte des IACP für das Festland und die Lagune realisiert werden.[16] **Zwischen 1929 und 1932** entstanden fünf Gebäudekomplexe unter Federführung des IACP. Sie verfügten bei einer Kubatur von 96.124 Kubikmetern über 365 Wohnungen. Sie wurden sowohl auf dem durch Abriss frei gewordenen Gelände als auch nördlich der Fondamenta dei Secchi errichtet. Die Eisenbahn realisierte in der gleichen Zeitspanne fünf Gebäude, die mit einer Kubatur von 16.353 Kubikmetern Raum für 50 Wohnungen boten. Durch private Initiativen entstanden acht Wohnungen mit einer Kubatur von 3356 Kubikmetern. Insgesamt wurden in diesem Bauabschnitt 413 Wohnungen mit einer Kubatur von 117.015 Kubikmetern für ca. 2350 Personen geschaffen und über 10.000.000 Lire ausgegeben. Der finanzielle Impuls für diesen Bauabschnitt wurde am 09. Juli 1929 durch Giuseppe Volpi[17] (1877–1947) gelegt, der dem IACP 3.000.000 Lire für den Bau von Arbeiterwohnungen zur Verfügung stellte.[18] Das Institut übertrug der staatlichen Eisenbahn Teile des von alter Bebauung befreiten Flächenbesitzes, damit diese dort ihre eigenen Arbeiterwohnbauten ergänzen konnten.[19] Allein die Aktivität des IACP belief sich auf rund 8.255.350 Lire. Die Häuser des neuen Quartieres versuchten sich den lokalen Baugewohnheiten anzupassen, ohne jedoch die neuen Gesetze und Normen zu missachten. Selbst die einfachsten Bauten wurden mit Lokalbezug ausgeführt.[20] Diese Bestrebungen des IACP werden von der zeitgenössischen Presse sowohl als lobenswert hervorgehoben als auch kritisiert, da ein historischer Bezug an einem von moderner Industrie isolierten Ort nicht zwingend notwendig gewesen wäre.[21] **Zwischen 1933 und 1935** wurden die letzten durch Abriss freigewordenen Flächen im Quartier bebaut. Die vier zuletzt entstandenen Bauten wurden bereits von dem neuen obersten Baubeamten der Stadt Miozzi genehmigt. Da das Terrain im Bereich der restlichen Bauten des Bauabschnittes auf das Niveau der neuen Straßen angehoben werden musste, wurde der Abschnitt zuletzt ausgeführt. 1932 wurde die Ca'Matta abgerissen und in der gleichnamigen *Calle* ein neuer Bau angefertigt, der mit einer Kubatur von 7682 Kubikmetern in 32 Wohnungen Raum für ca. 130 Personen bot. Die 1935 realisierten Zeilen nördlich der Calle Ca'Matta bieten mit einer Kubatur von 4117 Kubikmetern in acht Wohnungen Raum für ca. 35 Personen. Die südlich anschließende Zeile weist eine Kubatur von 2527 Kubikmetern auf. Insgesamt verfügt der Bauabschnitt mit dem Ausbau des Hauses an der Weberei über eine Kubatur von 14.327 Kubikmetern, die auf 40 Wohnungen für ca. 350 Personen verteilt ist.[22] (▶ABB. 66)

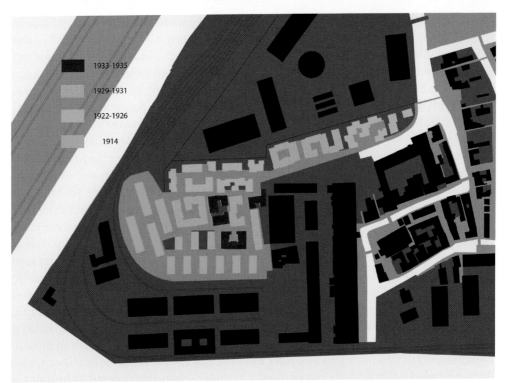

1933-1935

1929-1931

1922-1926

1914

▶66   Verschiedene Bauabschnitte 1910–1935, Schema 2018; eigene Darstellung

## Areal

Das **Areal der Wohnbebauung** des Quartieres von Santa Marta befindet sich im westlichen Bereich Dorsoduros im äußersten Westen Venedigs. Es wird im Norden vom
Gelände des Gasbetreibers, im Osten von der Weberei und im Süden von den Magazinen begrenzt und ist durch Mauern von den Industriebereichen getrennt.

Die **Form des Areales** wird durch die Aufschüttungen nördlich und südlich der
bereits bestehenden länglichen Insel Mendigola bestimmt. Der westliche Hauptteil
des Quartieres entspricht einem unregelmäßigen Rechteck mit einer Seitenlänge von
ca. 155 Metern und 130 Metern. Dieses wird durch einen durchschnittlich 35 Meter
tiefen Streifen ergänzt, der im Nordosten nördlich der Weberei anschließt und sich
nach Osten mit einer Länge von 125 Metern fortsetzt. Die gesamte Fläche des Areales
beträgt 33.226 Quadratmeter. Hiervon sind 13.253 Quadratmeter bebaut. Die 19.973
Quadratmeter unbebaute Fläche teilen sich auf 15.761 Quadratmeter öffentlichen und
4211 Quadratmeter privaten Raum auf. Öffentliches Grün befindet sich besonders im
Süden und in dem neu angelegten Park im Osten des Quartieres.

Die **Entwicklung des Areales** wird in den relevanten Katastern von Venedig
unterschiedlich dargestellt. Im Kataster von 1846 hat die Mendigola baulich noch
keine Änderungen im Vergleich zu vorherigen Katastern erfahren. Unter österreichischer Besatzung wurde auf der *Sacca* nördlich des Quartieres der militärische

Exerzierplatz hergestellt. Der Platz ist zu diesem Zeitpunkt noch durch *Rii* von den östlich und südlich gelegenen Inseln getrennt. Im Kataster von 1877 sind einige gravierende Änderungen nachzuvollziehen. Die Form und baulichen Strukturen der alten Mendigola sind nur noch teilweise zu erahnen. Der nördliche und südliche Strand sind flächig aufgefüllt. Im Norden schließt das Terrain ohne einen *Rio* an den ehemaligen Militärplatz an und im Süden hat sich die Breite der ursprünglichen Insel nahezu verdoppelt. Die westliche Spitze ist in einer Flucht mit dem Militärplatz aufgeschüttet, auf dem sich nun die Gebäude des Gasnetzwerkbetreibers befinden. Im Süden wird das neu aufgeschüttete Terrain durch die Magazine für den neuen Hafen abgeschlossen. Die gesamte Bebauung des östlichen Quartieres musste den großformatigen Industriebauten der Weberei weichen. Der Westen des alten Quartieres ist ebenfalls abgerissen, um Platz für die neue Eisenbahnlinie zu den Magazinen zu schaffen. Nur das Gebäude der Kirche von Santa Marta ist nicht abgerissen. Der mittlere Bereich des alten Quartieres besteht noch. Die Bebauung wird im Osten von der Weberei begrenzt und im Norden und Süden von den neuen Wohnbauten des Quartieres umschlossen. Im Norden handelt es sich um verwinkelte Bebauung des IACP, die südlich des Gasgeländes entlang des ehemaligen Rio dei Secchi ausgeführt ist. Die Bebauung nördlich der Magazine wurde mit einfacher Gestaltung von der Eisenbahn hergestellt. Der ursprüngliche Hauptzugang zum Quartier wurde durch die Weberei unterbrochen und über einen Umweg entlang des Kanals der Giudecca umständlich umgeleitet. Zusätzlich wird das Quartier über die noch existierende Calle Largha und über eine neue Gasse entlang des ehemaligen *Rio,* der die Mendigola vom Gasgelände trennte, erschlossen. (▶ABB. 67, 68)

## Erschließung

Die **Erschließung in der Umgebung** des Quartieres wird überwiegend durch klassische venezianische Erschließungstypologien geprägt. Die Erschließung der Inseln erfolgt durch *Fondamente* und *Rii* und wird durch Quergassen (*Calle, Ramo*) ergänzt. Die Insel der Mendigola wurde ursprünglich über die Fondamenta delle Terese erschlossen. Von der *Fondamenta* aus konnte sowohl die Insel von San Nicolò, als auch die Fondamenta Arzere erreicht werden. Die Fondamenta delle Terese führte direkt auf den Strand von Santa Marta. Die Verbindung an das restliche *Sestiere* wurde durch den Bau der Weberei unterbrochen und zunächst in den Süden und später in den Nordosten des Quartieres versetzt. Über eine Brücke wurde die neu angelegte Straße entlang des ehemaligen Rio dei Secchi, südlich des Geländes des Gasbetreibers, an die Fondamenta Arzere angeschlossen.

Die **Eigenschaften der Erschließung** des Quartieres werden durch vier, längs der Ausrichtung der ehemaligen Mendigola parallel verlaufende Gassen geprägt. Untereinander werden die Längserschließungen durch Quererschließungen verbunden, deren Anzahl sich im Süden des Quartieres vermehrt. Im Westen wird das Quartier durch zwei parallel verlaufende Quererschließungen abgeschlossen. Von

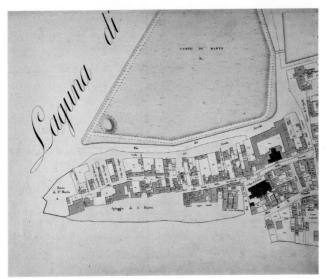

►67
Mendigola und Campo di Marte
bei Santa Marta, Kataster 1846;
Archivio di Stato di Venezia, mappe
austriache, comune censuario 6
Venezia Dorsoduro, sotto numero 4

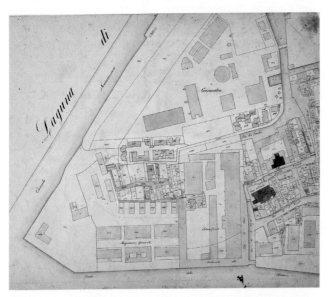

►68
Industrieansiedlung Santa Marta,
Kataster 1877; Archivio di Stato
di Venezia, mappe austro-itale,
comune censuario 111 Venezia
Dorsoduro, sotto numero 4

den Erschließungsstrukturen der Mendigola hat sich bis auf einen Teil der Längserschließung nördlich des ehemaligen Strandes von Santa Marta kaum etwas erhalten.
Der **Hauptzugang** erfolgt durch die nördlichste der Längserschließungen, die nahezu
auf der kompletten Strecke des ehemaligen *Rio*, der den militärischen Exerzierplatz
von der Mendigola trennte, verläuft. Westlich der Weberei weitet sich das Terrain
des Quartieres bis zu den Magazinen nach Süden aus und die Haupterschließung
wird durch die weiteren parallelen Längserschließungen ergänzt. Heute verfügt das
Quartier noch über zwei weitere Zugänge. Über eine neu hergestellte Gasse von der
Fondamenta delle Terese kann der ehemalige Rio dei Secchi erreicht werden. Zwischen
den Weltkriegen befand sich hier noch die Mündung des zum Teil bereits geschlossenen *Rio*. (►ABB. 69) Im Nordwesten des Quartieres befindet sich ein weiterer Zugang

▶69
*Rio* des Quartieres, Fondamenta dei Secchi, Luftbild 1931; *Il nuovo quartiere urbano di Santa Marta intitolato alla Società Adriatica di Elettricità Venezia*, Rivista Mensile le tre Venezie

zum Quartier, der das ehemalige Gelände der Eisenbahn erschließt. Der Nordwesten von Santa Marta stellt heute den einzigen Bereich Venedigs dar, der außerhalb der Piazzale Roma mit dem Automobil erschlossen werden kann. Die neuen Gassen sind alle ungefähr zwölf Meter breit und nehmen die Namen von bestehenden Örtlichkeiten auf. Die Übernahme der Namen war auch bei einer räumlichen Veränderung der Örtlichkeiten gewünscht, damit die Geschichte des komplett veränderten Ortes nachvollzogen werden konnte.[23] (▶ABB. 70)

## Block

Das Quartier kann durch seine isolierte Lage keinen direkten Bezug zu den Eigenschaften des **Blockes in der Umgebung** aufnehmen. Diese werden durch Zeilen geprägt, die orthogonal zu den Erschließungen ausgerichtet und sehr dicht angeordnet sind.

In Bezug auf die **Eigenschaften des Blockes** kann die Bebauung des Quartieres trotz des einheitlichen Erschließungssystems in drei Bereiche aufgeteilt werden. Der **erste Bereich** befindet sich im Norden und Nordosten des Quartieres. Alle Bauten des Bereiches sind längs der Erschließung ausgerichtet. Ganz im Osten am Eingang des Quartieres befindet sich ein privat errichteter Solitär, der durch Mauern vom öffentlichen Raum getrennt ist und über eine Tiefe von zehn Metern und eine Länge von zwölf Metern verfügt. Die Mauern des Grundstückes schließen an eine Zeile an, die von Norden nach Süden ausgerichtet ist. Die Zeile ist zehn Meter tief und 15 Meter lang. Beide Bauten wurden bereits 1922 errichtet. Darauf folgt eine Kombination verschiedener Baukörper, die einen nach Süden geöffneten Hof ausbilden. Insgesamt ist die Bebauung ungefähr 50 Meter lang und 25 Meter tief. Unterschiedliche Versprünge in ihrer Fassadenebene erzeugen kleinere halb öffentliche Freiräume. Diese Bauten entstanden von 1924 bis 1925. Der westlich anschließende Bau ist ebenfalls 50 Meter lang und 25 Meter tief. Der Bau stellt eine Kombination aus zwei miteinander verbun-

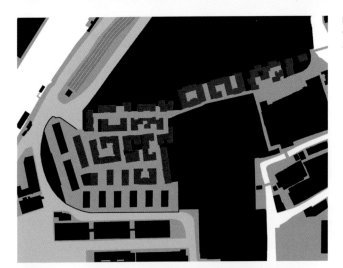

►70
Öffentlicher Raum Santa Marta,
Schema 2018; eigene Darstellung

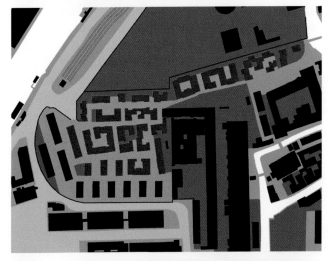

►71
Privater Raum Santa Marta,
Schema 2018, eigene Darstellung

►72
Grünflächen Santa Marta, Schema
2018; eigene Darstellung

denen offenen Hofhäusern dar, die durch eine Drehung von 90 Grad unterschiedlich geprägte öffentliche Räume herstellen. Bei dem nächsten anschließenden Baukörper handelt es sich um einen 36 Meter langen und 32 Meter tiefen Block, dessen Innenhof öffentlich zugänglich ist. Die beiden Bauten entstanden 1930. Der beidseitig bebaute Abschnitt der Haupterschließung wurde zwischen 1924 und 1925 hergestellt. Südlich der Haupterschließung befinden sich zwei offene Hofhäuser. Der östliche Bau ist ca. 42 Meter lang und 18 Meter tief und nach Süden geöffnet. Er verfügt über Versprünge in der Fassadenebene, die den öffentlich einsehbaren Bereich innerhalb der Öffnung unterteilen. Der westliche Bau ist ca. 36 Meter lang und 18 Meter tief und nach Norden geöffnet. Er verfügt über keinerlei Versprünge, wird im Westen allerdings auf der gesamten Tiefe des Baukörpers durch einen privaten Garten ergänzt. Nördlich der Gasse befinden sich vier Baukörper, die durch eine Mauer von dem Industriegelände im Norden getrennt werden. Der östlichste Bau ist 18 Meter lang und zwölf Meter tief und bildet nach Norden einen kleinen privaten Innenhof aus. Im Westen schließen zwei identische Zeilen an, die 26 Meter lang und zehn Meter tief sind. Getrennt werden sie durch einen zwölf Meter breiten und tiefen Solitär. Die Haupterschließung wird im Westen durch eine von Norden nach Süden ausgerichtete, 29 Meter lange und acht Meter tiefe Zeile geschlossen. Der **zweite Bereich** wird nahezu komplett durch die beiden Längserschließungen des Quartieres begrenzt, die durch drei Quererschließungen unterteilt werden. Der westliche Abschluss des Bereiches wird durch einen nach Norden geöffneten Block gebildet, der 1931 errichtet wurde. Mit einer Seitenlänge von 41 Metern und 34 Metern wird ein öffentlich einsehbarer Innenhof ausgebildet. Im Osten schließen zwei separate Zeilen an, die durch Mauern miteinander verbunden werden. Beide Zeilen wurden 1935 errichtet. Die nördliche Zeile ist von Norden nach Süden ausgerichtet, 21 Meter lang und zwölf Meter tief. Zusätzlich wird sie durch einen eingeschossigen Baukörper ergänzt. Die südliche Zeile ist 20 Meter lang und zwölf Meter tief und von Osten nach Westen ausgerichtet. Bei dem nächsten, nahtlos im Osten anschließenden Bau handelt es sich um ein offenes Hofhaus, das nach Osten geöffnet und 1931 entstanden ist. Es ist 37 Meter lang und 20 Meter tief. Durch die Öffnung entsteht ein öffentlicher Raum, der durch die östlichste Quererschließung zu erreichen ist. Der östliche Abschluss des Quartieres wird durch zwei Bauten hergestellt, die an das Gelände der Weberei angrenzen. Der Solitär im Norden ist 16 Meter lang und 14 Meter tief. Er ist an der Längserschließung ausgerichtet und wurde 1933 errichtet. Die Zeile im Süden ist 51 Meter lang und elf Meter tief und an der Quererschließung ausgerichtet. Sie wurde 1931 hergestellt. Der letzte 1935 hergestellte Bau des Bereiches befindet sich westlich der soeben beschriebenen Zeile zwischen den beiden südlichen Längserschließungen des Quartieres. Es handelt sich um ein nahezu geschlossenes Hofhaus mit den Seitenlängen von 22 Metern und 33 Metern. Es ist an den Längserschließungen ausgerichtet und nach Norden geöffnet. Der Innenbereich des Baukörpers ist einer privaten Nutzung vorbehalten. Der **dritte Bereich** wird durch die Bebauung der Eisenbahn, die das Quartier im Osten und Süden abschließt, definiert. Der östliche Abschluss des Quartieres wird durch vier parallel verlaufende, quer ausgerichtete Zeilen gebildet. Die elf Meter tiefen und 44 Meter langen Zeilen sind in drei parallelen Reihen angeordnet und von Nordwesten nach Südosten an der Erschließungsrichtung der Quererschließungen ausgerichtet.

Die drei westlichen Zeilen wurden bereits 1914 errichtet, während die östlichste von ihnen erst 1930 mit identischen baulichen Maßen errichtet wurde. Im Süden wird das Quartier durch sechs, von Norden nach Süden ausgerichtete, parallele Zeilen abgeschlossen. Sie sind zehn Meter tief und 22 Meter lang und wurden bereits 1914 errichtet. Sie werden durch eine weitere Reihe von drei identischen Zeilen im nordwestlichen Anschluss ergänzt, die erst 1929 entstanden sind. Die westlichste dieser Zeilen ist mit 17 Metern etwas kürzer und verfügt über einen privaten Garten, der westlich an den Bau anschließt.

Der größte Teil der Bauten ist komplett von **öffentlichem Raum** umgeben. Nur an den Grenzen zu den Industriebetrieben, die durch Mauern vom Quartier getrennt sind, werden private Freiräume ausgebildet. Alle Baukörper werden direkt aus dem öffentlichen Raum erschlossen, der durch die Freiräume zwischen den Versprüngen der Bebauung ergänzt wird. Der einzige bewusst angelegte *Campo* befindet sich an der *Fondamenta* von Santa Marta am Eingang des Quartieres und wird nur einseitig durch Bebauung gefasst. (▶ABB. 71) Öffentliche Grünflächen wurden erst nach dem Zweiten Weltkrieg mit der kompletten Auffüllung des Rio dei Secchi im Osten des Quartieres hergestellt. Private Grünflächen befinden sich an den Rändern des Quartieres, wo die Bebauung durch Mauern von den umgebenden Industriebetrieben getrennt wird und vereinzelt auch in privaten Innenhöfen. (▶ABB. 72)

## Fassaden

Zu der Gestaltung der **Fassaden der Umgebung** des Quartieres besteht aufgrund der isolierten Lage kein direkter Bezug. Die möglichen Anknüpfungspunkte werden durch die einfache, ortstypische Gestaltung von quer zu einer *Fondamenta* ausgerichteten Wohnbauten bestimmt.

Der **Eingang in das Quartier** wird nicht genau definiert. Ursprünglich nur durch eine Brücke verbunden, erfolgte der Eingang über eine *Fondamenta* und wurde in der Folge von einem *Rio* und einseitiger Bebauung flankiert. Am östlichen Eingang des Quartieres befindet sich hinter Mauern ein frei finanzierter Solitär. Der Bau verfügt über zwei Geschosse. Die Fenster der Lochfassade sind als Bogenfenster ausgeführt. Das Dach liegt auf einem Konsolenfries auf und die Fassade ist in einem roten Pastellton gestrichen. Die **Fassadengestaltung** kann analog zu den drei unterschiedlichen Blockbereichen aufgeteilt werden. Sie ist heterogen und orientiert sich an lokalen Vorbildern. Der **erste Bereich** befindet sich im Norden und Nordosten des Quartieres. Westlich des bereits beschriebenen Solitärs befindet sich eine Zeile. Sie verfügt über Versprünge in der Fassade. Sie ist dreigeschossig und das Erdgeschoss sitzt auf einem niedrigen Sockel. Die Fenster der Lochfassade werden durch profilierten Kunststein gerahmt und in den oberen Geschossen werden sie durch einen dekorativen Sturz ergänzt. Das oberste Geschoss wird durch einen Konsolenfries, auf dem das Dach liegt, abgeschlossen. Die Fassade ist weiß gestrichen. Weiter im Westen befindet sich ein komplexerer Baukörper, der aus einem Zusammenschluss mehrerer Einzelbauten besteht. Die Bauten schließen versetzt aneinander an. Der kleinteilige Eindruck wird durch die wechselnde Geschossigkeit von drei bis zu fünf Geschossen verstärkt. Der einzige getrennte Bau des Ensembles wird durch einen kleinen Bogen in der Höhe des ersten Geschosses mit den restlichen Bauten verbunden. Die Gebäude sitzen auf Sockeln, die in ihrer Ausführung variieren. Die Fenster der Lochfassaden sind größtenteils in Kunststein gerahmt und verfügen über eine hervorstehende Sohlbank. Im ersten und zweiten Geschoss sind sie zum Teil als Bogenfenster ausgeführt. Wenn Balkone bestehen, sind diese ebenfalls in Kunststein ausgeführt und werden durch Metallgeländer begrenzt. Alle Bauten verfügen über einen horizontalen Abschluss. Die Dächer liegen auf Konsolenfriesen oder durchlaufenden Konsolen auf. Die Schornsteine entsprechen venezianischen Vorbildern und die Kamine sind in den Fassaden als Versprünge sichtbar. Die Fassaden sind in unterschiedlichen Pastelltönen gestrichen. Ein Bau verfügt über Fassadenbänder, die jedes Geschoss markieren. In der Mitte des Ensembles befindet sich ein Ladenlokal. (▸ABB. 73, 74) Der im Westen anschließende Baukörper setzt sich aus zwei offenen Hofhäusern zusammen und variiert zwischen drei und vier Geschossen. Die öffentlich einsehbaren Innenhöfe sind von der Straße oder durch einen *Sottoportego* zu erreichen. Die Fassadengestaltung ist einheitlich und unterscheidet nicht zwischen Innen und Außen. Der Bau sitzt auf einem Sockel, der bis zur Unterkante der Sohlbänke des Erdgeschosses hochgezogen und ziegelsichtig ausgeführt ist. Die Fenster der Lochfassade sind durch Faschen einheitlich weiß gefasst und die schmucklosen Sohlbänke stehen wenige Zentimeter hervor. Vereinzelt sind die Fenster im ersten und zweiten Geschoss als Bogenfenster ausgeführt. Balkone, sofern vorhanden, werden durch einfach verzierte Konsolen gestützt und durch Metallgeländer begrenzt. Das Dach liegt auf einem Konsolenfries auf. Die Schornsteine sind einheitlich ausgeführt und die Fassade ist in einem gelben Pastellton gestrichen. Im westlichen Anschluss folgt ein Block, der durch eine breite Gasse von dem zusammengesetzten Bau getrennt ist. Er verfügt über unterschiedliche Geschossigkeiten, die der gestalterischen Aufteilung der einzelnen Bauteile entsprechen. Die Bauteile in ost-westlicher Ausrichtung entlang der Längserschließung sind dreigeschossig, rot gestrichen und durch einen Versatz in der Fassadenebene hervorgehoben. Die beiden Bauteile in nordsüdlicher Ausrichtung sind viergeschossig und weiß gestrichen. Der Sockel ist ziegelsichtig bis zur Unterkante der Sohlbänke hochgeführt. Die Fenster der einfachen Lochfassade werden durch weiße Faschen gerahmt und sind mit einer schmucklosen Sohlbank versehen und teilweise als Bogenfenster ausgeführt. Die Balkone entsprechen den zuvor beschriebenen Baukörper. Die Bauteile in Ost-West-Ausrichtung werden horizontal durch ein Konsolenfries abgeschlossen, auf dem das Dach aufliegt. Der Blockinnenbereich ist öffentlich durch einen *Sottoportego* zu erreichen. Die beidseitige Bebauung entlang der Calle Larga Santa Marta ist heterogen in ihrer Fassadengestalt. Sie besteht aus einer Kombination von Zeilen, offenen Hofhäusern und verschiedenen Punktbauten, die alle über Versprünge in der Fassadenebene verfügen. Die Gebäude sind in Pastelltönen oder weiß gestrichen und variieren von zwei bis fünf Geschossen. Die Lochfassaden sind unterschiedlich gestaltet, weisen jedoch die gleichen Merkmale auf. Die Sockelzone variiert in Ausführung und Höhe oder entfällt durch die Existenz von Ladenlokalen ganz. Die Fenster werden durch Faschen oder Kunststein gerahmt. Die Sohlbänke sind immer

▶73
Bogen zur Verbindung zweier
Bauten in Santa Marta, Campo dei
Secchi, Foto 2017; J. Fichte

hervorgehoben und im ersten und zweiten Geschoss befinden sich zum Teil Bogenfenster, deren Bögen ziegelsichtig ausgeführt sind. Außerdem bestehen ziegelsichti-
ge Ausschnitte im Putz der Fassaden, welche die Fenster hervorheben. Die Balkone
entsprechen den zuvor beschriebenen Balkonen. Die Dächer liegen ausnahmslos auf
Konsolenfriesen auf. Die Abstände zwischen den Baukörpern im Norden bilden öffentliche Räume aus oder werden durch Mauern überbrückt. Der **zweite Bereich** wird
durch die beiden mittleren Längserschließungen begrenzt. Der westliche Abschluss
wird durch einen nach Norden geöffneten Block gebildet. Die Geschossigkeit des
Blockes variiert zwischen drei und fünf Geschossen. Wie schon die vorherigen großformatigen Baukörper ist der Block aus verschiedenen Zeilen und Punktbauten zusammengesetzt, was durch Versätze in der Fassadenebene, unterschiedliche Geschossigkeit und die unterschiedliche Gestaltung hervorgehoben wird. Der Innenhof ist
öffentlich einsehbar und sowohl aus dem Norden als auch durch einen *Sottoportego*
aus dem Süden zu erreichen. Eine gemeinsame Besonderheit der verbundenen Baukörper ist, dass sie über Keller verfügen, die durch die Fenster in der Sockelzone
sichtbar sind. Die Fassaden wurden in verschiedenen Pastelltönen und weiß ange-
strichen oder auch ziegelsichtig belassen. Die Lochfassaden zeigen die innere Organisation an und die Teilbauten im Bereich der Quergassen verfügen über eine sehr
reduzierte Fassadengestaltung. Das Erdgeschoss ist teilweise rustiziert und die Rah-

▶74   Fassadenversatz von Baukörpern eines Blocks in Santa Marta, Campo dei Secchi, Foto 2017, J. Fichte

mung der Fenster weist ein breites Spektrum von detaillierten Fertigteilen bis hin zu einfachen Faschen mit Sohlbänken auf. In den Obergeschossen befinden sich zum Teil Bogenfenster und Fassadenbänder markieren den Abschluss des Geschosses. Der horizontale Abschluss des Baukörpers erfolgt durch umlaufende Konsolenfriese, auf welchen die Dächer in unterschiedlicher Geschossigkeit liegen. Der mittlere Abschnitt des Bereiches wird durch zwei Zeilen gebildet, die durch Mauern miteinander verbunden sind und einen privaten Freiraum ausbilden. Die südlichere der beiden Zeilen ist viergeschossig und von Osten nach Westen entlang der Längserschließung ausgerichtet. Der Sockel ist sehr niedrig und betonsichtig ausgeführt. Im Erdgeschoss befinden sich verschiedene Ladenlokale. Der Haupteingang wird durch runde Fenster hervorgehoben. Die Lochfassade ist in einem gelben Pastellton gestrichen. Das erste und zweite Geschoss werden durch ein Fassadenband auf Höhe der Sohlbänke hervorgehoben. Die Sohlbänke sind die einzige sichtbare Betonung der Fenster. Der horizontale Abschluss erfolgt nur durch den Dachüberstand. Die nördliche Zeile ist von Norden nach Süden ausgerichtet und dreigeschossig. Sie wird im Osten durch einen eingeschossigen Baukörper ergänzt, der Ladenlokale beherbergt. Das Erdgeschoss ist komplett weiß verputzt und verfügt über einen kleinen Sockel. Auch hier befinden sich hauptsächlich Ladenlokale. Die oberen beiden Geschosse werden durch ein Fassadenband voneinander getrennt und sind ziegelsichtig ausgeführt. Die Fenster der Lochfassade sind komplett durch Kunststein gerahmt und liegen im ersten Geschoss auf verzierten Konsolen auf. Die Balkone sind ebenfalls in Kunststein ausgeführt und werden durch ein Metallgitter abgegrenzt. Das Dach liegt auf einem sehr detaillierten weißen Konsolenfries auf. Der qualitative Unterschied in der Fassadengestaltung der beiden Bauten lässt trotz des gleichen Entstehungsdatums auf eine private Initiative der nördlichen Zeile schließen. Das nach Osten geöffnete Hofhaus verfügt über drei Geschosse und vereinzelt über Versätze in der Fassadenebene. Die Lochfassade ist in gelbem Pastellton gestrichen und die Fenster sind durch schmucklosen Kunststein gerahmt und im ersten Geschoss als Bogenfenster ausgeführt. Das Erdgeschoss sitzt auf einem einfachen Steinsockel und wird durch ein breites Fassadenband von dem nächsten Geschoss getrennt. Die Gebäudekanten werden durch geschossübergreifende, schmucklose Pilaster hervorgehoben. Der Sockel, die Fassadenbänder und die Pilaster sind miteinander verbunden und in einheitlicher Materialität ausgeführt. Der horizontale Abschluss erfolgt durch ein Konsolenfries, auf dem das Dach aufliegt. Im halb öffentlichen Innenhof befindet sich eine gemauerte Sitzbank, die in Form und Position an einen *Pozzo* erinnert. Die Treppenhäuser werden zum Teil durch runde Fenster kenntlich gemacht. Der durch die Weberei errichtete Solitär an der östlichen Grenze des Quartieres verfügt über drei Geschosse und ist ziegelsichtig mit einem minimalen Sockel ausgeführt. Die Fenster werden durch gemauerte Bögen mit Kämpfern aus Kunststein hervorgehoben und der Radius der Bögen nimmt im zweiten Obergeschoss ab. Die Sohlbänke liegen auf verzierten Konsolen auf und der horizontale Abschluss erfolgt durch ein Konsolenfries. Der östlichste Bau des Bereiches ist viergeschossig. Die Zeile verfügt über eine Lochfassade, die im Erdgeschoss durch ovale Fenster ergänzt wird. Der Bau ist weiß verputzt und der Sockel im Erdgeschoss ist ca. 40 Zentimeter hoch. Die Fenster sind durch eine Kunststeinrahmung hervorgehoben und liegen auf einer verzierten Sohlbank auf.

▶75  zunehmende Rationalisierung der Bauwerke in Santa Marta und Beispiel für einen künstlich
angelegten *Rio Terà*, Calle Ca'Matta, Foto 2017; J. Fichte

Ein breites Fassadenband schließt das Erdgeschoss ab und teilweise an die Rahmung
der Fenster und Türen an. Die Obergeschosse sind identisch ausgeführt und das Dach
liegt auf einem einfachen Konsolenfries. Der in diesem Bereich zuletzt errichtete,
Ca'Matta genannte Bau sticht durch seine Gestalt aus dem Quartier hervor. Das nach
Norden geöffnete Hofhaus ist viergeschossig und die Lochfassade verfügt im Bereich
der Treppenhäuser über runde Fenster. Der Innenhof ist durch ein Tor zugänglich.
Der Sockel ist zweigeteilt. Der untere Abschnitt ist betonsichtig ausgeführt und der
Abschnitt darüber bis zur Unterkante der Sohlbänke ist ziegelsichtig. Die Fassade ist
in einem pastellfarbenen Orange gestrichen. Die Fenster in allen Geschossen sind
mit schmaler Sohlbank identisch ausgeführt. In den Obergeschossen ist die Fassade
zwischen den Fenstern rauer verputzt und in einem hellen Gelb gestrichen, was zu
einer horizontalen Gliederung des Baus führt. Im Innenhof ist diese Gliederung durch
schmale Fassadenbänder ersetzt, auf denen in jedem Geschoss die Fenster aufliegen.
Der horizontale Abschluss erfolgt nur über das Auskargen des Daches ohne Konsolenfries. (▶ABB. 75)

   Der **dritte Bereich** im Süden und Südwesten des Quartieres wird durch die Bauten der Eisenbahn gebildet. Die bereits 1914 errichteten Zeilen im Süden und Westen
des Quartieres sind in ihrer Fassadengestaltung, trotz der unterschiedlichen Maße
der zwei verschiedenen Bautypen, nahezu identisch. Sie weisen einfache Gebäudeformen auf und verfügen über vier Geschosse und Keller, die durch die Kellerfenster

in den Sockeln kenntlich gemacht werden. Aus diesem Grund liegen die Eingänge ein halbes Geschoss höher und sind durch Treppen zu erreichen, die in den öffentlichen Raum ragen. Das Erdgeschoss ist rustiziert und der Anstrich der Bauten erfolgte in Pastelltönen. Die Verzierung der Fenster wird durch Faschen, Konsolenfertigteile und unterschiedliche, vom Jugendstil inspirierte Rahmungen gebildet. Der horizontale Abschluss erfolgt durch einen hohen Dachüberstand ohne Konsolenfries. Die 1929 und 1930 von der Eisenbahn errichteten Zeilen im Süden und Westen sind in Ausrichtung und ihrer inneren Organisation identisch zu den 1914 errichteten Zeilen. Sie sind ebenfalls viergeschossig mit Kellern und angehobenen rustiziertem Erdgeschoss ausgeführt und in Pastelltönen gestrichen oder ziegelsichtig. Die Fenster werden durch Kunststein unterschiedlich detailliert gerahmt und die profilierten Sohlbänke sitzen auf kleinen Konsolen. Der horizontale Abschluss erfolgt durch ein Konsolenfries, auf dem das Dach mit geringem Dachüberstand aufliegt. Die Kamine sind als Versätze in der Fassade aus dem Straßenraum nachvollziehbar. Im zweiten und dritten Geschoss befinden sich Bogenfenster und die Geschosse werden zum Teil durch ein schmales horizontales Band in der Fassade kenntlich gemacht. Die Balkone liegen auf einfachen Konsolen und werden durch unterschiedlich gestaltete Metallbrüstungen umschlossen.

## Zusammenfassung

Die **Entstehung** des Quartieres ist untrennbar von der Entwicklung der neoinsularen Industrie im Nordwesten von Venedig. Die bestehende Halbinsel Mendigola wurde kontinuierlich erweitert und zur Lagune wurden industrielle Nutzungen angesiedelt. Im Kernbereich der Mendigola wurden die alten Wohnbauten nach und nach ersetzt und erweitert. Federführend waren der IACP und die staatliche Wohnungsbaugenossenschaft der Eisenbahn. Die Abschnitte des IACP wurden zum Teil durch Privatkredite oder durch Spenden finanziert, während die Bauten der Eisenbahn nur mit eigenem Kapital ausgeführt wurden. Wie bereits erwähnt ist das **Areal** von Industrie eingeschlossen. Die längliche Form der alten Mendigola ist für das neue Quartier formgebend. Die übergeordnete *forma urbis* wurde bereits durch die Herstellung des militärischen Exerzierplatzes nördlich der Mendigola unter österreichischer Besatzung modifiziert. Die gegen Ende des 19. Jahrhunderts durchgeführten Ergänzungen verfolgten nach dem Bau des Hafens allerdings nicht mehr das Ziel, die *forma urbis* zu ergänzen und eine massive, dreieckig geformte Insel industrieller Prägung entstand. Die **Erschließung** folgt weitestgehend den Erschließungsstrukturen der Mendigola, die jedoch um parallel versetzte Erschließungen ergänzt werden. Durch die Schließung des *Rio* verfügt Santa Marta über keine Anbindung an das Kanalnetz mehr und auch eine Erschließung über die Lagune ist durch die umgebenden Industriebetriebe nicht möglich. Die Eigenschaften des **Blockes** werden durch die abwechslungsreichen Baukörper, die nahezu komplett von öffentlichem Raum umgeben sind, geprägt. Private Freiräume existieren nur an den Quartiersgrenzen. Die Bauten der Eisenbahn an den Rändern des Quartieres unterscheiden sich vom restlichen Quartier, da sie als Solitäre und Zeilen ausgeführt sind. Im Inneren des Quartieres werden keine *Campi* ausgebildet. Nur am Eingang im Osten befindet sich ein *Campo*, der sich aus der komplexen Bebauung des Grundstückes parallel zur Haupterschließung entwickelt. Die Komplexität des Blockes nimmt von Bauabschnitt zu Bauabschnitt ab. Wie auch die Gestaltung des Blockes unterscheidet sich die Gestaltung der **Fassaden** des Quartieres in der Ausprägung und Intensität in Bezug auf die Bauphasen. Sie nehmen vielfältigen Bezug zu venezianischen Wohnbauten der Vergangenheit, der bereits durch die Eigenschaften der Blöcke hergestellt wird.

Das Quartier befindet sich inmitten der industriellen Ergänzung der übergeordneten Form der Stadt, nimmt aber den Aufbau der Mendigola auf und in seiner Gestaltung einen Bezug zum Ort. Der Gassenverlauf und die Ortsbezeichnungen des alten Quartieres lassen sich auch im neuen Quartier zum größten Teil wiederfinden. Eine mögliche kontinuierliche Entwicklung des ambitioniert gestalteten Quartieres aus dem östlich angrenzenden *Sestiere* wurde durch den Bau der Weberei verhindert, die das Quartier nahezu vollständig vom Rest des *Sestiere* abschneidet. Außerdem ist das Quartier bis auf die beschriebenen Zugänge komplett von der insularen Industrie eingeschlossen und ein Bezug zur Lagune besteht nicht mehr.

# Sant'Elena

## Entstehung

Die Entstehung der neuen Wohnbauten des Quartieres Sant'Elena erfolgte in **zwei Bauabschnitten**. Insgesamt wurde zwischen 1924 und 1939, mit einer Kubatur von 457.008 Kubikmetern, in 600 Wohnungen Raum für ca. 6000 Bewohner unterschiedlicher Einkommensschichten geschaffen. Die Kosten allein des ersten Bauabschnittes betrugen 53.759.154 Lire.

Der Hauptbereich des Quartieres entstand auf der *Sacca* **von Sant'Elena**. Hierbei handelt es sich um einen ehemaligen Freiraum zwischen dem südöstlichen Abschluss Venedigs, der durch die Giardini und die Klosterinsel von Sant'Elena gebildet wurde. Seit etwa 1170 ist die Besiedelung der Insel als Auffanglager für Pilger aus dem Heiligen Land beurkundet. Schließlich folgte ca. 1400 der Bau der Kirche und des angeschlossenen Klosters. Durch die französische Säkularisierung wurde die Klosterinsel 1807 zu einer Kaserne und die Kirche zu einem Kornspeicher umgenutzt. Aufgrund der naturräumlichen Qualitäten der Insel wurde 1844 von einem österreichischen General ein englischer Garten angelegt. Die landschaftlich geprägte Wahrnehmung der Insel wich jedoch zunehmend einer Betrachtung der wirtschaftlichen Potenziale.[24] Schließlich wurde die Insel 1872 der Kommune Venedig zugeordnet und die strategische Ausrichtung als industrieller Gegenpol zum Nordwesten Venedigs, in Unterstützung des

►76
Das Quartier Sant'Elena am
südlichen Ende Venedigs,
Luftbild 1986; Comune di Venezia,
Direzione Sviluppo del Territorio
e Città Sostenibile, AFU – Archivio
Fotografico di Urbanistica

Arsenale, begann. Ausgehend von den Planungen des obersten technischen Beamten Forcellini wurde 1881 durch einen Zusammenschluss von privaten Investoren die Nutzung der Insel für produzierende Industrie forciert. Der erste Betrieb wurde auf der *Sacca* südlich der Insel mit einer großen Werkstatt für die Herstellung von Brücken- und Eisenbahnteilen mit bis zu 500 Arbeitern eingerichtet. Die industriellen Maßnahmen wurden von Boito, wie schon die industrielle Entwicklung von Santa Marta, kritisiert.[25] Für eine intensivierte industrielle Nutzung des Areales wurde zwischen Sant'Elena und den Giardini die *Sacca* von Sant'Elena angelegt. Die Firma Breda plante hier ihren Hauptsitz zu errichten. Die Planungen scheiterten zunächst daran, dass die staatliche Militärverwaltung 1885 Teile des neuen Areales für einen Exerzierplatz verwendete. Das Areal wurde ihr von der Kommune im Tausch für den alten Exerzierplatz im Nordwesten der Insel bei Santa Marta, der für die Versorgung der Stadt mit Gas benötigt wurde, übertragen. Bei der Herstellung der *Sacca* wurde trotzdem auch ein Bereich für produzierende Industrie vorgesehen, den die Kommune von der Militärverwaltung zurück erwarb.[26] 1886 schließlich wurde zwischen der Kommune und der Firma Breda ein Vertrag ausgehandelt, der auf der *Sacca* südlich des Exerzierplatzes die Entstehung einer Werft für den motorisierten Nahverkehr vorsah. Dieser Plan scheiterte jedoch daran, dass sich die Vertragspartner nicht über die Kaufbedingungen einigen konnten.[27] Der Exerzierplatz, die rechtlichen Hürden bei der Nutzung der verfügbaren Flächen, die räumliche Begrenzung des Arsenale, die Entfernung zum Kanal der Giudecca und nicht zuletzt die 1895 erstmals in den Giardini veranstaltete Biennale führten dazu, dass sich der Südosten Venedigs als Industriestandort nicht etablieren konnte und auch nicht als potentieller Standort wahrgenommen wurde. Die vereinzelten industriellen Aktivitäten blieben in ihrer gesamtstädtischen Relevanz untergeordnet. Zahlreiche Zeitgenossen kritisierten die Vorgehensweise der Kommune bei der industriellen Erschließung des Areales.

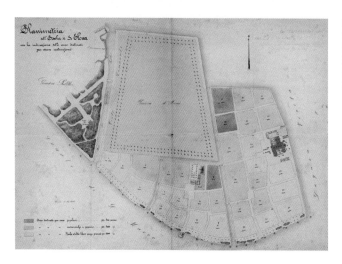

▶77
Marsfeld und Zonierung
Sant'Elena, Entwurfsplan 1906;
Francesco Marsich, Archivio
Comunale di Venezia, 1905–1909
X-4-12

Besonders Molmenti sah in der Aufschüttung der Lagune zwischen Sant'Elena und den Giardini einen der schwersten Eingriffe in das Panorama Venedigs seit der Verbindung mit dem Festland. Durch den industriellen Misserfolg wog für ihn die Zerstörung des Panoramas umso schwerer. (▶ABB. 76)[28]

Bereits 1887 wurde aufgrund des bestehenden Wohnungsmangels die *Sacca* von Sant'Elena als **Standort für Wohnungsbau** im Rat der Stadt diskutiert.[29] Eine mögliche Wohnnutzung wurde zu Beginn des 20. Jahrhunderts, unter anderem durch Foscari, der einer der Hauptvertreter des Schrittes auf das Festland war, forciert.[30] Nach dem Jahre andauernden Rechtsstreit zwischen Kommune und der Firma Breda kam die Kommune 1903 schließlich wieder in Besitz der Fläche. Durch die Trennung vom gesamtstädtischen Zusammenhang und die problematische Lage des Exerzierplatzes, der bereits die Industrialisierung behindert hatte, stand eine Wohnnutzung der Insel und der *Sacca* jedoch vor schwierigen Voraussetzungen. Von 1906 bis 1911 entstanden verschiedene **Planungen** für das Areal.[31] Der Ingenieur Francesco Marsich (1858–1919) begann 1906 mit einem ersten Beitrag. Die Planungen klammerten den Exerzierplatz aus und sahen einen internen Kanal vor. Als Verlängerung der Giardini war eine Lagunenpromenade vorgesehen. Die Aufteilung des Plangebietes war wenig innovativ und verfolgte vornehmlich das Ziel, die gesteigerte Nachfrage nach Wohnraum zu befriedigen. Aufgrund fehlender Finanzierungsmöglichkeiten für den geförderten Wohnungsbau kam eine Realisierung des Projektes allerdings nicht zustande.[32] (▶ABB. 77) Die 1910 veröffentlichte Planung des Ingenieurs Benvenuto Pesce Maineri (1875–1922) erinnert durch die einfache Aufteilung des gesamten Areales durch eine radiale Rasterung an die Stadterweiterungen des ausklingenden 19. Jahrhunderts. Dadurch, dass nur freie Finanzierungen und kein geförderter Wohnungsbau vorgesehen waren, wird dieser Eindruck noch verstärkt. Aufgrund der dringenden benötigten Herstellung von gefördertem Wohnraum fand die Planung keine Zustimmung von Seiten der Kommune. (▶ABB. 78) Die Planung Daniele Donghis (1861–1938) von 1911 kann als Untersuchung ausgelegt werden, wie viel Wohnraum mit möglichst geringen Mieten und unter Einhaltung der hygienischen Standards auf dem Areal zu erzeugen ist. Unter Einbezug des Exerzierplatzes, der sich noch nicht in Besitz der

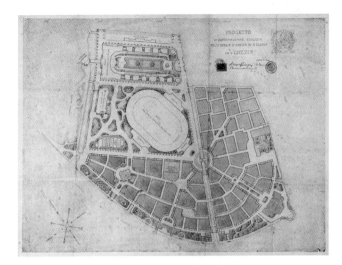

►78
Zentraler Park und
Achsenerschließung Sant'Elena,
Entwurfsplan 1910; Manieri Pesce,
Archivio Comunale di Venezia,
1910–1914 X-4-5

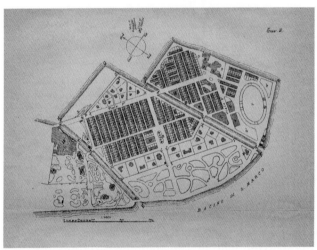

►79
Lagunenpark und Raster
Sant'Elena, Entwurfsplan 1910;
Daniele Donghi, *Per il problema
delle case economiche a Venezia*,
Scarabellin Venezia

Kommune befand, ist das Erschließungsraster des gesamten Areals durch die direkte
Verbindung der Kirche Sant'Elena mit Castello bestimmt. Diese Verbindung stellt
trotz der monotonen Baufelder eine Neuerung in den Planungen dar, da der Bezug zur
bestehenden Stadt thematisiert wird. Zur Lagune wird das Areal durch einen Grüngürtel abgeschlossen, der ebenfalls an die Giardini angeschlossen ist.[33] (►ABB. 79)
Der 1909 erfolgte Beitrag der Architekten Torres, Fausto Finzi (1875–1922) und Giulio
Alessandrini (1875–1922) sah eine umfangreiche Umgestaltung des gesamten Areales
vor. Unter Ergänzung zahlreicher *Sacce* sollte das zur Bebauung verfügbare Gebiet
bis zu der Insel San Pietro in Castello ausgeweitet werden. Auf diese Weise sollte das
Hindernis des Exerzierplatzes, der an seiner ursprünglichen Stelle belassen wurde,
überwunden werden. Die meisten Baukörper sollten auf der Insel von Sant'Elena
errichtet werden und es war ebenfalls ein Grüngürtel als Verlängerung der Giardini
vorgesehen.[34] Die Anbindung der neuen Wohnbebauung an den Rest der Stadt sollte
durch neue Vaporettolinien gewährleistet werden. [35] (►ABB. 80) Für die finale Bewer-

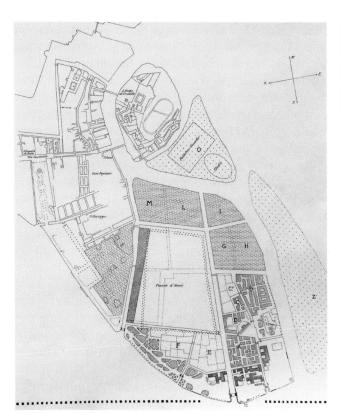

▶80
Lagunenpark und zentrales
Marsfeld Sant'Elena, Entwurfsplan
1911; Duilio Torres, Fabrizio Finzi,
Giuseppe Alessandrini, *Riassunto
del Progetto presentato al Municipio
di Venezia il Giorno 4 Aprile*

tung der Projekte wurde vom Rat 1911 eigens eine Kommission ins Leben gerufen, da
die Interessen der Ratsmitglieder in Bezug auf die Erweiterung der Stadt im Südosten
zwischen Erhaltung des lagunaren Charakters und der Modernisierung schwankten.
Aufgrund der vorhandenen Qualitäten, durch den naturbezogenen Standort und
die neue »venezianische« Wohnbebauung, sollte sich die Stadterweiterung für alle
Einkommensschichten eignen.[36] Als einziges weiter verfolgtes Ergebnis der bereits
durchgeführten Planungen empfahl die Kommission, die *Sacca* als Hauptinterven-
tionsort für eine Wohnnutzung zu erwerben und Castello so sinnvoll zu erweitern.[37]
Die Verhandlungen zwischen Militärverwaltungen und Kommune bezüglich des
Erwerbes der *Sacca* scheiterten am Ausbruch des Ersten Weltkrieges 1914, der eine
Übertragung der Flächen aufgrund militärischer Bedürfnisse verhinderte.[38] In der
unmittelbaren Nachkriegszeit war aufgrund der zahlreichen Flüchtlinge, die Venedig verlassen hatten, der Wohnungsdruck zunächst gesunken und es bestand keine
unmittelbare Notwendigkeit seitens der Kommune zu handeln. Wohnraum wurde
allerdings wieder knapp, als die Flüchtlinge zurückkehrten und die venezianische
Industrie immer mehr Anwohner anzog.[39] Also trat die Kommune erneut in Verhand-
lung mit der Militärverwaltung und einigte sich 1923 darauf, einen neuen Exerzierplatz
nördlich des alten herzustellen und ihn gegen die alte *Sacca* zu tauschen.[40]

Durch die technische Verwaltung der Kommune wurde ein **erster Regulierungsplan** erarbeitet, der Parallelen zu dem Projekt von Torres, Finzi und Alessandrini aufwies.
Die Planungen umfassten eine Fläche von insgesamt 205.000 Quadratmetern. 100.000

Quadratmeter waren für einen Park vorgesehen, der das neue Quartier zur Lagune im Süden abschirmte. Das eigentliche Quartier sollte eine Fläche von 36.000 Quadratmetern einnehmen und so Raum für ca. 400 Familien bereitstellen. Der Biennale wurden in den Planungen 9000 Quadratmeter zugedacht, die sich am westlichen Rand der *Sacca* befanden. Die Kosten der Herstellung der *Sacca* und ihrer Erschließung sollten durch den Verkauf des Baugrundes kompensiert werden.[41] Die finale Version des **Regulierungsplanes** wurde schließlich am 03. Juli 1924 beschlossen. Er wurde in enger Zusammenarbeit mit dem Denkmalamt erarbeitet, das großen Wert auf eine geringe bauliche Dichte und den Erhalt der naturbelassenen Prägung des Areales legte.[42] Dem speziellen Charakter der Stadt sollte unter anderem durch die unregelmäßige Anordnung der 19 Baufelder entsprochen werden und in Verlängerung der Giardini sollte ein Grüngürtel den kompletten Westen und Süden der *Sacca* umfassen.[43] Die Gebäude waren bevorzugt in geschlossener Bauweise zu errichten und solitäre Einfamilienhäuser sollten vermieden werden. Die Fassadengestaltung der Bauten sollte sich, ausgehend von der Renaissance, an historischen Vorbildern orientieren. Die Breite der Straßen hingegen wurde durch die Hygiene- und Wohnbauvorschriften der Stadt bestimmt. Neben der Naherholung und dem Wohnen war aber auch die Errichtung eines Stadions bei der Planung des Areales zu berücksichtigen. Durch diese Maßnahmen sollte gewährleistet werden, dass der neue Stadtteil gleichzeitig den modernen Anforderungen und dem besonderen venezianischen Umfeld entsprach. Die Ergebnisse des Planes wurden weitestgehend positiv als besonders venezianisch aufgenommen.[44] Und auch Torres betonte 1923, dass die durch den Regulierungsplan formulierte Ästhetik ihre Wurzeln im überlieferten traditionellen Charakter der Stadt hatte.[45] (▸ABB. 81) Im Gegensatz zu den Planungen bis 1911 konnte bei der **Durchführung des Regulierungsplanes** auf den IACP als unabhängiges Institut zurückgegriffen werden. Vorherige Planungen waren auch an der Notwendigkeit gescheitert, eine eigene Gesellschaft für die Urbanisierung von Sant'Elena zu gründen. Bereits 1923 wurden die kommunalen Flächen auf den IACP übertragen. Ihre umfängliche Entwicklung überstieg jedoch die Kapazitäten des Institutes. Folglich sollten vereinzelte Flächen auch durch Private und Genossenschaften entwickelt werden. Diese konnten unter der Auflage, dass die Bauprojekte durch den IACP genehmigt werden mussten, zu Vorteilspreisen erworben werden.[46] Außerdem mussten die Bauprojekte auch mit dem Denkmalamt abgestimmt werden. Durch diese Vorgehensweise sollte auch eine angemessene Durchmischung des neuen Stadtteiles von verschiedenen Wohnstandards gewährleistet werden. Der Großteil der privat finanzierten Bauten war nach Süden oder Westen orientiert. Hierdurch sollte ein gestalterisch aufwändigerer Abschluss des neuen Stadtteiles gegenüber der Lagune gewährleistet werden, der obendrein noch das Lagunenpanorama bot und sich folglich auch besser verkaufen ließ. Im Nordwesten des Stadtteiles wurden Baugrundstücke an Genossenschaften veräußert, die hier Unterkünfte für ihre Mitglieder errichteten. Die unterschiedlichen Finanzierungsarten entlasteten den IACP und trugen gleichzeitig zu der Heterogenität des neuen Stadtteiles bei.

**Von 1924 bis 1928** wurden durch das Institut 433 Wohnungen mit einer Kubatur von 190.506 Kubikmetern für 19.254.577 Lire errichtet. Von Privaten und Genossenschaften wurden 703 Wohnungen mit einer Kubatur von 333.534 Kubikmetern für 34.504.577 Lire gebaut.[47] Innerhalb von nur vier Jahren wurde der neue Stadtteil unter

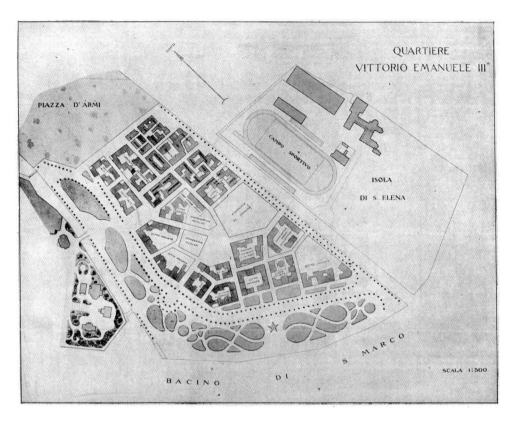

QUARTIERE
VITTORIO EMANUELE III°

PIAZZA D'ARMI

CAMPO SPORTIVO

ISOLA
DI S. ELENA

S. MARCO

BACINO DI

SCALA 1:500

▶81  Planung mit Lagunenpark, Marsfeld und zoniertem Wohnen Sant'Elena, Regulierungsplan der
Kommune 1926; Ufficio Tecnico Municipale, Rivista Mensile della città di Venezia

Berücksichtigung der lokalen Stadtgestaltung nahezu komplett errichtet.[48] Neben den
Wohnbauten auf der *Sacca* wurde auf der Insel Sant'Elena der bereits erwähnte Sport-
platz hergestellt und 1930 wurde nach der Restaurierung der Kapelle Borromeo eine
neue Gemeinde eingerichtet. Die sogenannte Kolonisierung von Sant'Elena wurde
jedoch nicht nur gelobt. Nach der Beschreibung der bereits aufgezählten Vorteile in
Bezug auf die Geschwindigkeit, Qualität und Ästhetik wurde in der *Gazzetta di Venezia*
1928 bemängelt, dass der Stadtteil noch immer über keine Apotheke und öffentliche
WC's verfügte. Außerdem befanden sich um die Kirche von Sant'Elena nach wie vor
die Behausungen von Obdachlosen.[49] **Von 1931 bis 1939** wurden mit einer Kubatur
von 57.078 Kubikmetern[50] 129 Wohnungen vom IACP errichtet. Die betreffenden Flächen waren im Regulierungsplan für kommunale Bedürfnisse ausgewiesen. Weitere
20 Wohneinheiten mit einer Kubatur von 995 Kubikmetern wurden im geförderten
Segment durch eine Genossenschaft, in Ergänzung eines bestehenden Baukörpers
im nördlichen Drittel des neuen Stadtteiles, errichtet. Das zum Teil bereits bebaute
Baufeld im Zentrum des Plangebietes wurde im frei finanzierten Segment durch eine
Genossenschaft vervollständigt. Mit einer Kubatur von 21.816 Kubikmetern wurden
14 weitere Wohnungen hergestellt. Der südliche Abschluss zum Park wurde durch
vereinzelte, komplett frei finanzierte Einfamilienhäuser ergänzt. Hier entstanden

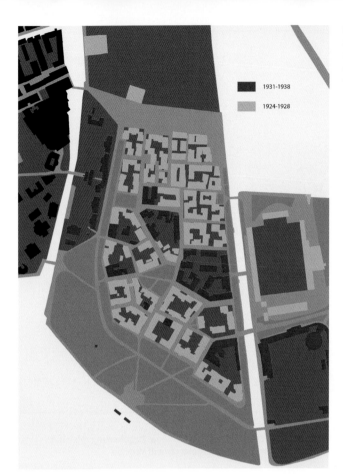

■ 1931-1938

▨ 1924-1928

vier Wohnungen mit einer Kubatur von 4212 Kubikmetern. Außerdem entstanden in dieser Phase die Erweiterung der Biennale im Westen, ein öffentlicher Kindergarten im Südosten der *Sacca* und die Militärakademie südlich der Kirche von Sant'Elena. Der zweite Bauabschnitt wurde maßgeblich von Bauwerken geprägt, die nicht oder nicht direkt der Wohnnutzung des Areales dienen. Insgesamt kann er als eine Art untergeordnete Nachverdichtung und Ergänzung des Stadtteiles betrachtet werden. (▶ABB. 82)

Bei Betrachtung der **Wohnungstypologien**, deren Finanzierungsmethoden und schließlich der Verortung im Plangebiet fällt auf, dass sich die frei finanzierten Wohnbauten zur Schauseite des neuen Stadtteiles zum Park und zu der Lagune im Südwesten orientieren. Sie wurden hauptsächlich durch Private, aber auch durch den IACP hergestellt. In der zweiten Reihe von der Lagune aus wurden auch frei finanzierte Wohnbauten durch Genossenschaften hergestellt. Diese richteten sich schon aufgrund ihrer Lage ohne Blickbezug zum Park und zur Lagune und aufgrund der Tatsache, dass sie durch Genossenschaften für ihre Mitglieder hergestellt wurden, an eine mittlere Klientel. Der geförderte Wohnungsbau befindet sich, verdeckt von den frei finanzierten Bauwerken, im Nordosten des Plangebietes. Er wurde zum größten

▶83
Bauherren und Typologien
Sant'Elena, Schema 2020;
eigene Darstellung

- IACP
- COOPERATIVES
- PRIVATES
- NURSERY
- COMMUNITY

Teil durch Genossenschaften, aber auch durch den IACP hergestellt. Hier bauten die Genossenschaften für ihre weniger vermögenden Mitglieder und der IACP stellte geförderten Wohnungsbau für die bedürftige Bevölkerung her. (▶ABB. 83)

## Areal

Das **Areal der Wohnbebauung** auf der *Sacca* von Sant'Elena befindet sich am äußersten südöstlichen Rand von Castello und bildet den Abschluss Venedigs vor dem Lido. Östlich der *Sacca* und durch einen Kanal getrennt befindet sich die Insel von Sant'Elena. Die Kirche von Sant'Elena ist von dem Stadion im Norden und der Marineschule im Süden umschlossen. Nördlich des Areales befindet sich eine weitere *Sacca*, die zunächst der Standort des neuen Exerzierplatzes war und heute eine gewerbliche Nutzung erfährt. Westlich wird das Hauptgelände der Biennale in den Giardini durch einen Kanal von dem Areal getrennt, aber durch einen schmalen Streifen der *Sacca* ergänzt.

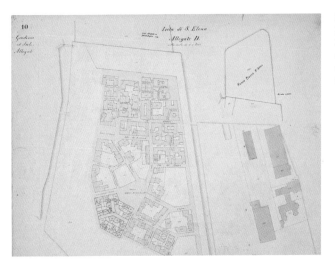

▶84
Erster Bauabschnitt Sant'Elena, Kataster 1877; Archivio di Stato di Venezia, mappe austro-itale, comune censuario 111 Venezia Castello, sotto numero 4

Die **Form des Areales** gleicht einem unregelmäßigen Trapez, das zur Lagune im Süden abgerundet ist. Die Seitenlängen von Norden nach Süden variieren zwischen 320 Metern im Westen und 560 Metern im Osten. Von Osten nach Westen variieren die Seitenlängen von 270 Metern im Norden zu 436 Metern im Süden. Die Grundfläche des gesamten Areales der *Sacca* von Sant'Elena ohne den neuen Exerzierplatz im Norden beträgt 153.640 Quadratmeter. Der Erweiterung der Biennale im Westen des Areales fallen 9107 Quadratmeter zu. Der Park, der das Quartier nach Westen und Süden umschließt, kommt auf eine Fläche von 62.250 Quadratmetern. Die gesamte Fläche des Areales, auf der das Quartier errichtet wurde, beträgt 82.283 Quadratmeter und ist in 19 Baufelder unterteilt. 33.181 Quadratmeter der Quartiersfläche sind bebaut. Die restlichen 49.102 Quadratmeter teilen sich auf in 32.212 Quadratmeter öffentlichen Raum und 16.890 Quadratmeter privaten Raum. Öffentliches Grün existiert in Ergänzung zu dem geräumigen Park auf den zwei Platzanlagen, die das Innere des Quartieres auflockern.

Die **Entwicklung des Areales** wird in den für die Untersuchung relevanten Katastern von Venedig unterschiedlich dargestellt. Da sie erst 1871 eingemeindet wurde, wird die Insel im Kataster von 1846 noch nicht gezeigt. Der südöstliche Abschluss von Venedig wird noch durch die Giardini und die Insel San Pietro di Castello gebildet. Im Kataster von 1877, das bis 1939 verwendet wurde, wurde die *Sacca* von Sant'Elena mit dem Bebauungsstand des ersten Bauabschnittes von 1924–1928 und teilweise den Ergänzungen des zweiten Bauabschnittes 1931–1939 nachgetragen. Der Park, das Gelände der Biennale und der Exerzierplatz im Norden werden ausgeblendet. (▶ABB. 84)

## Erschließung

Die **Erschließung in der Umgebung** des neuen Quartiers wird durch die einfachen, linear verlaufenden Erschließungen mit wenigen Kanälen geprägt. Direkte Bezugs-

▶85
Lagunenpark, der das Quartier Sant'Elena verdeckt, Foto 2016; O. Osman

punkte bestehen aufgrund der Begrenzung durch die Lagune im Osten und die nicht öffentlich zugänglichen Giardini der Biennale im Westen nicht. Auch im Norden wird das neue Quartier durch den militärischen Exerzierplatz von der Bestandsbebauung der Insel von San Pietro von Castello getrennt. (▶ABB. 85)

Die **Eigenschaften der Erschließung** des Quartieres Sant'Elena werden durch ein unregelmäßiges Raster bestimmt, das der Form der *Sacca* angepasst ist. Aus diesem Grund existieren mehrere Erschließungsrichtungen, die zum Teil spitz aufeinander zulaufen. Das gesamte Quartier ist durch eine fußläufige Erschließung umgeben. Nach Süden und Westen erfolgt diese über den Grüngürtel, nach Osten durch eine *Fondamenta* und nach Norden über einen heute bebauten Freiraum zwischen Quartier und Exerzierplatz. Die einzige Hierarchisierung der Erschließung des Quartieres im Inneren erfolgt durch die Verbindung der zwei Plätze, die gleichzeitig auch als Knotenpunkt zahlreiche Erschließungen miteinander verbindet und den geförderten vom frei finanzierten Bereich trennt. Die *Sacca* ist im Osten und Westen durch Kanäle von den angrenzenden Inseln getrennt und grenzt im Süden an die Lagune. Im Inneren des Quartieres existieren keine Kanäle. (▶ABB. 86) Der **Hauptzugang** zum Quartier erfolgt über eine schmale Brücke an der südlichen Spitze der Giardini. Über diese Wegeverbindung ist entlang der Lagune auf direktem Weg der Markusplatz erreichbar. Ergänzt wird der Hauptzugang durch einen weiteren Zugang am nördlichen Abschluss des Biennale Geländes. Hier liegt der einzige Bezug zu der bereits bestehenden Stadt, da es sich um einen Bereich handelt, der schon vor der Herstellung der Giardini 1807 mit Wohnhäusern bebaut war. Dennoch ist das neue Quartier durch den Grüngürtel von diesem baulichen Bezug getrennt. Entgegen der Forderungen von Torres wurde der neue Stadtteil nicht aus den Verbindungen zu Castello heraus entwickelt, sondern bezog sich vornehmlich auf die Lagune im Süden und die Giardini.[51] Die neuen **Gassen** variieren je nach Gebäudehöhe in ihrer Breite zwischen drei und 14 Metern. Die Benennung der neuen Straßen und Plätze wurde durch eine Kombination der venezianischen Ortsbezeichnungen mit Ereignissen, Orten und Persönlichkeiten der italienischen Nation bestimmt.[52]

▶86
Öffentlicher Raum Sant'Elena,
Schema 2018; eigene Darstellung

## Block

Das Quartier von Sant'Elena wird durch die Lagune und die Giardini von den Eigenschaften des **Blockes in der Umgebung** getrennt. Das südöstliche Castello wird wie bereits beschrieben durch dichte Zeilen geprägt, die orthogonal an den Haupterschließungen ausgerichtet sind.

Die **Eigenschaften des Blockes** können im frei finanzierten und im öffentlich finanzierten Bereich unterschieden werden. Die trapezförmige Form des Areales, die zusätzlich durch den öffentlichen Park begrenzt wird, bestimmt die Zuschnitte der Baufelder. Diese wurden vorwiegend mit nicht komplett geschlossener Blockrandbebauung oder variierenden Baukörpern bebaut. Die zwölf **frei finanzierten Baufelder** im Westen und Süden des Quartieres variieren in ihrer Seitenlänge zwischen 27 und 100 Metern. Wo es die Form des Areales oder die innere Erschließung des Quartieres erfordert, sind die Baufelder polygonal zugeschnitten. Wenn möglich werden auch unregelmäßige Rechtecke ausgebildet. Sowohl die Polygone als auch die Rechtecke geben eine Blockrandbebauung vor, die nicht überall eingehalten wird. Vereinzelt werden auch Zeilen oder Solitäre in Ergänzung zu der geschlossenen Bebauung errichtet. Die Rechtecke weisen eine dichtere Bebauung auf, sind aber auch an vereinzelten Stellen geöffnet. Die Polygone weisen aufgrund ihrer Form eine weniger dichte Bebauung auf. Vereinzelt befinden sich im Blockinnenbereich auch Solitäre, die nicht über den öffentlichen Raum erreichbar sind. Der private Raum wird zum Teil auch durch Mauern und Zäune abgetrennt. Zum öffentlichen Park wird eine einheitliche Kante ohne Versprünge ausgebildet, die in ihrer Tiefe zwischen acht und zwölf Metern variiert. Der südöstliche Abschluss des Quartieres wird zum Park und zur Lagune hin durch einen aufwändigen Baukörper mit runder Fassade gebildet. Die 21 **öffentlich finanzierten Baufelder** können in Bezug auf die Eigenschaften des Blockes in den ersten Bauabschnitt von 1924–1928 und den zweiten Bauabschnitt von 1931–1939 unterteilt werden. Die im ersten Bauabschnitt bebauten rechteckigen Baufelder variieren in ihren Seitenlängen zwischen 20 und 38 Metern. Sie wurden nahezu komplett mit unregelmäßigen Baukörpern bebaut, die meist nicht genau den Kategorien Blockrand oder Zeile zugeordnet werden können. Die Bauten verfügen über Vor- und Rücksprünge und bilden so unterschiedliche Räume nach Außen und nach Innen aus. In geringerer Anzahl als im frei finanzierten Bereich wird der öffentliche Raum durch Mauern und Zäune begrenzt. Die Bauten des zweiten Bauabschnittes befinden sich auf den zwei südlichsten Baufeldern des öffentlich finanzierten Bereiches. Sie werden sowohl durch einen unregelmäßigen Baukörper, der einen Hof ausbildet, als auch durch voneinander getrennte Zeilen, deren Länge zwischen zwölf und 26 Metern variiert, gebildet. Die Tiefe der Bauten wechselt zwischen zehn und zwölf Metern. Sie weisen die am wenigsten dichte Bebauung des gesamten Quartieres auf.

Der **öffentliche Raum** wird durch die Baukörper, Mauern und Zäune begrenzt. Die öffentlich finanzierten Bauten sind meist komplett von öffentlichem Raum umgeben. Der frei finanzierte Bereich verfügt aufgrund der Größe der Baufelder über großzügigeren privaten Freiraum. Zwei *Campi* werden im Inneren des Quartieres an den Schnittpunkten zwischen den beiden unterschiedlich finanzierten Bereichen ausgebildet. Genau wie die Baufelder sind sie rechteckig und polygonal geformt. Sie sind mit einer intensiven Begrünung versehen, die fast die gesamte Platzfläche in Anspruch nehmen. Großzügiges öffentliches Grün befindet sich mit der Grünanlage im Südwesten und im Osten des Quartieres. (▶ABB. 87, 88)

Fassaden

Die möglichen Anknüpfungspunkte des Quartieres zu den **Fassaden der Umgebung** werden durch die einfache Gestaltung der dichten Wohnbauten um die Via Garibaldi gebildet. Zu der Gestaltung besteht aufgrund der isolierten Lage des Quartieres allerdings kein direkter Bezug.

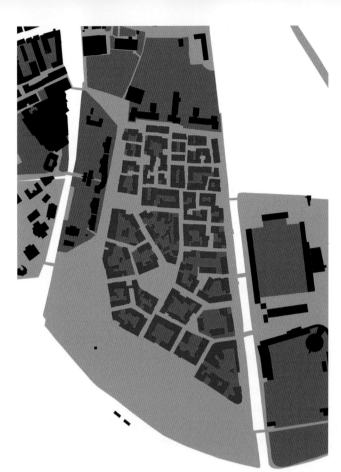

►87
Privater Raum Sant'Elena, Schema
2018; eigene Darstellung

Ein zentraler **Eingang in das Quartier** wird aufgrund seiner eigenständigen Lage und der fehlenden Anbindung nicht genau definiert. Es verfügt über mehrere Zugänge vom Lagunenpark aus, die gestalterisch nicht hervorgehoben sind. In der **Fassaden-gestaltung** des gesamten Quartieres kann grob zwischen dem frei finanzierten und öffentlich finanzierten Bereich unterschieden werden. Der **frei finanzierte Bereich** gliedert sich in die Baufelder im Süden und Westen direkt am Lagunenpark und die angrenzenden Baufelder in zweiter Reihe. Die Fassadengestaltung der an den Lagunenpark angrenzenden Baufelder ist besonders aufwändig. Sie wurden privat und mit Mitteln des IACP hergestellt. Die Erdgeschosszonen werden durch Arkaden, Rustizierung, unterschiedlichen Anstrich oder auch durch Konsolenfriese visuell von den oberen Geschossen getrennt. Vereinzelt ist das Erdgeschoss angehoben und Kellerfenster sind auf der Straßenebene zu erkennen. Die Fenster der zum Teil unregelmäßigen Lochfassaden sind als Bogenfenster, gotische Fenster oder rechteckige Fenster ausgeführt. Sie werden durch profilierten istrischen Marmor eingefasst und die Sohlbänke verfügen über detaillierte Konsolen. Teile der Fassaden werden durch zusätzliche Konsolen verziert. Vereinzelt sind die Fenster im ersten Geschoss dicht in der Mitte des Gebäudes angeordnet, womit Bezug zu der Kontorhausbebauung

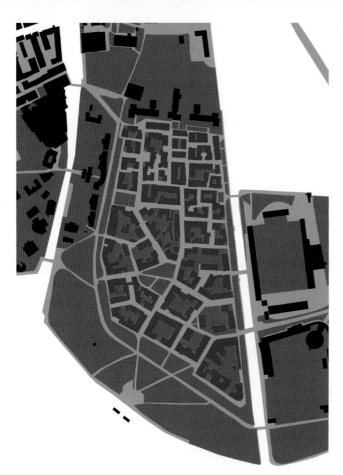

▸88
Grünflächen Sant'Elena, Schema
2018; eigene Darstellung

des Zentrums genommen wird. Die Höhe der Bauten variiert von zwei bis zu fünf Geschossen. Die Fassaden sind ziegelsichtig ausgeführt oder verputzt und in Pastelltönen gestrichen. Die Dächer liegen auf Holzbalken oder auf Konsolenfriesen aus Kunststein auf. Vereinzelt existieren *Altanen*. Der durch den IACP realisierte Abschnitt ist am ambitioniertesten in der Ausprägung des lokalen Bezuges. Die Asymmetrien in der Fassadenorganisation lassen die innere Organisation der Bauten nicht erkennen. Auch ist der Fassadenschmuck sehr abwechslungsreich und lässt nicht auf industrielle Fertigung schließen. Die dem Inneren des Quartieres zugewandten Gebäudeseiten der ersten Baufelder sind weniger aufwändig ausgeführt. Dennoch werden profilierte Fensterfassungen in Kunststein oder istrischem Marmor, Bögen mit Keilstein oder rechteckige Fenster ausgeprägt. Hier befinden sich vermehrt Mauern, welche die privaten Gärten begrenzen. (▸ABB. 89, 90) Die frei finanziert errichteten Bauten auf den Baufeldern in der zweiten Reihe wurden durch Genossenschaften errichtet. Die Bauten variieren zwischen zwei und vier Geschossen und entsprechen in ihrer Fassadengestaltung den Rückseiten der Bauten der ersten Reihe am Lagunenpark. Die Konsolenfriese unter dem Dach werden zum Teil nur zu den Straßenseiten ausgeführt und die Fassadengestaltung an den Rückseiten der Bauten ist extrem reduziert. Der

▶89
Bepflanzter *Campo* von Sant'Elena, Campo Marco Stringari, Foto 2017; J. Noeske

▶90
Frei finanzierter Bauabschnitt Sant'Elena mit Blick auf den Lagunenpark, Calle Generale Chinotto, Foto 2017; J. Noeske

**öffentlich finanzierte Bereich** befindet sich abgewandt vom Lagunenpark im Osten und Norden. An den Schnittpunkten zum frei finanzierten Bereich gibt es keine Unterschiede in der Fassadengestaltung der geförderten Wohnbauten. (▶ABB. 91) Im Osten und Norden des Quartieres überwiegt eine einfache Fassadengestaltung. Eine Akzentuierung der verputzten Fassaden erfolgt durch sichtbar ausgeführte Stürze und Sohlbänke ohne Verzierungen. Zum Teil sind die Erdgeschosse als Souterrain ausgeführt. Die durch den IACP realisierten Baufelder im nördlichen Abschluss des Quartieres weisen in ihrer Einfachheit die ambitionierteste Fassadengestaltung auf. Die Öffnungen der Lochfassaden der zwei- bis viergeschossigen Bauten sind durch einfach profilierte Fertigteile gerahmt. Die Fenster sind zum Teil als Bogenfenster ausgeführt und der Anstrich erfolgt in Pastelltönen. Einzig die geförderten Gebäude des zweiten Bauabschnittes im Zentrum des Quartieres verfügen über eine sehr reduzierte Gestaltung ohne aufwändige Verzierungen. (▶ABB. 92)

▶91  Übergang frei und öffentlich finanzierte Bebauung Sant'Elena, Calle Oslavia, Foto 2017; J. Noeske

## Zusammenfassung

Die Entstehung des Quartieres von Sant'Elena ist mit der industriellen Neuausrichtung Venedigs verknüpft. Zunächst noch als neoindustrieller Gegenpol zu Santa Marta geplant, wurde nach dem Schritt auf das Festland 1917 eine Wohnnutzung für das Areal immer wahrscheinlicher.[53] Der naturräumliche Bezug zu den Giardini wurde für die Entwicklung des neuen Quartieres durch den Rahmenplan der Kommune forciert. Das Quartier von Sant'Elena wurde auf unterschiedliche Weise finanziert und richtete sich an verschiedene Zielgruppen. Federführend für die Entstehung war jedoch der IACP, der die Durchführung des Rahmenplanes überwachte und auch selber mit eigenen Mitteln tätig wurde. Das ex-novo hergestellte **Areal** befindet sich im äußersten Südosten Venedigs zwischen der ehemaligen Klosterinsel Sant'Elena und den Giardini. Es handelt sich um die großflächigste Ergänzung der vordefinierten *forma urbis*, die ihren Ursprung bereits in der napoleonischen Herstellung der Giardini hat. Die **Erschließung** des Quartieres ist weitestgehend ohne Bezugspunkte in der bestehenden Stadt. Durch eine umlaufende Erschließung und ein polygonales Raster ist sie der Form des Areales angepasst. Die stationär genutzten Flächen des **Blockes** werden durch unterschiedliche, meist im Blockrand organisierte Baukörper gefüllt. Die Komplexität der Baukörper nimmt im Norden des Quartieres zu. Gleichzeitig reduzieren sich die privaten Freiräume, da die Bauart zunehmend unregelmäßig wird und die Baukörper komplett von öffentlichem Raum umgeben sind. Neben dem

▶92    Blick auf öffentlich finanzierte Bebauung Sant'Elena, Calle del Pasubio, Foto 2017; J. Noeske

öffentlichen Lagunenpark werden zwei *Campi* im Inneren des Quartieres ausgebildet. Durch ihre intensive Bepflanzung lassen sie aber keinen Bezug zu den *Campi* der bestehenden Stadt entstehen. Die **Fassaden** des Quartieres variieren in der Intensität ihrer Gestaltung zwischen dem öffentlichen und frei finanzierten Bereich. Die frei finanzierten Bauten orientieren sich in ihrer Gestaltung zwar an lokalen Vorbildern, lassen aber auch internationale bürgerliche Gestaltung nicht unbeachtet. Eine Ausnahme bildet der durch den IACP frei finanzierte Bereich, der in seiner *Urbanen Gestalt* besonders intensiv an lokale Vorbilder anknüpft und internationale bürgerliche Zitate missen lässt. Die öffentlich finanzierten Bauten orientieren sich ebenfalls an lokalen Vorbildern, sind in ihrer Ausführung jedoch weniger aufwändig.

Der Südosten Venedigs stellte mit der vorgelagerten Insel Sant'Elena einen idealen Standort für eine dringend benötigte Stadterweiterung dar.[54] Die übergeordnete Stadtform wird durch die *Sacca* von Sant'Elena sinnvoll ergänzt. Ein zentrales Element für das neue Quartier ist der öffentliche Lagunenpark. Gleichzeitig verbindet er in der Stadtansicht den neuen Stadtteil mit der bestehenden Stadt und versteckt die neue Bebauung. Im Inneren des Quartieres existieren keine Kanäle, dennoch besteht durch die Ausrichtung auf den Lagunenpark ein Bezug zum Wasser. In den restlichen Elementen der *Urbanen Gestalt* werden in unterschiedlicher Intensität lokale Traditionen aufgenommen. Die *Urbane Gestalt* des neuen Stadtteiles wurde trotz des Fehlens von Kanälen von Zeitgenossen als besonders venezianisch gelobt und hervorgehoben und stellt einen interessanten Ansatz der ortstypischen Stadterweiterung unter Berücksichtigung moderner Anforderungen dar.[55]

# Abschließende Betrachtung der Quartiere

# Kategorisierung

Die untersuchten Quartiere können anhand **quantitativer** und **qualitativer Kriterien** kategorisiert werden. Anhand der quantitativen Kriterien lassen sich die Quartiere in Bezug auf den hergestellten Wohnraum vergleichen. Die qualitativen Kriterien hingegen erlauben eine Kategorisierung anhand der Gestaltungsmerkmale.

Die **quantitativen Kriterien** setzen sich zusammen aus der Grundfläche des Areales (gesamt, bebaut, unbebaut), der hergestellten Kubatur, der Wohnungsanzahl und der Bewohnerzahl. Anhand der quantitativen Werte können auch Rückschlüsse auf die anvisierte Zielgruppe der Quartiere gezogen werden. Bei Betrachtung der Grundfläche des Areales der verschiedenen Quartiere fällt ein enormer Spielraum auf, der sich zwischen 2330 Quadratmetern (San Giacomo) und 82.283 Quadratmetern (Sant'Elena) bewegt. Die bebaute Fläche aller Quartiere liegt bei ca. 40 Prozent. Die auf diesen Flächen realisierte Kubatur variiert zwischen 21.583 Kubikmetern (San Giacomo) und 457.008 Kubikmetern (Sant'Elena). Gleiches gilt für die Bewohner-zahlen, die durchschnittlich mit fünf Bewohnern pro Wohneinheit angenommen wird (San Giacomo 300 und Sant'Elena 6500). Die Übertragung der Bewohnerzahlen auf die realisierte Kubatur gibt Aufschluss darüber, an welche Zielgruppen sich ein Quartier primär richtet. Einzig das Quartier von San Giacomo mit 72 Kubikmeter/Bewohner erscheint trotz der Ausrichtung auf Industriearbeiter so großzügig wie der durchschnittliche Wert des Quartieres von Sant'Elena, das sich aus gehobenen und einfachen geförderten Wohnbauten zusammensetzt. Hier liegt der Wert bei 70 Kubikmeter/Bewohner. Das Quartier San Giacomo war eine der ersten Initiativen des IACP nach dem Ersten Weltkrieg. Es kann als Wohnbau-Experiment gewertet werden, da der hier zur Verfügung stehende Wohnraum noch nicht optimiert wurde. Darauf folgt das Beamtenquartier von Sant'Alvise und das ebenfalls aus gefördertem und gehobenem Wohnstandard gemischte Quartier Madonna dell'Orto mit jeweils 64 Kubikmeter/Bewohner. Die reinen Arbeiterquartiere von Santa Marta und der Celestia verfügen über 58 Kubikmeter/Bewohner und 53 Kubikmeter/Bewohner. Abschließend verfügen die Quartiere von San Girolamo und Campo di Marte mit 51 Kubikmeter/Bewohner und 45 Kubikmeter/Bewohner über den geringsten Wert.

Auf den quantitativ hergestellten Wohnraum bezogen und unter Beachtung der anvisierten Zielgruppen lassen sich die Quartiere in drei Kategorien einordnen: Die Quartiere San Giacomo, Sant'Alvise, Celestia und Madonna dell'Orto bilden die kleinste Kategorie. Sie wurden als **Wohnraumergänzung** für bereits bestehende Quartiere auf Brachen oder Freiräumen errichtet. Die Quartiere San Girolamo und Campo di Marte sind aufgrund ihrer Größe schlechter integriert als die erste Katego-rie und befinden sich an besonders abgelegenen Standorten. Sie stellen die mittlere Kategorie dar und richten sich als **Minimalwohnquartiere** ausschließlich an die be-dürftige Bevölkerung Venedigs. Die Quartiere Santa Marta und Sant'Elena befinden sich ebenfalls an abgelegenen Standorten, verfügen aber aufgrund ihrer Größe über eigene städtische Infrastruktur (*Campi*, Ladenlokale, etc.). Dementsprechend sind sie nicht so stark wie die anderen beiden Kategorien auf eine Anbindung angewiesen. Sie bilden die dritte Kategorie der **Stadterweiterungen** und bieten sowohl geförderten als auch gehobenen und frei finanzierten Wohnraum. Bis auf die südwestlichen Teile des Quartieres von Santa Marta und das gesamte Quartier von Sant'Alvise wurden alle untersuchten Quartiere durch den IACP realisiert. Die Tätigkeit des IACP variiert hierbei von der Durchführung der Bauaktivität mit eigenen Ressourcen bis hin zur Rahmenplanung und vorgefertigten Ausführungsplanung zur Übernahme durch private Investoren.

Die **qualitativen Kriterien** setzen sich aus der Analyse des Bezuges zur *forma urbis* und der Analyse der formalen Bestandteile der *Urbanen Gestalt* zusammen. Hierdurch werden ebenfalls Rückschlüsse auf die anvisierte Zielgruppe sowie den jeweiligen Entstehungskontext ermöglicht. In Bezug auf die übergeordnete *forma urbis* können die Quartiere in drei unterschiedliche Kategorien aufgeteilt werden. Die Kategorie der **Addition** wird durch die Quartiere Santa Marta, San Girolamo und Sant'Elena gebildet. Sie sind hauptsächlich auf neu hergestelltem Baugrund, den sogenannten *Sacce*, errichtet worden und gliedern sich weitestgehend in die *forma urbis* der Stadt ein und ergänzen diese sinnvoll. Eine Ausnahme bildet das Quartier von Santa Marta. Zwar verfügt es mit der ehemaligen Mendigola über einen zuvor existierenden Kern, aber durch die großformatige, neoinsulare Industrie wird dieser Bezug wirkungslos. Die Industrie umfasst das komplette Quartier und erscheint als Fremdkörper in der *forma urbis* der Stadt. Die Quartiere der Kategorie der **Vervollständigung** Madonna dell'Orto, Sant'Alvise und Celestia sind auf bestehenden Brachen am nördlichen Rand der Stadt entstanden. Sie modifizieren die *forma urbis* nicht, tragen aber zu ihrer Vervollständigung bei, indem sie die Stadtansicht schließen. Die Kategorie der **Nachverdichtung** wird durch die Quartiere Campo di Marte und San Giacomo auf der Giudecca gebildet. Sie befinden sich im Inneren der Inseln und haben keinerlei Einfluss auf die übergeordnete *forma urbis*. Anhand der Eigenschaften der **Erschließung** lassen sich die Quartiere ebenfalls in drei Kategorien der räumlichen Organisation einteilen. Die Quartiere Campo di Marte, San Giacomo, Madonna dell'Orto und Sant'Alvise werden durch ein **orthogonales Raster** gegliedert. Die klare rechtwinkelige Organisation findet keine Vorbilder in Venedig und ist auf die effiziente Ausnutzung der zur Verfügung stehenden Grundfläche der Areale zurückzuführen. Die Quartiere Sant'Elena und San Girolamo werden durch ein **polygonales Netz** erschlossen, das sich an die unregelmäßige Form der ex-novo hergestellten *Sacce* anpasst. Außerdem orientiert sich dieses Erschließungssystem an lokalen Vorbildern. Die Erschließung der Quartiere Santa Marta und Celestia hingegen basiert auf der Organisation der Straßen des **Bestandes**, die in die Eigenschaften der Erschließung der Quartiere übernommen und ausgebaut wurden. Die Eigenschaften des **Blockes** bestimmen die Prägung des öffentlichen Raumes. Zwar basieren sie auf dem jeweiligen Erschließungssystem, eine Kategorisierung kann jedoch nicht analog zu der Organisation der Erschließung erfolgen. Die erste Kategorie wird durch die Quartiere Campo di Marte, Madonna dell'Orto und Sant'Alvise gebildet. Die **einfachen** Zeilen und offenen Hofhäuser verfügen über keine oder marginale Versprünge. Privater Raum existiert, wenn überhaupt, nur zu den Quartiersgrenzen. Zu der zweiten Kategorie können die Quartiere San Giacomo, Celestia und San Girolamo gezählt werden. Die **unregelmäßigen** Baukörper verfügen über zahlreiche Vor- und Rücksprünge und gliedern den öffentlichen Raum entsprechend. Privater Freiraum existiert hier ebenfalls kaum. Die dritte Kategorie wird durch die Quartiere Sant'Elena und Santa Marta gebildet. Die teilweise **komplexen** Baukörper verfügen über zahlreiche Vor- und Rücksprünge und verklären den Übergang zwischen privaten und öffentlichen Freiraum. Außer bei der frei finanzierten Blockrandbebauung von Sant'Elena erstrecken sich fast alle Bauten oder unterschiedlich kombinierte Baukörper über einen, durch die Erschließung vorgegebenen, Block und sind komplett von öffentlichem Raum umgeben. Die wenigen ausgebildeten öffentliche Plätze werden begrünt. Privater Raum existiert nur im Blockinnenbereich, in vereinzelten Innenhöfen und zu den Quartiersgrenzen. Die Kategorisierung anhand der Eigenschaften der **Fassaden** erlaubt die Bildung von zwei zusammenfassenden Gruppen. Die erste Kategorie wird durch die Quartiere mit geringem Gestaltungsaufwand gebildet. Hierzu sind Campo di Marte, San Girolamo, Sant'Alvise, Celestia und Madonna dell'Orto zu zählen. Die Fassadengestaltung ist zurückhaltend und beschränkt sich auf wenige **einfach** ausgeführte Details, die jedoch über lokalen Bezug verfügen. Die zweite Kategorie wird durch die Quartiere Sant'Elena, Santa Marta und San Giacomo gebildet. Alle Quartiere nehmen in ihrer **komplexen** Fassadengestaltung Bezug zu vergangener Gestaltung und verfügen auch über aufwändige Details. In beiden Gruppen werden jedoch die gleichen wiederkehrenden Fassadenelemente verwendet und die Gestaltungsintensität nimmt nach Innen ab oder fehlt sogar komplett. Lokal inspirierte Konsolenfriese und Schornsteine, profilierte Fassadenbänder, die Einfassung der Fenster und Türöffnungen in Kunststein sowie der Anstrich der Bauten in Pastelltönen stellen die grundlegenden Gestaltungselemente dar.

Bei Übertragung der qualitativen Kategorien auf die quantitativen lassen sich die folgenden Merkmale herausstellen: Die quantitativen **Ergänzungsquartiere** vervollständigen oder verdichten *die forma urbis*. Die Quartiere sind immer an gut angebundenen Standorten und die Erschließung ist überwiegend im orthogonalen Raster organisiert. Nur die Erschließung des Quartieres an der Celestia entwickelt sich aus dem Bestand. Die Eigenschaften des Blockes sind hauptsächlich einfach, vereinzelt aber auch unregelmäßig. Die Fassadengestaltung ist – außer in San Giacomo, das als Ausreißer gewertet werden kann – einfach, aber mit lokalem Bezug ausgeführt. Die quantitativen **Minimalquartiere** sind sowohl als Addition (San Girolamo) als auch als Verdichtung (Campo di Marte) der *forma urbis* zu bewerten. Die Erschließung ist sowohl in einem polygonalen Netz (San Girolamo) als auch in einem orthogonalen Raster (Campo di Marte) organisiert. Die Eigenschaften des Blockes sind als unregelmäßig (San Girolamo) und einfach (Campo di Marte) zu bewerten. Die Fassadengestaltung ist in beiden Quartieren einfach und verfügt über reduziertem lokalem Bezug. Die quantitativen **Stadterweiterungen** können beide als Addition zur *forma urbis*, wenn auch mit unterschiedlicher Ausprägung, gewertet werden. Die Erschließungssysteme entwickeln sich bei Santa Marta aus dem Bestand. Aufgrund mangelnder Anschlusspunkte wird Sant'Elena durch ein polygonales Netz erschlossen. Die Eigenschaften des Blockes sowie die Fassadengestaltung sind bei beiden Quartieren komplex. (▸ABB. 93, 94)

| # | von | bis | Quartier | Sestiere | Areal m² | bebaut m² | % | unbebaut m² | % | Gebäude Stk. | WHG. | Kubatur m³ | Personen | m³ pro Person |
|---|-----|-----|----------|----------|----------|-----------|---|-------------|---|--------------|------|------------|----------|---------------|
| 1 | 1922 | 1927 | Sant'Elena | Castello | 82.283 | 33.181 | 40 | 49.102 | 60 | 46 | 600 | 457.008 | 6.500 | 70 |
| 2 | 1922 | 1935 | Santa Marta | Dorsoduro | 33.226 | 13.253 | 40 | 19.973 | 60 | 26 | 590 | 174.595 | 3.025 | 58 |
| 3 | 1919 | 1931 | Campo di Marte | Giudecca | 15.060 | 7.254 | 48 | 7.806 | 52 | 14 | 335 | 75.527 | 1.684 | 45 |
| 4 | 1929 | 1930 | San Girolamo | Cannareggio | 11.000 | 4.116 | 37 | 6.884 | 63 | 27 | 224 | 57.624 | 1.120 | 51 |
| 5 | 1919 | 1921 | Madonna dell'Orto | Cannareggio | 8.471 | 3.138 | 37 | 5.333 | 63 | 10 | 132 | 41.626 | 650 | 64 |
| 6 | 1938 | 1939 | Celestia | Castello | 7.313 | 3.270 | 45 | 4.043 | 55 | 10 | 168 | 44.749 | 850 | 53 |
| 7 | 1929 | 1930 | San Alvise | Cannareggio | 5.980 | 2.351 | 39 | 3.629 | 61 | 7 | 95 | 30.452 | 475 | 64 |
| 8 | 1919 | 1921 | San Giacomo | Giudecca | 2.500 | 1.327 | 53 | 1.173 | 47 | 4 | 58 | 21.583 | 300 | 72 |

▶93  Quantitative Kriterien für Kategorisierung, Tabelle 2020; eigene Darstellung

| # | von | bis | Quartier | Sestiere | Quartierstyp quantitativ | forma urbis | Erschließung | Block | Fassade |
|---|-----|-----|----------|----------|--------------------------|-------------|--------------|-------|---------|
| 5 | 1919 | 1921 | Madonna dell'Orto | Cannareggio | Ergänzung | Vervollständigung | orthogonales Raster | einfach | einfach |
| 7 | 1929 | 1930 | San Alvise | Cannareggio | Ergänzung | Vervollständigung | orthogonales Raster | einfach | einfach |
| 6 | 1938 | 1939 | Celestia | Castello | Ergänzung | Vervollständigung | Bestand | unregelmäßig | einfach |
| 8 | 1919 | 1921 | San Giacomo | Giudecca | Ergänzung | Verdichtung | orthogonales Raster | unregelmäßig | komplex |
| 3 | 1919 | 1931 | Campo di Marte | Giudecca | Minimal | Verdichtung | orthogonales Raster | einfach | einfach |
| 4 | 1929 | 1930 | San Girolamo | Cannareggio | Minimal | Addition | polygonales Netz | unregelmäßig | einfach |
| 2 | 1922 | 1935 | Santa Marta | Dorsoduro | Stadterweiterung | Addition | Bestand | komplex | komplex |
| 1 | 1922 | 1927 | Sant'Elena | Castello | Stadterweiterung | Addition | polygonales Netz | komplex | komplex |

▶94  Qualitative Kriterien für Kategorisierung, Tabelle 2020; eigene Darstellung

# Lokaler Bezug

Die Besonderheiten der *Urbanen Gestalt* Venedigs wurden von dem venezianischen Literaten und Politiker Antonio Fradeletto mit den Begriffen Einzigartigkeit, Kontinuität und Langlebigkeit zusammengefasst.[1] Diese drei Begrifflichkeiten begründen sich zum einen durch die Verortung in der Lagune und somit durch den Bezug zum Wasser, zum anderen durch das Zusammenspiel der wiederholt verwendeten Gestaltungsmittel. Vor der so gebildeten räumlichen Einheit treten die Architekturen einzelner Gebäude in den Hintergrund.[2] Die *Urbane Gestalt* moderner Wohnbauten, die in unmittelbarem Bezug zu diesem venezianischen Kontext entstanden, sollten dementsprechend nicht nur auf moderne Anforderungen zurückzuführen sein, sondern auch in Bezug zur Gestaltungstradition des Ortes gesetzt werden.[3] Wie im einführenden Teil bereits beschrieben, ist die *forma urbis* das Ergebnis eines Jahrhunderte andauernden Gestaltungsprozesses, dessen formale Ausprägung sich bis heute erhalten

▶95
Zusammenspiel der Elemente der
traditionellen *Urbanen Gestalt*,
Fondamenta Corner Zaguri, Foto
2013; J. Fichte

hat und maßgeblich für die bauliche Entwicklung der Stadt war. Die Tatsache, dass
in Venedig die *forma urbis*, definiert durch den Barbariplan, auch während der Industrialisierung in ihren Grundzügen erhalten blieb, ist ein Alleinstellungsmerkmal der
Stadt. Die **Erschließung** der Stadt Venedig wird durch die Koexistenz der Wasserwege
und der Fußwege geprägt. Sie verlaufen meist parallel, zeitweise überschneiden oder
kontrastieren sie sich.[4] Sowohl die bestehenden Kanäle als auch die Fußwege sind in
unregelmäßigen, aber hierarchisierten Netzen organisiert. Die Breite der Fußwege
kann sehr gering sein und sie enden häufig in Sackgassen. Die stationär genutzten
Flächen der **Blöcke** Venedigs werden durch dichte Bebauung geprägt. Häufig sind die
einzelnen Blöcke nahezu komplett bebaut und bilden vereinzelt auch privaten Freiraum im Inneren aus. Hierbei kommen Zeilen, Hofhäuser sowie unregelmäßige und
komplexe Baukörper zur Anwendung, durch deren Kombination die charakteristische
Dichte erzeugt wird. Aufgrund des Platzmangels sind die Gebäudefronten zu den
jeweiligen Erschließungen meist dicht geschlossen. Die Trennung von öffentlichem
und privatem Freiraum erfolgt nur in seltenen Fällen durch Mauern oder Zäune. Die
Wahrnehmung des öffentlichen Raumes wird durch den Wechsel zwischen offen und
geschlossen (*Rio*-Lagune, *Calle-Campo*) bestimmt. Die **Fassaden** Venedigs sind als
Lochfassaden ausgeführt und die Kamine sind häufig in der Hauptfront sichtbar. Die
zahlreichen Öffnungen in den Fassaden lassen die Bauten weniger massiv wirken.[5]
Die vielfältigen Fassadenelemente sind vorwiegend aus istrischem Marmor hergestellt. Sie dienen der Rahmung von Öffnungen, für Fassadenbänder oder auch als
Traufabschluss. Die Bauten sind ziegelsichtig oder in Pastelltönen verputzt. Dekorative
Motive finden sich ausschließlich an den Hauptfassaden. Durch die Wiederholung der
architektonischen Elemente und Baumaterialien entsteht eine, durch Unterschiede
in Gebäudehöhen, Farben und stilistischen Vokabular variierende, visuelle Einheit
des urbanen Umfeldes.[6] (▶ABB. 95)

     Inwiefern die hier kurz beschriebene traditionelle *Urbane Gestalt* ein Bezugs-
punkt für die Gestaltung der neuen Quartiere war, soll durch den Vergleich anhand
der ermittelten Kategorien dargestellt werden. Die Herstellung der *Sacce* als Addition
an die bestehende Stadt scheint dem Ziel zu folgen, die *forma urbis* fortzuschreiben

ohne sie zu modifizieren. Dies trifft allerdings nur auf die *Sacce* zu, die mit Wohnbebauung versehen worden sind (Santa Marta, Sant'Elena, San Girolamo). Die industriellen Additionen können als Fremdkörper an der übergeordneten Form gewertet werden. Die Eigenschaften der Erschließungen der neuen Quartiere scheinen aufgrund der hauptsächlich angewandten orthogonalen Raster und der hohen Breite der Straßen auf hygienische Anforderungen[7] und durch das Fehlen von Sackgassen auch auf wirtschaftliche Bedürfnisse zurückzuführen zu sein (Campo di Marte, San Giacomo, Sant'Alvise, Madonna dell'Orto). Auch die polygonale Organisationsform der Erschließung (Sant'Elena, San Girolamo) findet trotz des explizit formulierten Lokalbezuges im Herstellungsprozess keine Vorbilder in Venedig. Die Erweiterung einer Bestandserschließung (Santa Marta, Celestia) hingegen schwächt den Konflikt zwischen zeitgenössischen Wohnstandards und lokalem Bezug ab. Die Straßenbezeichnungen stellen meist eine Kombination aus traditionellen venezianischen Ortsnamen in Verbindung mit Personen oder Ereignissen aus der jüngeren Geschichte der italienischen Nation dar. Dass keines der Wohnbauquartiere über neue Kanäle, als charakteristischstes Merkmal der traditionellen *Urbanen Gestalt* Venedigs, verfügt, ist zum einen auf den allgemeinen Erschließungswechsel vom Wasser zum Land und zum anderen auf die aufwändige Herstellungspraxis und die knappe Verfügbarkeit von Baugrund zurückzuführen. Bezug zum Wasser besteht höchstens als Sichtbezug zur Lagune oder wie im Falle des Quartieres an der Celestia durch einen zuvor

▶96    Venezianisch inspirierte Fassade des frei finanzierten Abschnittes des IACP, Genehmigungsplanung
1926; Archivio Comunale di Venezia, 1931–1935 X-8-4

bereits bestehenden Kanal. Anhand der Gestaltung der Erschließung der Quartiere
kann ein Wechsel in der Wahrnehmung des Wassers vom Erschließungsmedium hin
zu einem Hindernis auf dem Weg zu einer modernen Stadt nachvollzogen werden.
Das Quartier Madonna dell'Orto wird beispielweise durch einen großen Baukörper
abgeschirmt, um die Bewohner vor den Winden der Lagune zu schützen. Auch die
Verwendung des *Rio Terà* als typisch venezianisches räumliches Vorbild – der Bezug
wurde erstmals bei dem Quartier von Santa Marta hergestellt – steht für diesen Wahr-
nehmungswechsel.[8] Noch wenige Jahre zuvor standen die aufgefüllten Kanäle für die
Fremdherrschaft über Venedig durch Franzosen und Österreicher und wurden von
der venezianischen Bevölkerung abgelehnt.[9] Nun aber stellte die Herstellung eines
künstlichen *Rio Terà* eine Möglichkeit dar, modernen Wohnraum trotz der beschrän-
kenden Rahmenbedingungen mit lokalem Bezug herzustellen. Die Eigenschaften
des **Blockes** finden Vorbilder in der traditionellen *Urbanen Gestalt* Venedigs. Bei den
einfachen Zeilen und offenen Hofhäusern (Sant'Alvise, Madonna dell'Orto, Campo
di Marte, San Giacomo) wird durch die Organisation im Raster und die wiederholen-
de Verwendung immer gleicher Bautypen der lokale Bezug aber konterkariert. Die
unregelmäßigen und komplexen Baukörper (Sant'Elena, Santa Marta, Celestia, San
Girolamo) vermitteln durch ihre Kombination den Eindruck räumlicher Komplexität.

Im Unterschied zur traditionellen *Urbanen Gestalt* haben sich die Blöcke aber nicht über Jahrhunderte entwickelt, sondern sind durch eine zentrale Planung auf einem Grundstück entstanden. Eine Blockrandbebauung (Sant'Elena) hingegen bildet im dicht bebauten Venedig eher die Ausnahme und findet ihren Ursprung in internationalen Vorbildern. Durch die hohe Breite der Gassen ist der charakteristische Wechsel zwischen offen und geschlossen nicht erfahrbar. Auch die Bepflanzung der neu hergestellten *Campi* weist auf Einflüsse internationaler Gestaltung hin. Durch die Ausdehnung einzelner Bauten oder Kombinationen aus Baukörpern auf jeweils einen Block sind diese komplett von öffentlichem Raum umgeben. Dies ist direkt auf die dichte lokale Gestaltung zurückzuführen. Durch die hohe Breite der Gassen und dadurch, dass die Erschließungen der neuen Quartiere effiziente Netze ausbilden, wird dieser Bezug allerdings abgeschwächt. Ungeachtet der anvisierten Zielgruppe finden alle verwendeten Gestaltungsmittel der **Fassaden** ihre Vorbilder in der traditionellen *Urbanen Gestalt* Venedigs. Besonders intensiv zeigt sich die lokal geprägte Fassadengestaltung in den Quartieren Sant'Elena, Santa Marta und San Giacomo. Die lokal inspirierte Detaillierung der Schornsteine stellt ebenfalls eine venezianische Eigenheit dar, die sich in allen Quartieren wiederfindet.[10]

Während die *forma urbis* maßgeblich für die weitere Entwicklung von Wohnraum in der internen Peripherie zwischen den Weltkriegen war, bestehen in der *Urbanen Gestalt* **klare Unterschiede** in der Ausprägung des Lokalbezuges. Die Erschließungen reagieren nur bei der Erweiterung von Bestandserschließungen direkt auf den Ort. Die allgemein sehr hohen Breiten der Straßen, die teilweise orthogonale Organisation und nicht zuletzt das Fehlen von Kanälen tragen dazu bei, dass die für Venedig charakteristische labyrinthische Dichte nicht entsteht. Die Blöcke orientieren sich an der lokalen Gestaltung, werden aber durch ihre Einordnung in das jeweilige Erschließungssystem in einen neuen räumlichen Zusammenhang gesetzt. Die Komplexität der Baukörper ist immer auf ein Baufeld im Erschließungsnetz begrenzt und trägt somit durch die hohen Breiten der Straßen ebenfalls nicht zu einer räumlichen Vernetzung bei. In allen Fassaden besteht ungeachtet der unterschiedlichen Zielgruppen und der damit verbundenen Gestaltungsintensität lokaler Bezug. In Block und Fassade orientieren sich die frei finanzierten gehobenen Wohnbauten, über die venezianische traditionelle Gestaltung hinaus, zum Teil auch an internationalen bürgerlichen Vorbildern. Dies hat zur Folge, dass der Lokalbezug bei den öffentlich finanzierten Bauten trotz der weniger intensiven Gestaltung stärker ausgeprägt sein kann. Auffällig ist grade bei den frei finanzierten Wohnbauten in Sant'Elena die romantisierende Fassadengestaltung, die in ihrer Intensität weit über die venezianischen Wohnbauvorbilder hinaus geht. (▶ABB. 96) Der unterschiedlich stark ausgeprägte lokale Bezug in der *Urbanen Gestalt* führt dazu, dass sich die neuen Quartiere von der räumlichen Einheit Venedigs unterscheiden. Damit es nicht zu einer **Beeinträchtigung der traditionellen *Urbanen Gestalt*** durch die neu hergestellten Quartiere kam, wurden diese auf unterschiedliche Art und Weise aus dem städtischen Zusammenhang ausgeklammert. Die Quartiere Sant'Alvise und Madonna dell'Orto sind direkt an einen *Campo* und eine *Fondamenta* angebunden. Die Eingangsbauten beider Quartiere wurden aufwändig restauriert und unterscheiden sich nicht von den umgebenden Bauten. Das restliche Neubauquartier ist hinter den

▶97
Historisierende Fassade San Saba
in Rom (1907–1923), Viale Giotto,
Foto 2022; J.Fichte

Eingangsbauten versteckt und weniger aufwändig gestaltet. Das Quartier von San Girolamo wird durch eine neu hergestellte Frontseite mit aufwändiger Fassadengestaltung und *Fondamenta* verdeckt. Die Fassadengestaltung im restlichen Quartier ist sehr reduziert. Das Quartier an der Celestia wird ebenfalls durch einen aufwändigen Neubau am *Campo* verdeckt. Auf der Giudecca sind solche Maßnahmen dagegen nicht notwendig, da sich die Quartiere im Inneren der Inseln befinden. Santa Marta und Sant'Elena verfügen ebenfalls über Schauseiten am ehemaligen Kanal und zum Lagunenpark. Santa Marta ist umgeben von Industrie und somit von außen nicht einsehbar. Sant'Elena ist zwar sehr aufwändig gestaltet, aber in der Stadtansicht von der Lagune aus ebenfalls durch den Park verdeckt.

# Einordnung in den Fachdiskurs

Tätigkeit der italienischen autonomen Institute

Wie anfangs beschrieben, wurden basierend auf dem Luzzatti-Gesetz in ganz **Italien autonome Institute** gebildet, die das Ziel verfolgten, Wohnungsbau ohne Gewinnorientierung herzustellen. Die Tätigkeit der Institute weist Unterschiede und Parallelen auf. In **Rom** kann die Aktivität des autonomen Institutes (ICP) in zwei Phasen von 1910 bis 1930 und von 1930 bis 1940 gegliedert werden. Wurden in den 1930ern Satellitensiedlungen, die sogenannten *Borgate*, außerhalb der bereits besiedelten Gebiete auf ehemaligen landwirtschaftlichen Flächen errichtet, entstanden zuvor noch Bauten in Anschluss an die bestehende Stadt. Diese befanden sich an den Rändern meist noch innerhalb des Geltungsbereiches des Regulierungsplanes von 1908 oder knapp außerhalb. Einzig die Gartenstädte Aniene und Garbatella bilden

▶98
Rhythmisierte Fassade moderner
Formensprache Porta Genova
Mailand (1919–1925), Viale Coni
Zugna, Foto 2021; H. Gesang

hier eine Ausnahme.[11] Ein gutes Beispiel für die frühe Tätigkeit in Anschluss an die
*Urbane Gestalt* der bestehenden Stadt stellt das Quartier um die Kirche San Saba
dar. Das Quartier wurde an den Hängen des südlichen Aventin auf Resten der aure-
lianischen Stadtmauer in drei Realisierungsphasen errichtet. 1907 entstanden die
ersten, am Gartenstadtmodell orientierten, einfachen Einfamilienhäuser. Von 1907
bis 1913 wurden diese um größere Mehrfamilienhäuser ergänzt. Von 1921 bis 1923
schließlich wurde das Quartier nach Süden durch Mehrfamilienhäuser abgeschlossen.[12] Die *forma urbis* wird durch das Quartier ergänzt. Die Erschließung orientiert
sich am Bestand und gliedert das Quartier in die Zonen der unterschiedlichen Bauabschnitte. Die Unterteilung erfolgt orthogonal bei den ersten zwei Bauabschnitten
und polygonal bei dem letzten Bauabschnitt. Die Eigenschaften des Blockes werden
ebenfalls durch die unterschiedlichen Bauabschnitte bestimmt. In den ersten zwei
Bauabschnitten wurden hauptsächlich Einfamilienhäuser und Reihenhäuser errichtet. Im letzten Bauabschnitt hingegen wird das Quartier durch aufgelockerte
Blockrandbebauung und dichte Zeilen nach Süden abgeschlossen. Der öffentliche
Raum, geprägt durch das Erschließungssystem, wird durch die gemeinschaftlich
genutzten Blockinnenbereiche und Räume zwischen den Zeilen des dritten Bauabschnittes ergänzt. Privater Freiraum entsteht in den ersten Bauabschnitten um die
Einzelhäuser und Reihenhäuser. Die Fassaden des gesamten Quartieres werden durch

eine unterschiedliche Kombination von Ziegeln, Kunststein und Putz geprägt. Die Bauten verfügen über gemauerte Fassadenbänder, die an den Ecken zum Teil durch Kunststeinelemente unterbrochen werden. Die Fenster sind durch verschiedene aufwändig gemauerte Traufen und Sohlbänke in den Putzfassaden hervorgehoben. Die Türen werden vereinzelt als Portale in Kunststein ausgebildet. Auffällig ist, dass besonders bei den Bauten der letzten Bauphase der Einsatz der Ziegel und Kunststeine in den Fassaden variationsreiche Fassadenbilder erzeugt, die an die Ruinen des Stadtzentrums erinnern. (▶ABB. 97)

Die erste Phase (1903–1926) der Aktivität des autonomen Institutes von **Mailand** (IACP) war durch den Bau von Quartieren geprägt, die sich zunächst noch an den englischen und deutschen Gartenstädten orientierten. Gegen Ende der ersten Phase wurden auch Brachen und Freiflächen innerhalb und am Rande der bestehenden Stadtgrenzen bebaut. Hierfür wurde eine neue Typologie von sozialen Wohnbauten mit dekorativen Elementen und Innenhöfen entwickelt. Die zweite Phase (1926–1931) beginnt mit der Aufstellung des Regulierungsplanes von Mailand 1926. Wie auch in Rom wurden Wohnquartiere vermehrt außerhalb des Regulierungsplanes errichtet. Anders als in Rom richteten sich die Quartiere aber an unterschiedliche Zielgruppen, was sich auch in der Gestaltung widerspiegelte. Die dritte Phase stellt die vollkommen rationalistische Ausrichtung des Institutes dar (1931–1946). Quartiere wurden nun nach den rationalistischen Maximen der optimalen Ausnutzung des zu Verfügung stehenden Raumes unter Anwendung serieller und standardisierter Bauproduktion hergestellt.[13] Das Quartier Porta Genova wurde zwischen 1919 und 1925 errichtet und fällt in die späte erste Phase der Tätigkeit des Institutes. In unmittelbarer Nähe zu den Überresten der *Navigli*[14] an der Porta Genova, befindet sich das Quartier in Anbindung an die bestehende Stadt und ergänzt die *forma urbis*. Die Erschließung ist am Bestand ausgerichtet und teilt das Quartier im Inneren in orthogonale Baufelder auf. Die Eigenschaften des Blockes werden durch Zeilen bestimmt, die an den Quartiersgrenzen um die Ecke geführt werden und so eine Art Blockrandbebauung ausbilden. Die entstehenden Zwischenräume sind gemeinschaftlich genutzt, öffentlich aber nicht zugänglich. Die Fassaden der bis zu fünfgeschossigen Bauten werden durch unterschiedliche Putz- und Stuckelemente gegliedert. Fenster und Balkone sind durch massive Kunststeinelemente gerahmt. Die verwendete Formensprache variiert zwischen *Art Nouveau* und Moderne. Die äußeren Bauten des Quartieres weisen aufwändigeren Fassadenschmuck auf. (▶ABB. 98)

In Neapel kann die Tätigkeit des Institutes in zwei Phasen aufgeteilt werden. In der ersten Phase von 1910 bis 1925 konzentrierte sich das Institut auf geförderten Wohnungsbau und erstellte ca. 1150 Wohnungen. Die zweite Phase von 1926 bis 1949 wurde von einer Neuausrichtung auf die Herstellung von bürgerlichem Wohnen geprägt. Durch staatliche Zuschüsse des faschistischen Regimes und Geländeübertragungen inner- und außerhalb der Stadt konnte das Institut seine Produktivität auf die Herstellung von ca. 3000 Wohnungen (1926–1936) nahezu verdoppeln. Geförderter Wohnungsbau wurde zu dieser Zeit vermehrt von anderen staatlichen Stellen, wie zum Beispiel von der Cooperativa Ferroviaria durchgeführt.[15] Eine rationalistische Ausrichtung des Institutes gegen Ende der 30er Jahre, wie auch der vermehrte Bau von ländlichen Siedlungen blieb aus. Die Entwicklung von Wohnraum folgte

▶99
Superblock mit privaten Höfen
und kleinteiliger Fassaden-
gestaltung im Dulsbergquartier
Hamburg, Luftbild ca. 1929;
Staatsarchiv Hamburg

dem großen Sanierungsplan von 1885,[16] der 1910 ergänzt und schließlich 1939 durch
einen weiteren Plan ersetzt wurde. Anders als bei den anderen Beispielen wurden
die Fassadengestaltung beider Phasen von einer einheitlichen historistischen und
eklektischen Haltung geprägt. Die Gestaltung des Blockes und der Erschließung
hingegen folgte den üblichen, hygienisch motivierten Mustern.[17] Das Quartier (in
Neapel *Rione*) Vittorio Emanuele III wurde in drei Bauabschnitten (1910, 1918–1930,
1933) auf einem ehemaligen Industrieareal errichtet. Das Areal befindet sich östlich
des Hauptbahnhofes und der durch die große Sanierung Neapels entstandenen *Rioni*
Vasto und Arenaccia. Da die Kommune hier keine Entwicklungsvorgaben durch den
Regulierungsplan tätigte, entstand das gesamte Quartier in Eigenregie des Institutes.
Aufgrund der enormen Ausdehnung Neapels kann ein Bezug zu der *forma urbis* nur
noch indirekt über die Aufnahme von bestehenden Erschließungen erfolgen. Die Erschließung des Quartieres wird durch die bestehenden Straßen bestimmt und spannt
im Inneren des Quartieres ein nahezu orthogonales Raster auf. Die Bebauung wird
durch einfache vier- bis sechsgeschossige Zeilen gebildet. Die sechsgeschossigen
Zeilen an den öffentlichen Haupterschließungen werden über die Ecken geführt und
begrenzen den Straßenraum bündig. Das gesamte Quartier wird durch Zäune vom
öffentlichen Raum getrennt und das Innere ist seinen Bewohnern vorbehalten. Dies
wird durch die bühnenartige Platzgestaltung des gemeinschaftlichen Freiraumes
unterstrichen. Privater, nicht gemeinschaftlich genutzter Freiraum existiert nicht.
Die Eigenschaften der Fassaden zum öffentlichen Straßenraum können als komplex
bezeichnet werden. In der Erdgeschosszone verfügen sie über eine Rustizierung, in
der die Öffnungen hervorgehoben werden. Die oberen Geschosse sind verputzt und
werden durch Fassadenbänder, Eckmauerungen und aufwändige Stürze und Sohlbänke geschmückt. Die Fassadengestaltung im Inneren des Quartieres ist reduzierter,
aber immer noch aufwändig.

▶100
Superblock mit öffentlichen
Höfen am Karl-Marx-Hof in Wien,
Foto 1929; Wiener Staats- und
Landesarchiv, Archiv Gerlach

## Europäische Wohnbauquartiere

In ganz Europa stand die Anwendung der sich weltweit auswirkenden[18] konventionellen Theorien meist vor der Herausforderung spezifischer urbaner Gestaltung. Dementsprechend mussten die neuen Quartiere in Erweiterung der bestehenden Stadt einen Bezug zur traditionellen *Urbanen Gestalt* formulieren.[19]

Neben den Tendenzen des neuen Bauens existierten in **Deutschland** verschiedene Beispiele, die bestehende Städte ergänzten und fortführten. Die Tätigkeit von Fritz Schumacher (1889–1947) in Hamburg empfiehlt sich als angemessenes Vergleichsbeispiel. Schumacher war von 1909 bis 1933 Oberbaudirektor der Hansestadt und prägte deren Entwicklung maßgeblich. Er betrachtete die Großstadt entgegen funktionalistischer Tendenzen als Kulturleistung und die durch ihn entstandenen Quartiere zielten auf eine bruchlose Erweiterung Hamburgs ab. Das Dulsbergquartier in Hamburg-Barmbek steht exemplarisch für seine Tätigkeit und wurde von 1919 bis 1923 errichtet. Es fügt sich in seine Umgebung ein, auch wenn aufgrund der großflächigen Ausdehnung von Hamburg die ursprüngliche *forma urbis*, die durch die Binnenalster bestimmt wird, nicht mehr erfahrbar ist. Die Erschließung des Quartieres ist als gleichförmiges Netz organisiert und ist an den Bestandserschließungen ausgerichtet. Die Eigenschaften des Blockes werden durch Superblöcke bestimmt, die sich an den geschwungenen Straßen ausrichten und privaten Freiraum in ihrem Inneren herstellen. Die Fassaden der viergeschossigen Bauten sind backsteinsichtig ausgeführt und werden durch expressionistisch anmutende Backsteinverzierungen gegliedert.[20] (▶ABB. 99)

In **Österreich** können besonders die Gemeindebauwerke des Roten Wiens von 1923 bis 1934 als Vergleichsbeispiele herangezogen werden. Die sozialdemokratische Stadtspitze entschied sich bewusst gegen den Siedlungsbau außerhalb der Stadtgrenzen, zugunsten von gefördertem Wohnungsbau innerhalb der bestehenden Stadt. Das Wohnbauprogramm kombinierte die Ideen von Sitte in Bezug auf die Verbesserung des öffentlichen Raumes mit den Ideen Otto Wagners (1841–1918) in Bezug auf den Miethausblock als Grundbaustein der Stadt. Die Bauwerke gliederten sich in die bestehende Stadt ein und folgten dem Bebauungsplan von 1894. Dabei respektierten sie die bestehenden Straßenzüge und reicherten die Wohnblöcke mit einer Reihe von Gemeinschaftseinrichtungen und Läden an.[21] Die Uniformität der Fassaden und der Wohnhäuser ist auf die Ideale der demokratischen Gesellschaft zurückzuführen, die sich individuellen und kostenintensiven Fassadenschmuck verbat.[22] Die bekannteste und größte Schöpfung dieser Zeit war der von Karl Ehn (1884–1959) geplante Karl-Marx-Hof, der von 1927 bis 1930 errichtet wurde. In einem sich kontinuierlich entwickelnden System wurden 1400 Wohnungen für über 5000 Bewohner geschaffen. Am nördlichen Rand der Stadt, angrenzend an die Donau gelegen, ist der Bezug zur *forma urbis* aufgrund der großen Ausdehnung von Wien schwer nachzuweisen. Die Erschließung entwickelt sich jedoch aus dem Bestand. Durch zwei lange Straßen werden die Baufelder erschlossen, die sich nach Norden und Süden linsenartig verjüngen. Die Eigenschaften des Blocks stellen eine Besonderheit der Wiener Höfe dar. Das gesamte Areal ist nur durch zwei Superblöcke bebaut, deren riesige Höfe durch überbaute Eingänge öffentlich zugänglich sind. Die so entstandenen Plätze sind aufwändig bepflanzt und orientieren sich an den Vorbildern der englischen Squares. Die Eigenschaften der Fassaden können als reduziert bezeichnet werden. Die vier- bis sechsgeschossigen Blöcke verfügen kaum über Fassadenschmuck. Einzig durch die monumentalen Gebäudeformen und die Zugänge in die Gebäude und in die Innenhöfe werden die Fassaden gegliedert. (▸ABB. 100)

In den **Niederlanden** finden sich in Amsterdam die besten Vergleichsbeispiele für eine beständige Stadtentwicklung zwischen den Weltkriegen. Hendrik Petrus Berlage (1856–1934) prägte den Wohnbaudiskurs in den Niederlanden. Er forderte, dass Regelhaftigkeit und städtische Kohärenz an erste Stelle für die Stadterweiterungen treten. Gleichzeitig stellte er aber fest, dass für das Ideal der einheitlichen Großstadt, aus psychologischen und ästhetischen Gründen, eine gewisse Individualisierung der Form zugelassen werden müsse.[23] Die so entstandenen Bauten brachten eine ländliche Note in die innerstädtischen Erweiterungen, ohne das großstädtische Gefüge zu zerstören. Exemplarisch für die Entwicklung steht das Quartier an der Lodewijk Takstraat, das nach Plänen von Michel de Klerk (1884–1923) von 1918 bis 1923 errichtet wurde. Das neue Quartier passt sich der *forma urbis* der Stadt an, indem es die Ausrichtung der Erschließung aufnimmt. Die Ausrichtung auf das Amsterdamer Zentrum wird durch eine orthogonale Drehung der Baufelder ergänzt. Die Superblöcke ermöglichen eine Differenzierung der Bauten in Außen und Innen. Die Blockkompositionen sind in das Normalsystem der städtischen Straßen integriert und bilden zahlreiche öffentliche Plätze im Inneren des Quartieres aus. Die Fassadengestaltung variiert zwischen einer großflächigen, horizontalen Gliederung zu den Hauptstraßen der äußeren Bauten und einer kleinteiligeren, häuslich anmutenden Gestaltung im Quartiersinneren.[24] Das gesamte Quartier verfügt kaum über Fassadenschmuck. Eine Gliederung der Fassaden erfolgt über die Vor- und Rücksprünge, Materialwechsel und die Öffnungen.

In **Frankreich** erfolgten in Paris nach dem Ersten Weltkrieg die quantitativ größten und qualitativ anspruchsvollsten Stadterweiterungen, die als Vergleichsbeispiele herangezogen werden können. Nach Aufgabe des Festungsringes wurden ab

1919 zahlreiche Quartiere entworfen, die noch an die bestehende Stadt angebunden waren, aber mehr Raum zur Verfügung hatten als es bei innerstädtischen Brachen der Fall war. So konnten unterschiedliche Variationen von Blockrandbebauung realisiert werden, bei denen die Schaffung ästhetischer Vielfalt im Vordergrund stand.[25] Ein einprägsames Beispiel dieser Praxis stellen die Blöcke der Bastion 77 am Boulevard Brune dar, die von Louis Heckly (1893–1975) ab 1935 errichtet wurden. Als kontinuierliche Stadtfortsetzung der Innenstadt richteten sich die Wohnbauten an unterschiedliche Bevölkerungsschichten, ließen hierauf aber keine Rückschlüsse in ihrer Gestaltung zu. Das Quartier auf dem ehemaligen Festungsring ergänzt die *forma urbis* sinnvoll und nimmt hauptsächlich Bezug zu den Eigenschaften der Erschließung der Stadt. Die Haupterschließungen verlaufen parallel zu den ehemaligen Stadtmauern. Durch die Nebenerschließungen werden orthogonale, aber unregelmäßig große Baufelder aufgeteilt. Die Eigenschaften des Blockes werden durch Zeilen, offene Hofhäuser und offene Blockrandbebauungen bestimmt. An den Ecken sind die Baukörper abgeflacht. Der Raum zwischen den Baukörpern ist öffentlich nicht zugänglich und durch Zäune und Mauern abgetrennt. Die Eigenschaften der Fassaden werden durch einheitliche Materialität bestimmt, die sich in den Erdgeschosszonen unterscheiden können. Die bis zu sechsgeschossigen Baukörper werden horizontal durch schmucklose Fassadenbänder und Stürze gegliedert. Vertikal werden die Baukörper durch klare, an den Ecken abgeflachte Vorsprünge unterteilt.

Die Stadtentwicklung zwischen den Weltkriegen in **England** bietet ebenfalls Vergleichsbeispiele, die über die anti-großstädtischen Gartenstädte wie Letchworth hinausgehen. Besonders in London wurde die innerstädtische Entwicklung ebenfalls vorangetrieben. Die öffentliche Bautätigkeit des London City Council (LCC) war vor dem Ersten Weltkrieg durch den innerstädtischen Abriss alter niedriger Bauten und deren bis zu fünfgeschossiger Neuerrichtung mit anspruchsvollen Fassaden geprägt. Nach dem Ersten Weltkrieg wurde die Strategie in gesteigertem Maße fortgeführt.[26] Ein gutes Beispiel für diese Tätigkeit stellt das East Hill Estate in Wandsworth dar, das von G. Topham Forrest (1872–1945) von 1924 bis 1929 errichtet wurde. Es erstreckte sich über mehrere alte Blöcke und arrangierte sie in neuer Form. Dennoch wurden bei der Herstellung die Eigenschaften der bestehenden Stadt respektiert und versucht, sie durch neue städtische Eigenschaften zu ergänzen.[27] Das Quartier hat aufgrund seiner großen Entfernung zur Innenstadt von London keinen Bezug zur *forma urbis* der Hauptstadt. Die Erschließung orientiert sich aber an den Bestandserschließungen und gliedert das Quartier in lange, unregelmäßige Baufelder, deren Ausrichtung variiert. Die Eigenschaften des Blockes werden durch bis zu dreigeschossige, vornehmlich im Blockrand organisierte Einfamilienhäuser ohne Grenzabstand gebildet. Durch die Variation im Straßensystem werden zahlreiche Plätze und Höfe gebildet. Die Fassaden werden durch Backstein mit Ornamenten in vereinfachtem gregorianischem Stil geprägt.

Unmittelbar nach dem Ersten Weltkrieg war die **Tätigkeit der italienischen Institute** noch von einer Gestaltung geprägt, die sich neben den baulichen Anforderungen der unmittelbaren Bedürfnisbefriedigung auch mit der Ästhetik der *Urbanen Gestalt* auseinandersetzte. Oberstes Ziel aller italienischen Institute war es, modernen Wohnraum herzustellen, der nach Möglichkeit einen positiven oder sogar einen erzieherischen Effekt auf die jeweiligen Bewohner haben sollte. Wie auch in Venedig wurde zum Beispiel in Rom diese soziale Funktion mit der Ästhetik der Bauwerke in Verbindung gesetzt.[28] Die Quartiere entstanden in Ergänzung der *forma urbis*, sofern diese noch nachvollziehbar war, und verfügten über aufwändige Fassadengestaltung. In Neapel und Rom kann ein lokaler Bezug hergeleitet werden, den die Fassadengestaltung des Mailänder Beispiels vermissen lässt. Die Erschließung und der Block hingegen waren durch zeitgenössische Modelle sowie die versorgungstechnischen Anforderungen geprägt. Das Quartiersinnere ist immer durch Mauern und Zäune vom öffentlichen Straßenraum getrennt.

Auf **europäischer Ebene** zeigen die skizzierten Beispiele, dass die lokal geprägte Ästhetik der *Urbanen Gestalt,* neben der Herstellung von Wohnraum, bei der Entwicklung von neuen Quartieren durchaus ein wichtiges Kriterium war. Aufgrund der flächigen Ausdehnung der meisten Städte ist ein Bezug zu der ursprünglichen *forma urbis* schwierig nachzuvollziehen oder nicht möglich. Die Erschließungen aller Quartiere orientieren sich an den Bestandserschließungen, sind aber meist als polygonale Netze oder orthogonale Raster entwickelt, die darauf ausgelegt sind, die Blöcke zu erschließen. Die Eigenschaften des Blockes werden vornehmlich durch sehr große Blöcke geprägt. Die Superblöcke verfügen je nach Größe über öffentliche oder private Innenhöfe. Die Fassaden der Quartiere sind alle aufwändig gestaltet. Die stilistische Formensprache variiert hierbei von modern bis lokal-traditionalistisch.

Der **Vergleich** der in der internen Peripherie von Venedig zwischen den Weltkriegen errichteten Quartiere mit zeitgenössischen europäischen und spezifisch italienischen Entwicklungen zeigt, dass verschiedene Parallelen und Unterschiede bestehen. Sowohl die europäischen als auch die italienischen Vergleichsbeispiele weisen auf ein erhöhtes Bedürfnis nach der Herstellung von Wohnraum mit ästhetischer urbaner Gestaltung hin. Nach Möglichkeit sollte dieser auch in Anbindung an die bestehende Stadt entstehen und ansprechende öffentliche Räume ausbilden. Auffällig ist, dass keines der Beispiele im Kontext einer vergleichsweise klaren *forma urbis* entstand. Auch wenn die Quartiere die *forma urbis* der jeweiligen Stadt additiv ergänzen, sind diese Additionen jedoch aufgrund des unbegrenzt zur Verfügung stehenden Baugrundes bald durch erneute Bauaktivität verwischt. Die in der Lagune isolierte, markante Fischform stellt ein Alleinstellungsmerkmal Venedigs dar. Diese spezielle *forma urbis* sinnvoll zu erweitern war eine große Herausforderung, ist jedoch, bis auf die industriellen Erweiterungen des 19. und 20. Jahrhundert, weitestgehend gelungen. Die **Erschließungen** folgen in allen Quartieren vornehmlich Mustern, die infrastrukturellen und versorgungstechnischen Ursachen geschuldet sind. Die Netze und Raster sind an den Bestandserschließungen als Richtungsgeber ausgerichtet. Eine venezianische Besonderheit begründet sich erneut durch seine isolierte Lage in der Lagune. Durch das Fehlen von Automobilverkehr richten sich die Erschließungen der Quartiere ausschließlich an Fußgänger. Wie bereits erwähnt ist der Verzicht auf die Herstellung von neuen Kanalsystemen auffällig. Dies ist zweifellos auf die hohen Herstellungskosten und den Verlust der ohnehin nur begrenzt zur Verfügung stehenden Baufläche zurückzuführen. Auch die Applikation des *Rio Terà* als Gestaltungselement konnte nicht über die Unvereinbarkeit der neuen Wohnstandards mit der traditionell dichten *Urbanen Gestalt* hinwegtäuschen. Bei Betrachtung der stationär genutzten Flächen des **Blockes** fällt auf, dass die europäischen Beispiele über wesentlich größere Maßstäbe verfügen. Die sogenannten Superblöcke mit öffentlich zugänglichen oder privaten Innenhöfen finden sich nicht in der Tätigkeit der italienischen Wohnbauinstitute wieder. Einzig das französische Beispiel erinnert in seiner Kleinteiligkeit und beschränkten öffentlichen Zugänglichkeit an die italienische Vorgehensweise, die durch die Kombination und Variation von Zeilen, offenen Hofhäusern und geöffneten Blöcken gekennzeichnet ist. Die Wohnbautätigkeit in der internen Peripherie von Venedig unterscheidet sich von den europäischen und anderen italienischen Beispielen. Zwar kommen ebenfalls Zeilen und offene Hofhäuser zur Anwendung, diese werden aber durch unregelmäßige und komplexe Baukörper ergänzt. Alle Bauten werden meist komplett von öffentlichem Raum umgeben. Privater Freiraum existiert nur vereinzelt bei der Blockrandbebauung und eng aneinander stehenden Zeilen. Wie bereits beschrieben ist der lokale Bezug bei dieser Vorgehensweise unverkennbar, wenngleich er durch die hohen Breiten der Straßen abgeschwächt wird. Die Eigenschaften der **Fassaden** sind in allen Vergleichsbeispielen das Ergebnis einer bewussten ästhetischen Gestaltung. Während bei den europäischen Beispielen das Fassadendekor reduziert ist und die Fassaden vermehrt durch Gliederung und Rhythmisierung in moderner Formensprache geprägt werden, findet sich besonders in Italien ein starker, zum Teil historisierender, lokaler Bezug. Venedig fällt hier besonders auf, da sich sogar einfachste Minimalwohnbauten in ihrer Reduzierung an ortstypischer Gestaltung der Vergangenheit orientieren. Besonders die mit den Mitteln des IACP hergestellten Quartiere sind teils historisierend auf die traditionelle *Urbane Gestalt* Venedigs ausgerichtet. Dieser Bezug wurde auch mit der zunehmenden Rationalisierung der Bautätigkeit erhalten, jedoch rationalistisch interpretiert. (▶ABB. 101)

Die Gestaltung der in der internen Peripherie von Venedig zwischen den Weltkriegen errichteten Quartiere kann als auffallend sensibel gegenüber der traditionellen *Urbanen Gestalt* Venedigs bezeichnet werden. Dennoch ließ sich aufgrund der modernen Wohnstandards und der damit verbundenen Gesetzgebung die traditionelle *Urbane Gestalt* nicht einfach kopieren. Für eine erfolgreiche Erweiterung nicht nur des Wohnraumes, sondern auch des international gültigen Bildes von Venedig, mussten sich die neuen Quartiere entsprechend positionieren. Traditionelle Merkmale wurden in der Fassadengestaltung und teilweise auch in den Eigenschaften des Blockes angewandt. Trotz der Bemühungen, einen lokalen Bezug herzustellen, wurde sich städtebaulich hauptsächlich an den versorgungstechnischen, sozialen, demographischen und ökonomischen Bedürfnissen orientiert, denen sich andere zeitgenössische Wohnbauquartiere ebenfalls gegenübersahen. Dies führte unter anderem dazu, dass sich die Quartiere ausschließlich an peripheren Standorten befinden und auf unterschiedliche Art und Weise aus dem stadträumlichen Zusammenhang ausgeklammert sind.

# Fazit

Die zu Anfang beschriebenen besonderen Rahmenbedingungen Venedigs führten zu einer **einzigartigen *Urbanen Gestalt***, welche die bauliche Weiterentwicklung der Stadt erschwerte und sich auch auf die Gestaltung der neuen Quartiere auswirkte.[29] Die starke lokale Prägung, in Venedig mit dem Sammelbegriff *Venezianità* bezeichnet, wird allgemein auch mit dem Terminus *genius loci* beschrieben. Dieser *genius loci*, also der Geist des Ortes, wird durch zahlreiche Rahmenbedingungen geprägt und findet in der Architektur und im Städtebau seinen **spezifischen Ausdruck**. Der *genius loci* trägt zu der Bildung von Gemeinschaften bei, da sich an seinem Ausdruck Individuen identifizieren und an ihm orientieren.[30] Im Rückschluss bedeutet dies auch ein Interesse an der Erhaltung der jeweiligen spezifischen *Urbanen Gestalt*, was im Falle von Venedig aufgrund des ausgeprägten *genius loci* zu einer stärkeren Identifizierung der Bewohner mit ihrem Wohnort führen kann. Beispielsweise wurden die noch heute sichtbaren, industriellen Additionen des 19. Jahrhundert von zeitgenössischen Venezianern als Sakrileg empfunden, weil sie den *genius loci* ihrer Stadt in Gefahr sahen. Die **Wahrnehmung eines Ortes** erfolgt auch durch seine Besucher. Diese erwarten bestimmte physische Qualitäten, die sie dann vor Ort bestätigt wissen wollen. Umgekehrt lösen diese spezifischen physischen Qualitäten mit hoher Wahrscheinlichkeit ein bestimmtes Bild in ihren Betrachtern aus.[31] Dieser Prozess wird als die Bildhaftigkeit einer Stadt bezeichnet. Für die Weiterentwicklung des Bildes sind leere Flecken notwendig, die Raum für Neuerungen lassen.[32] Venedig verfügt aufgrund der einzigartigen Merkmale seiner *Urbanen Gestalt* zwar über eine hohe Bildhaftigkeit, lässt aus diesem Grund aber auch keine Modifikationen durch Modernisierungen dieses Bildes zu. Diese hohe Bildhaftigkeit führt zu einer **Entkoppelung** der realen *Urbanen Gestalt* von ihrem internationalen romantisierenden und mythischen Bild.[33] So wird die bereits erwähnte Industrialisierung der Lagune im 19. Jahrhundert weitestgehend ausgeblendet und es scheint, als wäre die Geschichte Venedigs mit dem Ende der Serenissima abgeschlossen.[34] Bei der Herstellung der neuen Quartiere musste auf die zeitgenössischen Bedürfnisse und Anforderungen des realen Venedigs reagiert werden und gleichzeitig die Beeinträchtigung des konsolidierten Bildes von Venedig vermieden werden. Die Entwicklung der Stadt wurde somit maßgeblich sowohl durch die spezifische *Urbane Gestalt* als auch durch die touristisch geprägte Wahrnehmung bestimmt. Der *forma urbis* kommt hierbei eine besondere Rolle zu. Sie bildet den Rahmen für die Wohnbauentwicklung der Stadt in der Lagune und ist nur abstrakt wahrnehmbar. Ob nun der Erhalt des internationalen, touristischen Bildes der Stadt oder das Bestreben der Venezianer, die Einzigartigkeit ihrer Stadt zu

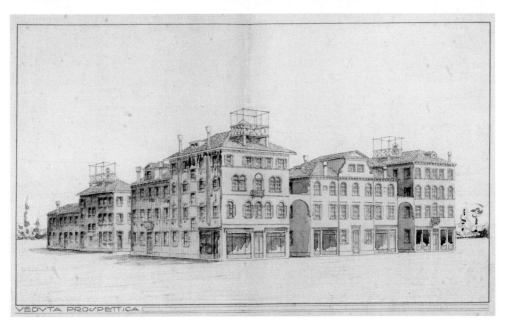

►101  Lokale Gestaltung von Sant'Elena, Entwurfsperspektive 1924; IACP, Archivio Comunale di Venezia, 1924–1930 IX-2-2

schlaggebend waren: An der *Urbanen Gestalt* der Wohnbauquartiere lässt sich der Wille erkennen, eine lokale bauliche Identität in die Gegenwart zu transportieren oder das überlieferte Bild der Stadt wenigstens nicht zu beeinträchtigen. Hieran zeigt sich jedoch auch die starke Strahlkraft des Bildes der Stadt, das keine rein zeitgenössischen Modifikationen der *Urbanen Gestalt* erlaubt.

Vor dem Hintergrund heutiger Stadtentwicklung in den Ballungszentren[35] kann diese Vorgehensweise in Teilen aufschlussreich sein. Durch Nachverdichtung und Stadterweiterung stellt sich noch immer die Frage, wie sich neue Wohnbauquartiere unter Anwendung unterschiedlicher Gestaltungmittel sinnvoll in eine städtische Umgebung einfügen können.[36] Die Auseinandersetzung mit dem Ort ist für die bauliche Weiterentwicklung einer Stadt essentiell. Die Tendenz, die aus der traditionellen *Urbanen Gestalt* entwickelten Bauten aus dem stadträumlichen Zusammenhang auszuklammern ist im Falle Venedigs nachvollziehbar, sollte jedoch kein Vorbild für zeitgenössische Entwicklungen sein. Eine kontinuierliche Stadtentwicklung muss auch Platz für die Aktualisierung der *Urbanen Gestalt* als Spiegelbild einer sich entwickelnden Gesellschaft bieten.

# Glossar

| | |
|---|---|
| *Altane* | Hochbalkone auf Dächern |
| Areal | für Errichtung des Quartieres zur Verfügung stehende Fläche |
| Arsenale | in sich abgeschlossene Schiffswerft der Serenissima |
| *Architettura Minore* | häufig Wohnzwecken dienende Alltagsarchitektur |
| Baufelder | Unterteilung eines Areales nach Finanzierung oder Entstehungsdatum |
| Biennale | alle zwei Jahre in den Giardini stattfindende internationale Kunstaustellung |
| Block | Element der *Urbanen Gestalt*, statisch genutzte Flächen aufgeteilt durch Erschließung |
| Blockrandbebauung | um einen Hof angeordnete geschlossene Bebauung, meist von Straßen umgeben |
| Bogen | gekrümmte Linie, variable Form eines Tragwerkes |
| Breda | größte Metallverarbeitungsfirma Italiens zu Beginn des 20. Jahrhunderts |
| Ca'Foscari | 1868 gegründete Universität von Venedig |
| *Calle* | von Häusern umgebene schmale Gasse |
| Cannaregio | *Sestiere* im Norden Venedigs, Verbindung zum Festland |
| *Campo* | Plätze im Inneren der Stadt, meist Quartierszentrum |
| Campo di Marte | Untersuchungsbeispiel auf der Giudecca |
| *Campiello* | kleiner Platz, meist in Umgebung eines *Campo* |
| *Canal* | Kanal, ehemalig primäres Erschließungselement der Stadt |
| Canal Grande | traditionelle Hauptverkehrsader Venedigs |
| Case civile | privat finanzierte Wohnbauten |
| Case economiche | öffentlich geförderter Wohnungsbau für ein mittleres Segment |
| Case minime | existenzsichernde Wohnbauten für Obdachlose |
| Case popolari | öffentlich geförderter Wohnbau |
| Case ultra popolari | sozialer Wohnbau |
| Castello | *Sestiere* im Osten Venedigs, Standort des Arsenale |
| Celestia | Untersuchungsbeispiel in Castello |
| Commissione | Commissione per le Case Sane Economiche e Popolari, kommunale Vorgängerorganisation des IACP |
| Cotonificio | 1883 erbaute Weberei am nordwestlichen Rand Venedigs, heute Standort der IUAV |
| Dorsoduro | *Sestiere* im Nordwesten Venedigs, Hauptstandort der insularen Industrie |
| Erschließung | Element der *Urbanen Gestalt*, Straßen und Wegesystem |
| Faschen | gemalte Umrandung von Fenstern und Portalwänden[1] |
| Fassaden | Element der *Urbanen Gestalt*, qualitative Fassung des öffentlichen Raumes |

| | |
|---|---|
| Fassadenbänder | horizontal oder vertikal durchlaufende gestalterische Markierung an Fassaden |
| *Fondamenta* | Fußweg parallel zu einem *Rio*, »Fundament« der angrenzenden Häuser |
| Fondamente Nova | lange Serie von *Fondamente,* die Cannaregio zur nördlichen Lagune abschließen |
| *forma urbis* | übergeordnete Form der Stadt, meist nur abstrakt oder aus der Luft erfahrbar |
| *genius loci* | Geist oder Eigenart eines Ortes |
| Giardini | unter napoleonischer Besetzung entstandene öffentliche Gärten im südöstlichen Castello |
| Giudecca | Inselgruppe südöstlich der venezianischen Hauptinseln, administrativ Teil von Dorsoduro |
| Ghetto Novo | Ghetto von Venedig |
| IACP | Istituto Autonomo Case Popolari, autonomes Institut für geförderten Wohnungsbau, Nachfolgeorganisation der Commissione |
| IUAV | Istituto Universitario Architettura Venezia, 1926 gegründete Architektur-Universität von Venedig |
| Konsole | aus Mauer hervorstehender Tragstein für Bogen, Gesimse, Figuren etc. [2] |
| Konsolenfries | eine Reihe von Konsolen, die zu einem Gesims oder Fries verbunden sind[3] |
| Kubatur | Rauminhalt in Kubikmeter |
| Kunststein | meist dekorativ eingesetzte Verbundwerkstoffe |
| Laibung | rechtwinklige Einschnittsfläche einer Tür oder eines Fensters in eine Mauer[4] |
| Längserschließung | Verkehrsweg längs der Ausrichtung eines Quartieres, einer Insel etc. |
| Lochfassade | Wand eines Hauses mit regelmäßigen Öffnungen |
| Madonna dell'Orto | Untersuchungsbeispiel in Cannaregio |
| Marittima | 1880 errichteter insularer Handelshafen im nordwestlichen Dorsoduro |
| Mendigola | ehemalige Fischerinsel im Nordwesten Venedigs |
| Novecento | konservative Architekturgruppierung in Italien seit den 1920er Jahren |
| *Pozzo* | Regenwasserzisterne meist in der Mitte eines *Campo* |
| Piazza San Marco | Hauptplatz Venedigs |
| Pilaster | Flacher Wandpfeiler mit Basis und Kapitel |
| Polygon | durch lineare unregelmäßige Verbindungen entstandene Fläche |
| Quererschließung | Verkehrsweg quer zur Ausrichtung eines Quartieres, einer Insel etc. |
| Rahmung | gestalterische Einfassung eines Bauteiles |
| *Ramo* | untergeordneter Fußweg, meist Sackgasse |

| | |
|---|---|
| Rialto | ehemaliges Handelszentrum Venedigs mit ältester Siedlungsstruktur Venedigs |
| *Rio* | kleiner Kanal flankiert von *Fondamenta* oder Häusern |
| Rio Novo | einziger neuangelegter Kanal Venedigs, der in den Zwischenkriegsjahren in Dorsoduro angelegt wurde |
| *Rio Terà* | zur Verbesserung der fußläufigen Erschließung zugeschütteter Kanal |
| *Riva* | am Wasser liegende Promenade |
| *Ruga* | von Gebäuden umschlossene *Calle* mit Geschäften |
| Rustizierung | gestalterische Imitation von grob behauenem Mauerwerk, meist in Erdgeschosszonen verwendet |
| *Sacca* | durch die Entsorgung von Müll und den Aushub von Kanälen entstandene Inseln |
| *Salizàda* | breite gepflasterte *Calle* |
| Sant'Alvise | Untersuchungsbeispiel in Cannaregio |
| San Giacomo | Untersuchungsbeispiel auf der Giudecca |
| San Girolamo | Untersuchungsbeispiel in Cannaregio |
| San Marco | *Sestiere* im Zentrum der Stadt |
| San Polo | *Sestiere* im Zentrum der Stadt |
| Santa Croce | *Sestiere* im Zentrum der Stadt |
| Santa Marta | Untersuchungsbeispiel in Dorsoduro |
| Sant'Elena | Untersuchungsbeispiel in Castello |
| *Scuola* | gemeinnütziger Zusammenschluss von Bürgern der Serenissima zu wohltätigen Zwecken |
| Serenissima | Serenissima Repubblica, kolonial agierende Handelsmacht im Mittelmeerraum, die bis 1797 existierte und durch einen Patrizier-Rat geführt wurde |
| *Sestiere* | Bezeichnung für die sechs administrativen Stadtviertel (Sechstel) |
| Sockel | Basis für Monumente, Statuen und auch Gebäude |
| Sohlbank | Waagerechte an der unteren Fensteröffnung, auf der die Gewände aufliegen[5] |
| Solitär | freistehendes Gebäude |
| *Sottoportego* | überbaute *Calle* |
| Strada Nova | von 1867 bis 1871 in den Bestand eingeschnittene Fußverbindung vom Bahnhof zu Rialto |
| offene Hofhäuser | Baukörper mit offenem Innenhof, meist in U-Form |
| *Urbane Gestalt* | Summe der physisch und visuell wahrnehmbaren Eigenschaften einer Stadt |
| Vaporetto | Nahverkehrsboote |
| *Venezianità* | bauliche und gesellschaftliche Eigenart Venedigs |
| Zeile | langer Baukörper, meist ohne Versprünge in der Fassade |

# Endnoten

URBANE GESTALT ZWISCHEN MODERNEN
ANFORDERUNGEN UND LOKALER
BAUTRADITION

1 »La forma di Venezia e quindi prodotto del tempo e del luogo, oltre che di volontà d'arte.« Siehe Romanelli 2005, 17
2 »Die Steine aus denen Venedig gebaut ist, bestimmen aufgrund der Schwere des kulturellen Erbes und der touristischen Attraktivität seine Zukunft.« Siehe Busetto 2000, 90
3 »Dall'età del ferro e del vapore si passa all'era dell'elettricità e del motore a scoppio.« Siehe Castronovo 1995, 108
4 »In der Gesellschaft wird die Vergangenheit als Vorbild für jegliche menschliche Verhaltensformen in der Gegenwart zunehmend irrelevant.« Siehe Hobsbawm 1983, 11
5 Vgl. Egli 1967, 348
6 Vgl. Sonne 2014, 12
7 Seit Jahrhunderten wurde die Wahrnehmung der besonderen *Urbanen Gestalt* von Besuchern der Stadt in Reiseberichten festgehalten. Die meisten Autoren beschränken sich in der Beschreibung der Besonderheit Venedigs aber auf ihre Eigenschaften als Lagunenstadt. Die Beobachtungen der Venedig Reisenden sind durchaus zutreffend, jedoch von dem Bestreben geprägt das Besondere einer andersartigen Stadt zu beschreiben. Die gewöhnlichen Aspekte wie einfache Wohnbauten werden hierbei bewusst außer Acht gelassen. Diese Wahrnehmung setzte sich mit der zunehmenden touristischen Erschließung der Lagunenstadt fort und steigerte sich sogar noch. Vgl. Calabi 1993, 9
8 »L'immagine di Venezia non è data una volta per sempre: continuamente si discioglie e si ricompone; a ogni istante si crea di nuovo entro nel nostro tempo.« Siehe Bettini 1960, 60
9 »(...) L'IACP di Venezia, che è stato il motore delle principali trasformazioni urbane ed urbanistiche a Venezia e nel suo territorio, esprime in tutta la sua compiutezza il dibattito, le politiche e le contraddizioni di quello che viene definito il problema di Venezia.« Siehe Barbiani 1983, 10
10 Vgl. Bortolotti und Carozzi 1983, 24
11 Vgl. Zucconi 2002, 11
12 »Perciò questa città preziosa, unica difficile nel suo singolarissimo rapporto con le acque e con la terraferma, in controtendenza perché naturalmente pedonale e senza automobili, è il simbolo massimo, a livello planetario, della misura umana della città antica.« Siehe Settis 2014, 151
13 »Die Gestalt der Stadt hat immer gesellschaftliche Bedeutung. Sie ist der Rahmen innerhalb dessen wir unser tägliches Leben organisieren und wir sind ihr gegenüber niemals neutral.« Siehe Kostof 1993, 8
14 »Die zwei großen Themen des venezianischen Problems sind die Erhaltung und Valorisierung einer außergewöhnlichen Vergangenheit und die Aktualisierung einer urbanen Struktur.« Siehe Bellavitis 1970, 69
15 »Nicht nur als der Staat endet, beginnt die Stadt ein poetisch relevantes Thema zu werden, sondern weil er endet.« Siehe Corbineau-Hoffmann 1993, 6
16 »Azzerata nella sua funzione di dominante, dopo la caduta della repubblica la città sembra ripiegarsi su sé stessa e ritrovare la ragione d'essere nella propria immagine riflessiva.« Siehe Zucconi 1993, 115
17 Vgl. Isnenghi 2002, 191
18 »Caratteristico è la continuità temporale dell'immagine di questa città la quale porta a una prevalenza, per così dire, dell'urbanistica sull'architettura.« Siehe Bettini 1960, 53
19 »Nel tessuto urbano di Venezia è indiscutibile il primato della continuità figurativa sull'autonomia di segno del singolo organismo edilizio e architettonico.« Siehe Concina 1989, 127
20 Vgl. Shapiro 1972, 198
21 Vgl. Zucconi 2000, 60
22 Der Bürgermeister Filippo Grimani versprach noch am Tag des Einsturzes die exakte Rekonstruktion (»Dov'era, come era.«) des Glockenturms. Für vertiefende Informationen zu dem lebendigen Ideenwettbewerb, dessen Ergebnisse keineswegs nur Rekonstruktionen vorsahen. Vgl. Romanelli 1985, 252–253
23 Vgl. Piacentini 1922, 67
24 »La città allora è realizzata, è compiuta, ha una personalità totalitaria e definita.« Siehe Biadenti 1934, 49
25 »La singolarità dell'aspetto di Venezia è data da una quantità di elementi che, altrove, o non si riscontrano affatto, o si trovano in forme diverse ed in diverse proporzioni.« Siehe Bertarelli 1920, 396–397
26 »L'inesprimibile mutevolezza dei suoi colori col variare della luce, il dedalo dei canali che plasmano la sua vita come il suo aspetto, ne fanno la città più originale, più poetica d'Italia. La sua vista è sorgente inesauribile di soprese e di soddisfazioni del turista intelligente.« Siehe Bertarelli 1920, 397
27 »Ci si dimentica che Venezia è città moderna, è un organismo vivente, che non assolve le stesse funzioni di Ercolaneo e Pompei, città inabitate e inabitabili, ma ha grande vitalità, necessità di rinnovarsi, di obbedire al movimento del progresso.« Siehe Biadenti 1934, 48
28 Vgl. Zucconi 2002, 14
29 Vgl. Ruskin 1853, 8
30 »L'isola del Lido possiede speciali caratteristiche.

Può essere paragonato ad una nave galleggiante.« Siehe Ceresole 2012, 3

31 Vgl. Mancuso, Building on Water 2014, 6–7

32 Vgl. Mathieu 2007, 36

33 Das letzte Großprojekt welches durch die Serenissima begonnen wurde waren die von 1740 bis 1790 in Stein errichteten Murazzi. Sie dienten dazu, die Landstreifen, welche die Lagune vom Meer trennen, (Lidi) zu befestigen, um so auch bei Flut und Sturm die Unversehrtheit der Stadt zu gewährleisten. Die in den Jahrhunderten zuvor verwendeten Uferbefestigungen aus Holz bedurften intensiver Pflege und mussten in regelmäßigen Abständen ausgetauscht werden. Um dem vorzubeugen und auch weil die regelmäßige Beschaffung großer Mengen Holz den Händlern der Serenissima zunehmend Probleme bereitete, entschied sich der Senat die Befestigungen in Stein auszuführen und das Problem somit nachhaltig zu lösen. Hierbei handelte es sich um eine klar konservatorische Maßnahme. Vgl. Concina 1989, 221

34 Vgl. Mathieu 2007, 242

35 Vgl. Radkau 2000, 142–148

36 Vgl. Mönig 2012, 56;132

37 Vgl. Goy 1989, 7

38 Vgl. Gardin 2000, 52

39 »The harsh physical environment contributed a very special quality to the visual surroundings in which the city's architecture evolved. (...) From the waters of the lagoon the outline of the city is blurred by ever changing reflections, and a strange luminosity is created by the huge expanses of sky stretching from one horizon to the other.« Siehe Howard 2002, 4

40 Vgl. Trincanato 1948, 35

41 Für vertiefende Informationen bezüglich des Bauens in Venedig siehe Mancuso, Building on Water 2014.

42 »(...) the defining architectural features derived from the lagoon community as a whole and were passed down from generation to generation through the experience of those who were actually called on to erect the buildings.« Siehe Mancuso, Building on Water 2014, 18

43 Vgl. Mancuso, Building on Water 2014, 18–19

44 Vgl. Concina 1998, 149

45 Die Liga von Cambrai war ein 1509 geschlossenes politisches Bündnis des Heiligen römischen Reiches, Spanien und Frankreich gegen Venedig, das das Ziel verfolgte den Einfluss der Serenissima auf der italienischen Halbinsel einzuschränken.

46 Vgl. Fröhlich 2010, 43

47 Vgl. Mathieu 2007, 195–200

48 Vgl. Rosand 2001, 119

49 Vgl. Concina 1998, 82

50 Vgl. Concina 1998, 173

51 Vgl. Calabi, La città e le sue periferie: le case, i ponti, le strade 2001, 472

52 Vgl. Ferraro 2012, 206

53 Die Karte der Brüder Combatti von 1847 stellt den Anschluss an das Festland anschaulich dar. Sie wurde mithilfe moderner Vermessungsmethoden hergestellt und stellt die Stadt zweidimensional im Stil eines Nolli-Planes dar. Einige wichtige Örtlichkeiten sind durch Beschriftungen hervorgehoben und es werden die schiffbaren Kanäle und die Niedrigwasserbereiche (Secche) dargestellt. Die Fischform des Barbariplanes ist trotz der Anwendung moderner Vermessungsmethoden erkennbar aber durch die Eisenbahnbrücke, den militärischen Exerzierplatz im Westen und die öffentlichen Gärten im Osten modifiziert. Die hohe Dichte und der Wechsel zwischen Gassen und offenen Plätzen ist gut erkennbar.

54 Vgl. Valsecchi 1979, 256

55 Vgl. Costantini 2004, 101

56 Vgl. Randeraad 2002, 222

57 Vgl. Camurri 2002, 239–241

58 »L'industria ha i suoi supremi diritti, si sa; ma un poca d'arte non avrebbe sciupato nulla in una città dove la gente corre dai più lontani paesi a bearsi non d'altro che di bellezza.« Siehe Boito 1883, 630

59 Vgl. Molmenti 1887, 7–9

60 Die 1869 veröffentlichte Karte Venedigs von Carlo Bianchi zeigt Venedig mit Eisenbahnbrücke, Brücken über den Canal Grande und Hafen. Die Bauten von öffentlichem Interesse sind farblich hervorgehoben und es wird zwischen öffentlichem Freiraum und privatem Grün unterschieden. Die kulturell und touristisch relevanten Bauten werden tabellarisch aufgezählt. Ein kurzer Text erläutert den Bau der großen Eisenbahnbrücke. Der Strand von Santa Marta, ist farblich hervorgehoben die geplante Umstrukturierung des Terrains ist bereits teilweise eingezeichnet. Sant'Elena wird durch die Darstellung eines fiktiven Projektes für das Areal und textliche Erläuterung hervorgehoben.

61 Für vertiefende Informationen zu der Gasbeleuchtung und den Gaswerken in Venedig siehe Berger 2019.

62 Vgl. Goy 1997, 297

63 Für vertiefende Informationen über die Aktivität des venezianischen Hafens von 1873 bis 1913 siehe Foscari 1917.

64 Für vertiefende Informationen bezüglich der Getreidemühle Stucky siehe Julier 1978.

65 Vgl. Zucconi 2000, 61

66 Vgl. Zanon, Insula un Futuro per Venezia 2000, 20–28

67 Vgl. Favilla 2002, 170

68 In der Lagune hielt das demographische Wachstum noch bis 1951 an. Siehe Zanon 2000, 29

69 »La città aveva bisogno di poter camminare.« Siehe G. O. Gallo 1933, 253

70 Vgl. Ernesti 2002, 63

71 Marghera hatte sich zu einem Hafen- und Industrie Knotenpunkt entwickelt. Von 1930 bis 1940 hatte sich die Anzahle der Beschäftigten von 6000

auf 16.000 erhöht. Siehe De Gaspari 2004, 9

72 Vgl. Reberschak 2002, 1258

73 »Tutte le lagune sparse sul globo hanno subìto la legge generale di trasformazione, che le fa passare succesivamente per tre fasi distinte, perfettamente definite: la fase marittima, la fase paludosa, la fase agricola. L'uomo soltanto, colle sue immense risorse, può arrstare quest'opera della natura.« Siehe Foscari 1917, 38

74 Vgl. Musu 2000, 87

75 Für vertiefende Informationen bezüglich der Entwicklung des Tourismus in Venedig siehe Zanini 2002. Vertiefende Informationen bezüglich der Entstehung des Tourismus in Europa siehe Brilli 1989, 94 und Boissevan 1996, 3.

76 »Non vi sono ragioni che giustificano la negazione dell'importanza storica ed artistica di mantener intatti i contorni sull'acque della città meravigliosa, e non vi sono impossibilità di risolvere diversamente il desiderato espansionismo, mentre molti guai vi sono da temere per il regio lagunare. (…)« Siehe D. Torres 1923, 335

77 »La creazione del nuovo porto industriale è, e deve essere (e deve rimanere) una tipica e gloriosa e fiorente impresa a vantaggio dei veneziani insulari.« Siehe Giurati 1935, 331

78 Vgl. Per la più grande Venezia 1927

79 Vgl. Hess 2009, 137

80 »Un ponte congiungerà le due Venezie o per dir meglio, le due sponde della più grande Venezia.« Siehe Fradeletto 1923

81 »Il margine, dove la città finisce, è essenziale perché ne sia riconoscibile la coesione e il senso; ma anche il limite rispetto allo spazio naturale, orizzonte di una radicale eguaglianza.« Siehe Settis 2014, 84

82 »E poiche è giusta l'idea di ingrandire Venezia senza indossarvi altre sacche (con le quali no si farebbe che allargare il vecchio sistema urbanistico veneziano non più rispondente alle necessità d'oggi) ma sviluppando e trasformando invece in veri centri moderni di abitazioni le isole più grandi e più vicine all'isola madre (Lido, Vignole, Murano) (…).« Siehe D. Torres 1934, 339

83 »La struttura urbanistica di Venezia, anche se non conseguente ad un predisposto piano, è in stretta correlazione con le esigenze del luogo, con il carattere di città marinara ed insulare, con il clima, con la sua attività mercantile ed artigiana, con i suoi mezzi di trasporto, con la signorilità, le abitudini, lo spirito dei suoi abitanti.« Siehe Marcello 1939, 3–4

84 »Venezia antica è un monumento solo, non soltanto monumento d'arte ma altresì monumento di storia e di carattere. Ricco e povero vicini e riuniti, riflesso delle grandi architetture che determina una edilizia minore tutta grazia e semplicità, case che si affollano attorno alle chiese e rappresentano il popolo nella fede, miriadi di canali che si insinuano nel gran sistema e puliscono e rinnovano di continuo il lavaggio, molti-

dudine di campi e campielli, e quasi nessuno prevale sull'altro, che costituiscono la distribuzione armonica dei punti di raccolta del popolo e degli spazi di respiro ai quali si aggiungono i molti e molti piccoli giardini. Ogni zona, ogni campo o campiello, ogni rio, ogni calle, rappresenta un ambiente di vita, di carattere di bellezza.« Siehe Un singolare regolamento ad una legge singolare di risanamento edilizio ed igenico e i gravi pericoli di una arbitraria interpretazione 1939, 114

85 Für vertiefende Informationen über die Tätigkeit Miozzis in Venedig siehe Kusch 2021.

86 Vgl. Zucconi 2003, 78

87 Vgl. Bellavitis und Romanelli 1985, 235

88 »Noi non dobbiamo creare una Venezia a nostro piacimento, Venezia è quella che è, e dobbiamo consegnarla ai nostri successori migliorata, ma non trasformata.« Siehe Marcello 1939, 3–4

89 »Il confronto tra mappe di città dell'età contemporanea registra in modo violento le variazioni ai margini dell'aggregato urbano.« Siehe De Seta 1996, 211

90 Vgl. Zane 2013

91 Vgl. Grimani 1908

92 Vgl. Somma 1981, 224

93 » (…) in una città come Venezia, dove l'addensamento dei fabbricati è massimo, dove le strade ridotte a vicoli strettissimi si presentano ad ogni passo, la deficienza di luce delle abitazioni costituisce una delle più frequente cause di inabilità, lo stesso per l'umidità.« Siehe Vivante 1910, 18

94 Vgl. Vivante 1910, 38

95 »Sono soprattutto le tristi condizioni delle abitazioni popolari che dalla nostra inchiesta sono risultate evidenti, di quelle abitazioni piccole, cioè, che vedemmo costituire la speciale caratteristica di alcune fra le nostre maggiori parrocchie.« Siehe Vivante 1910, 80

96 Vgl. Dina 1983, 157

97 Vgl. Potenza 1983, 69

98 Vgl. Miozzi 1939, 45

99 »(…) troppi pochi per servirne utilmente alla soluzione del problema e troppo per contrario utili al respiro della città stessa, a non voler parlare di carattere estetico da conservare.« Siehe Comune di Venezia 1911, 37

100 Für vertiefende Informationen bezüglich der Entwicklung des Lidos im frühen 20. Jahrhundert siehe Savorra 2002, Scarpari 2005 und Talenti 1921.

101 Vgl. Barbiani 1983, 24

102 »Così gli alloggi distribuiti in piccoli fabbricati isolati, dalle svariate forme e colori, contornati di verde inondati di luce, esercitarono in effetti quell'allettamento che vale ad indurre molti Veneziani a lasciare senza rimpianto la loro vecchia residenza urbana alla quale generalmente il nostro popolo più che altri si sente fortemente affezionato.« Siehe Donatelli 1928, 25

103 Vgl. Comune di Venezia 1911, 37

104 Vgl. Trevisan 1983, 5

105 »(...) a norma e per gli effetti della legge T.U. 27 Febbraio 9013 N.89 affine di provvedere alla deficenza di abitazioni a buon mercato ed igieniche ed anche a fitto minimo nel Comune di Venezia.« Siehe Statuto e Regolamento dello IACP 1915

106 Vgl. Somma 1983, 113

107 Vgl. Donatelli 1922a

108 Vgl. Note illustrative nel programma di nuove costruzioni dell'Istituto autonomo per le case popolari di Venezia 1920

109 Vgl. Sinopoli und Geron 1983, 146–148

110 Vgl. Woolf 2002a, 1314

111 Vgl. Barbiani 1983, 25

112 Vgl. Reberschak 2002, 1256

113 »L'edilizia popolare si pensava alle aree marginali. Quelle centrali infatti subivano un tipo di ristrutturazione assai differente – prevaleva un'edilizia di rappresentanza alberghiera commerciale, di residenzialità alto borghese.« Siehe Romanelli 1983, 39

114 »Many of these buildings (...) were built with standardized methods, liberally interpreted, so that, beginning with modular elements it was possible to create a wide variety of facades and ground plans.« Siehe Trincanato 1998, 3

115 »The domestic architecture is in fact, the true nucleus, the heart of the Problem of Venice.« Siehe Trincanato 1978

116 Vgl. Trincanato 1948

117 »L'influenza educativa dell'ambiente, il contributo che il decoro e la dignita dell'abitazione portano a sollievo e ritempra lo spirito del lavoratore sono notevolissimi.« Siehe Ferrini 1909, 1231

118 Vgl. Kies 1991, 11

119 »Il soggiorno gradevole, comode disposizioni, qualche agio anche non necessario predispongono o coltivano il senso di pulizia e di ordine, elevano lo spirito e coltivano l'educazione, migliorano l'individuo.« Siehe Donatelli 1928, 21

120 »L'educazione vuole la pulizia, l'ordine, l'amore per la casa. Il popolo si educa creandone piacevole l'ambiente dove vive e curandolo incessantemente.« Siehe D. Torres 1924, 213

121 »(...) la edilizia di oggi produce in maggioranza indegne copie dei superbi stili passati od espressioni di speculazione e si propone di cingere la città meravigliosa, ora cinta di smeraldo, con tali falsi testimoni.« Siehe D. Torres 1924, 212

122 »Aspetto caratteristico della città deriva spesso da cadenti muraglie rose dalla salsedine, invase da marcapiani, con pittoreschi riflessi sull'acqua e sarà guardingo nel manomettere visioni di raffinato interesse artistico.« Siehe Donatelli 1928, 27

123 »Ristrettezza delle calli sono in aperta antitesi colle più elementari norme dell'igiene.« Siehe Donatelli 1928, 24

124 »Concetto essenziale per la risoluzione del problema è quello di creare un'emigrazione delle classi popolari dai quartieri del centro verso la periferia (o verso i quartieri non centrali dove gli artigiani sono più prossimi alla località del lavoro).« Siehe Venezia Ufficio Tecnico 1939

125 »(...) ma è anche vero che la povertà dell'architettura a masse alte, malinconiche, scolorite (cubi accanto a cubi in monotona uniformità) ha turbato profondamente il sereno paesaggio veneziano dei secoli, abbassando penosamente il livello medio dell'edilizia della città.« Siehe Venezia Ufficio Tecnico 1939

126 Vgl. Concina 1998, 1

127 Vgl. Pietragnoli 2000, 43

128 Vgl. Zanon Dal Bo 1962, 20

129 Vgl. Mancuso 2009, 8

130 Vgl. Kostof 1992, 40

131 Vgl. Lynch 1960, 2

132 Vgl. Hain 2014, 443

133 Vgl. Hegemann und Peets 1922, 2

134 Vgl. Augé 2012, 67

135 »Die äußere Gestalt einer Stadt bleibt neutral, solange sie nicht mit ihren spezifischen kulturellen Intentionen in Verbindung gebracht wird.« Siehe Kostof, Das Gesicht der Stadt, Geschichte städtischer Vielfalt 1992, 11

136 Vgl. V. M. Lampugnani 2014, 396

137 Vgl. Hain 2014, 441

138 Vgl. Sonne 2014, 38–47

139 Vgl. Kostof, Die Anatomie der Stadt, Geschichte städtischer Strukturen 1993, 123

140 »Una seconda definizione dello spazio urbano è la definizione del suo limite, di un margine dove termina la città e comincia qualcos'altro. La città storica e per sua natura finita, che sia o no racchiusa entro una cerchia di mura.« Siehe Settis 2014, 84

141 Vgl. Kostof 1992, 38

142 Vgl. Augé 2012, 64

143 Vgl. Settis 2014, 85

144 Neue technische Bautypen wie Gasbehälter prägten nun auch das Bild der Städte. Vgl. Berger 2019

145 Vgl. Sonne 2014, 49

146 Marinetti forderte das Zuschütten aller Kanäle Venedigs und die Installation von Hochbahnen, damit Venedig wieder seine führende Rolle im Adriaraum einnehmen könne. Vgl. Marinetti 1910

147 Siehe hierzu das Futuristische Manifest in V. M. Lampugnani 1994.

148 Vgl. Lampugnani, Frey und Perotti 2011, 27

149 Vgl. V. M. Lampugnani 2010a, 196

150 Vgl. Enss und Monzo 2019, 269

151 Vgl. V. M. Lampugnani 2010b, 475

152 Die Übersetzung der Lehren Howards und Unwins erreichten Italien erst in den 1960er und 1970er Jahren. Zu Beginn des 20. Jahrhundert fand die Gartenstadtidee dennoch durch die Schriften von Antonio Schiavi Ausbreitung. Vgl. Zucconi 1989, 77

153 Vgl. V. M. Lampugnani 2010b, 209–213

154 Vgl. Bodenschatz 2009, 9

155 Vgl. Mattioli 2009a, 15

156 Vgl. Mattioli und Steinacher 2009, 10

157 Vgl. V. M. Lampugnani 2010b, 476

158 Vgl. V. M. Lampugnani 2010b, 481

159 Vgl. V. M. Lampugnani 2010b, 483

160 »Alla monotona geometria della città degli inge-
neri, l'esperto di estetica urbana oppone un'idea
di città essenzialmente basata su di una visione
pittorica: al trionfo della squadra e del compas-
so si contrappongono criteri compositivi basati
sulle proporzioni, la forma e il colore.« Siehe
Zucconi 1989, 111

161 Erstmals erschienen in Giovannoni, Vecchie città
ed edilizia nuova 1913

162 Vgl. Beese 2016, 58

163 Vgl. Enss und Monzo 2019, 263

164 »Il problema centrale è quello dei rapporti tra
l'edilizia vecchia e la nuova nelle sistemazioni
delle città. Le città vecchie e le città nuove sono
organismi che hanno tra loro essenzialissime
differenze, che rispondono al diverso ordine di
capacità, di esigenze varie; di ordinamenti e di
mezzi, in cui a lor volta si riflettono i corrispon-
denti periodi della civiltà umana.« Siehe Giovannoni 1931, 6

165 Vgl. Zucconi 1996, 66

166 Vgl. Giovannoni 1931, 145

167 Vgl. V. M. Lampugnani 2010b, 474

168 Der Studiengang Edilizia Cittadina, später Urbanistica wurde von Giovannoni in Rom an der
Scuola Superiore di Architettura 1919/1920 eingeführt.

169 Vgl. Beese 2016, 559

170 Vgl. Beese 2016, 564–565

171 Vgl. Beese 2016, 567

172 »L'Edilizia generale è arte complessa, è arte essenzialmente di sintesi, abbracciando essa molte
altre dottrine: l'estetica, la morale, la sociologia,
l'igiene, la sicurezza.« Siehe Piacentini 1922, 66

173 Vgl. Unwin 1929

174 Vgl. Beese 2016, 567

175 Vgl. Baffa 2005, 83

176 Vgl. Bonalberti 2005, 35

177 Vgl. Corradin 1903

178 Vgl. Zucconi 1989, 84

179 Vgl. Irace 2005, 34

180 Vgl. Di Sivo 1981, 49

181 Vgl. Il problema delle case e i premi di costruzioni
1923

182 Die Übertragung der Institute von der Kommune
auf die Provinz erfolgte durch ein Dekret vom
Minister für öffentliche Arbeiten am 08.07.1936.

183 Vgl. Pagano 1937, 3

184 »Non vi è uno stile operaio e uno borghese, c'è
soltanto la differenza tra tre e trenta stanze. Il
problema esiste ma soltanto come problema
sociale.« Siehe Costruzioni 1941, 18

SESTIERI

1 Vgl. Distefano 2016, 22–25

2 Siehe hierzu den offenen Brief Pompeo Molmen-
tis an den Bürgermeister Venedigs von 1887. Vgl.
Molmenti 1887.

3 Vgl. Distefano 2016, 26–29

4 »La Giudecca e San Giorgio sono come un sob-
borgo alla città.« Siehe Bertarelli 1920, 397

5 Vgl. Vianello 1966, 17

6 Vgl. Molmenti und Mantovani 1904, 11

7 Die Getreidemühle Stucky, ist das wohl bekannteste Gebäude, das den Wandel der Insel zum
kleinen Industriezentrum eindrücklich darstellt.
Bereits 1887 wurde der Komplex durch ein weiteres Gebäude zur Reinigung des Getreides erweitert. Aufgrund der hohen Nachfrage wurde das
Gebäude 1895 erneut erweitert, diesmal wurde
die Mühle von dem deutschen Professor Ernst
Wullekopf gestaltet. Wullekopf hatte Bekannt-
heit in Hamburg mit dem Bau zahlreicher Industriebauten erlangt und errichtete die Mühle
nach nordeuropäischen Vorbildern. Ein Gebäude dieser Dimensionen ganz aus Ziegeln, welches
durch seine Erscheinung an den Hamburger Hafen erinnert, stellte ein Novum in Venedig dar
und erfuhr dementsprechend auch Widerstand.
Die venezianische Denkmalbehörde kritisierte
den Bau als charakterfremd und störend für das
Panorama der Lagune. Heute stellt die Getreidemühle Stucky einen essentiellen Bestandteil der
Ansicht des Kanales der Giudecca dar.

8 Vgl. Molmenti und Mantovani 1904, 18

9 Für eine detaillierte Liste bezüglich der Industriebetriebe in Venedig um 1915 siehe Paladini 2000,
31.

10 Vgl. Randolfi 2000, 30–41

11 An der nordwestlichen Spitze der Giudecca wurde in den 50er Jahren mit der Sacca Fisola neues
Terrain für ein Wohnquartier aufgeschüttet.

12 Vgl. Luzzatto 1979, 275

13 Vgl. E. Zorzi 1931, 515

14 Vgl. Muratori 1960, 96

15 Vgl. Ettorelli 2002, 23

16 Vgl. Howard 2002, 272

17 Für vertiefende Informationen bezüglich des
Planungsprozesses siehe Ettorelli 2002.

18 Vgl. I lavori di miglioramento e ampliamento
della stazione marittima 1922

19 Vgl. Ettorelli 2002, 24

20 Vgl. Costantini 2004, 110

21 Vgl. Ettorelli 2002, 28–30

22 Vgl. Woolf, Introduzione 2002, 20

23 Vgl. Zucconi 2000, 61

24 »(...) oggi si può affermare, con orgoglio veneto, che il Cotonificio Veneziano è una industria
sana, fiorente ed attiva, ritornata strettamente
Veneziana con capitale veneto.« Siehe Cotonificio
Veneziano Venezia 1936

25 Vgl. Howard 2002, 281

26 Vgl. Concina 1998, 316

27 Vgl. Ettorelli 2002, 27

28 Vgl. Cristinelli 1987, 23

29 Vgl. Concina 1988, 266

30 Vgl. Hanisch 2014, 224

31 Nach einem letzten Hoch durch den Krieg von
Korfu (1714–1718) verringerte sich die militärische Produktion des Arsenale zunehmend. Vgl.

Concina 1989, 173–196) Mit der Zerstörung der noch funktionstüchtigen Werften durch die Franzosen, kurz vor der Übergabe der Stadt an die Österreicher 1797, wurde die Hoffnung der Venezianer auf eine neue maritime Hochphase, ausgehend vom Arsenale jedoch begraben. Vgl. Chirivi 1976, 22

32 Vgl. Romanelli 1977, 33

33 Die exakte kartographische Repräsentation Venedigs mit dem napoleonischen Kataster machte eine Überformung des urbanen Raumes möglich. Hierbei wurde großflächig Baugrund durch Abrisse freigelegt, und somit neue Aktivitäten in die Stadt eingeführt. Bei San Giorgio entstand eine neue Hafenanlage, die den wirtschaftlichen Aufschwung ermöglichen sollte. An politisch repräsentativen Orten wie San Marco erfolgten verschiedene Eingriffe. Die von Palladio geplante Kirche San Geminiano gegenüber des Markusdoms wurde abgerissen. Die alten Prokuratien wurden durch die neue *Ala Napoleonica* ersetzt. Der große mittelalterliche Kornspeicher am Ufer von San Marco als Zeichen der Handelsmacht vergangener Tage wurde abgerissen um Raum für die napoleonischen königlichen Gärten zu schaffen, die direkt von den neuen Prokuratien aus zugänglich sein sollten. Vgl. Concina 1998, 297

34 Vgl. Concina 1998, 291

35 Für vertiefende Informationen bezüglich der Planungen Selvas für die Giardini siehe Romanelli 1985a.

36 Vgl. Ferraro 2012, 204

WOHNRAUMERGÄNZUNG

1 Für vertiefende Informationen bezüglich der realisierten Bauvorhaben der Kommune von 1899 bis 1921 siehe R. Gallo 1925, 368 f.

2 »Le case presentano un aspetto di solidità e di proprietà che insieme alla comodità igieniche interne, contribuirà ad appagare le accresciute esigenze e ad istallare sempre più nell'animo della famiglia dell'operaio l'amore della propria dimora.« Siehe Donatelli 1922b, 6–8

3 Die Daten wurden aus dem öffentlich zugänglichen CAD Plan der Stadt zeichnerisch ermittelt (http://www.comune.venezia.it/; letzter Zugriff am 22.04.2018)

4 Vgl. Donatelli 1922b, 7

5 Vgl. Donatelli 1922b

6 Vgl. Donatelli 1922b

7 Für vertiefende Informationen bezüglich der realisierten Bauvorhaben der Kommune von 1899 bis 1921 siehe R. Gallo 1925, 368 f.

8 Vgl. Donatelli 1922b

9 Vgl. Donatelli 1924

10 Die Daten wurden aus dem öffentlich zugänglichen CAD Plan der Stadt zeichnerisch ermittelt (http://www.comune.venezia.it/; letzter Zugriff am 22.04.2018)

11 Vgl. Costruzione di case economiche dei post-elegrafici a Sant'Alvise, Promemoria al Podestà di Venezia 1929

12 Der Orden der Augustinerinnen wird im Italienischen als Canossiane bezeichnet.

13 Die Daten sind den Tabellen und Grundrissen des Schreibens der Bauabteilung der staatlichen Eisenbahn (Ferrovie dello Stato) an die Kommune vom 18.02.1929 entnommen. Siehe Costruzione di case economiche dei postelegrafici a Sant'Alvise, Promemoria al Podestà di Venezia 1929

14 Vgl. Costruzione di case economiche dei postelegrafici a Sant'Alvise, Promemoria al Podestà di Venezia 1929

15 Die Daten wurden aus dem öffentlich zugänglichen CAD Plan der Stadt zeichnerisch ermittelt (http://www.comune.venezia.it/; letzter Zugriff am 22.04.2018)

16 Die Anzahl der Personen bemisst sich aus durchschnittlich fünf Bewohnern pro Wohnung.

17 Brief des zuständigen Ministers an den IACP vom 08.10.1937. Siehe Progetto per la costruzione di case popolari in località sestiere di Castello dello IACP 1937

18 Brief des obersten Baubeamten an den IACP vom 10.01.1937. Siehe Miozzi 1937.

19 »(...) in altre parole al Commissione giustamente chiedeva non si ripetesse l'errore, da tutti deprecato, di quelle massicce e melanconiche costruzioni purtroppo erette in molti punti di Venezia prima dell'era fascista.« Siehe Forlati 1938

20 »Il suggerimento dato dalla Commissione Edilizia in merito edifici che l'Istituto Autonomo Fascista per le case Popolari sta costruendo alla Celestia no è stato accolto perché preminenti ragioni di ordine politico hanno richiesto di dare immediato corso alle costruzioni progettate.« Siehe Marcello 1938

21 Vgl. Marcello 1939

22 »Preso atto che a S. Marta, S. Girolamo, Madonna dell'Orto, S. Giuseppe sono stati costruiti dall'Ente Autonomo Case Popolari dei gruppi di fabbricati, che, con le loro caratteristiche di uniformità alterano sostanzialmente la paesistica locale con gravissimo danno di Venezia.« Siehe Commissione Edilizia 1939

23 »(...) che si cerchi vitare gruppi di edifici a tipo uniforma; Che si valorizzi, se possibile, anche la competenza tecnica ed artistica dei professionisti locali.« Siehe Commissione Edilizia 1939

24 Die Daten wurden aus dem öffentlich zugänglichen CAD Plan der Stadt zeichnerisch ermittelt (http://www.comune.venezia.it/; letzter Zugriff am 22.04.2018)

MINIMALWOHNEN

1 Für vertiefende Informationen bezüglich der realisierten Bauvorhaben der Kommune von 1899 bis 1921 siehe R. Gallo 1925, 368 f.

2 Vgl. Bertanza 1930

3 Vgl. Quaglia und Polli 1986, 126–130

4 Vgl. Donatelli 1922b, 4

5 Die Daten wurden aus dem öffentlich zugänglichen CAD Plan der Stadt zeichnerisch ermittelt (http://www.comune.venezia.it/; letzter Zugriff am 22.04.2018)

6 Das Kataster von 1877 wurde bis 1939 genutzt und spätere Änderungen wurden in die Originaldokumente eingetragen.

7 »Si è previsto pertanto di seguire per esse i tipi già adottati nel gruppo di S. Girolamo, con gli opportuni adattamenti. La posizione dell'appezzamento scelto e la ampiezza dell'area disponibile assicurano qui come negli altri gruppi ultrapopolari le migliori condizioni igieniche, opportuno correttivo a quelle deficienze alle quali la classe die futuri inquilini potrà presumibilmente dar luogo.« Siehe Bertanza 1930

8 Siehe hierzu die Erläuterung der Begrifflichkeiten Case Popolari, Case Ultrapopolari und Case Minime im Glossar.

9 In einer Stellungnahme der Kommune von 30. Juni 1923 werden die Kosten für die Urbarmachung und Erschließung der *Sacca* aufgeführt. Vgl. Permuta con la congregazione di carità di Venezia p. Sacca di S.Girolamo 1922

10 Die Kubatur wurde aus der bebauten Grundstücksfläche und einer durchschnittlichen Gebäudehöhe von 14 Meter ermittelt.

11 Die Anzahl der Bewohner bemisst sich aus der Anzahl der Wohnungen mit durchschnittlich 5 Personen.

12 Vgl. Come Venezia ha affronlato il problema degli sfrattati Januar 1929

13 »L'istituto intese a provvedere alla classe più disagiata per la quale qualunque provvedimento edilizio che sia superiore alle più strette esigenze dell'igiene rappresenta, attraverso il costo, per quanto mite, un aggravio inconciliabile colle limitazioni finanziarie.« Siehe Bertanza 1928

14 Die Daten wurden aus dem öffentlich zugänglichen CAD Plan der Stadt zeichnerisch ermittelt (http://www.comune.venezia.it/; letzter Zugriff am 22.04.2018)

STADTERWEITERUNGEN

1 »Lontana dal centro della città, isolata, dimenticata, la repubblichetta dei pescatori viveva poveramente sui margini della vita fortunosa e magnifica della metropoli.« Siehe E. Zorzi 1931, 517

2 Vgl. E. Zorzi 1931, 517

3 Vgl. Fusinato 1917, 2

4 Vgl. Boito 1883, 629–630

5 Vgl. Molmenti 1887, 11

6 »Da parecchi anni si toglie a Venezia la sua impronta originale, per farla eguale alle altre città.« Siehe Molmenti 1887, 9

7 »Santa Marta divenne un lurido suburbio di terraferma. Tutto divenne sozzo, miserabile, cadente.« Siehe Boito 1883, 519

8 Der Bau von Wohnungen durch die staatliche Eisenbahn für Ihre Angestellten wurde gesetzlich mit verschiedenen Erlassen und Gesetzen beginnend 1904 gefördert. Siehe hierzu Legge testo unico n. 89 del 2 febbraio 1908 in Di Sivo 1981, 24.

9 Vgl. Lettera al Comune del Compartimento di Venezia divisione dei lavori delle Ferrovie 1915

10 »La modernità ch'io invoco deve spazzar via queste turpi ed irriverenti mascherate. Venezia che ha tanta dovizia di antichi e preziosi monumenti, vere gemme autentiche, non deve come una cortigiana d'infimo rango tentar d'abbellirsi con diamanti falsi.« Siehe Ongaro 1912, 32

11 Vgl. Donatelli 1922b, 1–6

12 Die Daten sind dem Schreiben des Präsidenten des IACP an den Bürgermeister von Venedig vom 19.06.1922 entnommen. Siehe Donatelli 1922

13 Die Daten sind der Baugenehmigung vom 24. August 1927 entnommen. Siehe Concessione edilizia Santa Marta 1927

14 »(...) avvertendo solo che il quartiere nel suo dettaglio e nel suo complesso risulterà, sia costruttivamente, sia per l'aspetto e la decorazione esterna, del tipo di quello recentissimo intitolato a Filippo Grimani.« Siehe Bertanza 1922

15 Vgl. I lavori di miglioramento e ampliamento della stazione marittima 1922

16 Vgl. Donatelli 1922b, 1–6

17 Der Graf Volpi war maßgeblich am Bau des neuen Industriehafens auf dem Festland beteiligt und leitete unter anderem die Adriatische Elektrogesellschaft (Società Adriatica di Eletricità, kurz SADE).

18 Vgl. E. Zorzi 1931, 520

19 »A tale scopo oltre a costruire direttamente sulle aree sbarazzate dalle demolizioni, l'istituto ha ceduto alcuni appezzamenti di terreno all'amministrazioni ferroviaria, perché vi costruisse delle case per i suoi ferrovieri.« Siehe E. Zorzi 1931, 520

20 »Le case che si affacciano su queste arterie arieggiano a un certo tono di venezianità (...) Anche gli edifici popolarissimi mantengono un'impronta d'architettura veneziana.« Siehe E. Zorzi 1931, 522

21 »Ma qui come al quartiere urbano di porto Marghera, in due zone cioè interamente isolate dal resto della città, ed adiacenti alle due grandi sezioni del nostro porto, potenti centri entrambi d'irradiazione di vita moderna, non sarebbero state fuori di posto costruzioni francamente intonate allo spirito e al gusto dell'epoca nostra.« Siehe E. Zorzi 1931, 522

22 Die Daten sind der betreffenden Baugenehmigungen entnommen. Siehe Concessione edilizia Santa Marta 1933. Für die restlichen Bauten des Bauabschnittes wurden Mittelwerte berechnet.

23 Vgl. E. Zorzi 1931, 523

24 Nach dem Anschluss Venedigs an die Italienische Republik wurden Brotöfen errichtet, um die Frauen der im Arsenale stationierten Soldaten zu versorgen. Vgl. De Carli und Zaggia 1983, 120

25 Vgl. Boito 1883, 629

26 Vgl. Carraro, La colonizzazione di Sant'Elena 2002, 163

27 Vgl. Relazione della giunta Municipale e proposte tecnico finanziarie sul progetto di risanamento e di piano regolatore della cittá di Venezia 1889, 3

28 »Tra i molti sacrilegi edilizi a cui la bellezza di Venezia sembra oggigiorno condannata, il deturpamento dell'isola di Sant'Elena e certo il più grave, finché almeno non lo faccia dimenticare il disegnato ponte, che congiungerà Venezia alla terraferma e distruggerà le singolari caratteristiche della divina città. L'isola di Sant'Elena pareva il provvidenziale compimento a quel panorama insuperabile, che abbraccia da una parte San Pietro, Quintavalle, l'angolo dell'Arsenale e Murano, dall'altra il Lido.« Siehe Molmenti und Mantovani 1904, 26

29 Vgl. di Serego Allighieri 1887, 19

30 Vgl. Concina, A history of Venetian architecture 1998, 318

31 Die hier kurz vorgestellten Projekte stellen eine Auswahl dar. Für umfänglichere Informationen zum Planungsprozess für das neue Quartier in Sant'Elena. Siehe Carraro 2002

32 Vgl. Carraro 2002, 164

33 Vgl. Carraro 2002, 166

34 Vgl. Torres, et al. 1911, 5

35 Vgl. Carraro 2002, 167

36 »(…) possiede tutte quelle attrattive a quei requisiti cosi da renderla desiderato soggiorno ad ogni classe sociale.« Siehe Cadei, Sardi und Padoa 1911

37 »(…) si sarebbe trattato di un vero e proprio prolungamento della città in modo che le vie di accesso sarebbero state più facili e la costruzione di case ed edifici avrebbe potuto farsi gradatamente a cominciare da quella parte che è più vicina al sestiere di Castello.« Siehe La colonizzazione di Sant'Elena, L'opera del Comune 1926, 332

38 Vgl. Padoa 1912

39 Vgl. Catasso 1923

40 Die Herstellung des neuen Exerzierplatzes wurde am 14.11.1921 vom Rat beschlossen. Am 09.02.1924 wurde der Vertrag zwischen Kommune und Militärverwaltung vom 08.07.1923 in der Gazzetta Ufficiale veröffentlicht. Die Kommune stellte hierbei die neue *Sacca* für Kosten von 577.000 Lire her und bekam die alte *Sacca* kostenfrei übertragen.

41 Vgl. Catasso 1923

42 Vgl. R. Gallo 1927

43 »Il piano generale (per il Quartiere Sant'Elena) è stato studiato tenendo presenti i seguenti criteri: a) mantenere nella disposizione delle vie e nella forma planimetrica delle aree fabbricabili, il carattere speciale della città; b) lasciare verso il bacino di S. Marco una vasta zona della larghezza di almeno m. 100 da adibirsi a Parco della Rimembranza, e che si presenti come un prolungamento degli attuali giardini; c) lasciare anche verso il Canale di S. Pietro un'altra zona a parco alberato, larga circa m. 80, che sembri quasi un raccordo con i giardini stessi o si presti eventualmente ad estendere l'area destinata alla Esposizione Biennale d'arte.« Siehe Venezia Ufficio Tecnico, Piano regolatore di massima per la costruzione di un quartiere urbano nella Sacca di S. Elena 1924

44 »Tale piano regolatore risultò intonato perfettamente al carattere della città: a campi e campielli, a calli e salizade colle loro disuguaglianze, sporgenze e rientranze, in modo da evitare la uniformità dei rettifili.« Siehe La colonizzazione di Sant'Elena, L'opera del Comune 1926, 336

45 Vgl. D. Torres, L'avvenire dell'edilizia veneziana e le aree disponibili 1923, 332

46 Vgl. Donatelli 1924

47 Vgl. Donatelli 1928, 18–19

48 »(…) la costruzione apparve così rapida da stupire coloro stessi che percorrono giornalmente la laguna, e non avrebbe potuto supporsi così generale ed intensa dalla attesa, amabilmente scettica, dello spirito locale.« Siehe Donatelli 1926, 345

49 Vgl. La colonizzazione di Sant'Elena 1928

50 Die Daten wurden aus dem öffentlich zugänglichen CAD Plan der Stadt zeichnerisch mit einer durchschnittlichen Höhe von 18 Meter ermittelt (http://www.comune.venezia.it/; letzter Zugriff am 25.08.2018)

51 »L'isola di Sant'Elena può essa pure contribuire allo sviluppo edilizio, ma non immaginiamo di poter riversare su di essa lo sfogo dei costruttori, non sarebbe ne utile ne bello. Sull'isola di Sant'Elena è comprensibile soltanto l'allargarsi del vicino quartiere di Castello, e non di più.« Siehe D. Torres 1923, 334

52 »(…) e insieme al nome Vittorio Emanuele III, dato all'intero del Quartiere, e ai nomi delle nuove strade che si intitolano ai grandi Condottieri e ai luoghi ove più aspramente e gloriosamente si combattè l'ultima guerra, servirà a dimostrare l'anima fervidamente patriotica di Venezia.« Siehe La colonizzazione di Sant'Elena, L'opera del Comune 1926, 344

53 »Sant'Elena l'isola dello sport e dell'industria, perché qui vi sono i campi sportivi e fabbriche e cantieri, che circondano la vecchia chiesa, residuo dell'antico Monastero. Quest'isola presto avrà nuovi villini e case sane ed economici Venezia ha infatti bisogno d'espandersi.« Siehe Venni 1923, 11

54 Vgl. Carraro 2002, 163

55 »Tutte le case riproducono le linee della caratteristica architettura veneziana con le sue altane e i suoi camini dalle foggie originalissime e il colore rosso che vivifica, particolarmente distinguendola, la costruzione veneziana.« Siehe Binaghi 1931, 288

ABSCHLIESSENDE BETRACHTUNG DER QUARTIERE

1 »In tre parole noi possiamo riassumere i caratteri fondamentali dell'antica Venezia: singolarità, continuità, longevità.« Siehe Fradeletto 1928, 172

2 »A Venezia invece il primo non è l'edificio singolo, ma cioè che lo lega agli altri in una continuità figurativa che è il canale, la calle, infine, la città intera. Tale continuità naturalmente riconsacra il carattere fondamentale di superficie coloristica dell'immagine di Venezia.« Siehe Bettini 1960, 55

3 »Nulla sarà tolto al carattere della città, le mura fradicie possono ben scomparire e saranno maggiormente valorizzate le molte altre belle case modeste, le costruzioni d'arte le quali tutte determinano veramente il carattere cittadino mentre possono guadagnarsi indispensabili aree e crearsi deliziose oasi di verde.« Siehe D. Torres 1924, 213

4 Vgl. Miozzi 1957, 43

5 Eine weitere bauliche Besonderheit, die sich auf die Fassadengestaltung auswirkte, wurde durch die tragenden Wände gebildet. Diese wurden meist nicht parallel zueinander ausgeführt und lagen nicht in der Fassadenebene. Das jeweilige Gebäude erhielt so zusätzliche Stabilität und die Fassaden waren frei für Öffnungen und nutzungsgebundene Gestaltung. Diese statische Entkoppelung ermöglichte es auf unterschiedliche Setzung des unsicheren Baugrundes ohne Schäden im Bauwerk zu reagieren. Aus diesem Grund bilden rechte Winkel und lotrechte Wände und Decken in Venedig eher die Ausnahme.

6 Vgl. Calabi 1993, 21

7 Die ausreichende Belichtung und Belüftung der einzelnen Wohnungen sollte durch die Normierung (Regolamento Edilizio del 1923) des Verhältnisses von bebauter zu unbebauter Fläche (2/3) und eine Höhenbegrenzung der Gebäude in Bezug auf die Breite der jeweiligen Erschließungsstraße (2,5 mal Breite der Straße) gewährleistet werden.

8 »Queste strade (del Quartiere Santa Marta) hanno la larghezza di circa dodici metri, e presentano, nel loro assieme, lo aspetto di certi rio terà venezianissimi come quello di San Leonardo o dei Catecumeni.« Siehe E. Zorzi 1931, 521

9 Für vertiefende Informationen bezüglich Venedig und seiner vergangenen Bauten siehe A. Zorzi 1990, 50, A. Zorzi 1974 und A. Zorzi 1974a

10 Die Wichtigkeit, die den Schornsteinen beigemessen wurde, zeigt sich unter anderem in einer 1928 vom IACP veröffentlichten Studie der lokal geprägten Formen, die bei Neubauten zum Einsatz kommen sollten. Siehe Donatelli 1928, 128

11 Vgl. Farina 2018, 91

12 Vgl. Mazzola 2004, 207

13 Vgl. Broglio 1931, 11

14 Die Navigli waren ein stadtübergreifendes Kanalsystem, das im 20. Jahrhundert weitestgehend zugeschüttet wurde.

15 Vgl. Stenti 1993, 25

16 Die staatlichen Bestrebungen, modernen und hygienischen Wohnraum für die wachsende Bevölkerung in Italien herzustellen haben ihren Ursprung in dem Gesetz vom 15 Januar 1885 N. 2892 Serie III für die Sanierung von Neapel. Es garantierte finanzielle Mittel zu eben diesem Zweck und wurde in den folgenden Jahren auf zahlreiche italienische Kommunen ausgeweitet, darunter auch Venedig, in denen Handlungsbedarf nachgewiesen werden konnte. Vgl. Relazione della giunta Municipale e proposte tecnico finanziarie sul progetto di risanamento e di piano regolatore della città di Venezia 1889

17 Vgl. Stenti 1993, 26

18 Vgl. Sica 1980, 171

19 Vgl. Sonne 2014, 57

20 Vgl. Sonne 2014, 66

21 Vgl. Sonne 2014, 72

22 Vgl. Sonne 2014, 69

23 Vgl. Sonne 2014, 82

24 Vgl. Sonne 2014, 85

25 Vgl. Sonne 2014, 92

26 Vgl. Sonne 2014, 98

27 Vgl. Sonne 2014, 100

28 »Il problema è troppo grave e non investe solo l'esteriorità, il decoro e la bellezza della nostra Città, ma anche lo spirito di difesa e di conservazione sociale, la sanità del corpo e delle menti della nostra razza, la possibilità di una produzione e di un lavoro compiuto con gioia.« Siehe Calza-Bini 1926, 96

29 Vgl. Potenza 1983, 73

30 Vgl. Norberg-Schulz 1982, 18

31 Vgl. Lynch 1960, 9

32 Vgl. Lynch 1960, 6

33 In dem 2002 erschienen Buch »Venedig ist ein Fisch« bezeichnet Tiziano Scarpa die Stadt als Wundertier, dass die Adria heraufgeschwommen kommt und an einer Schnur angebissen hat, um nicht in die Ferne zu driften. Vgl. Scarpa 2002, 7

34 »Pare che la storia di Venezia si fermi con la caduta della Repubblica veneta, ma non è così. L'Ottocento purtroppo è stato a lungo ben poco considerato, quasi fosse un secolo minore; eppure, fu per Venezia un secolo molto intensivo e vivace.« Siehe Renier 2013, 9

35 Vgl. Schröteler von Brandt 2008, 9

36 »Buildings are expected to participate in a dialogue with the substance of the past and not to stand disconnected from them.« Siehe Krier 1979, 169

GLOSSAR

1 Vgl. Kleines Wörterbuch der Architektur 2008

2 Vgl. Kleines Wörterbuch der Architektur 2008

3 Vgl. Kleines Wörterbuch der Architektur 2008

4 Vgl. Kleines Wörterbuch der Architektur 2008

5 Vgl. Kleines Wörterbuch der Architektur 2008

# Literaturverzeichnis

Augé, Marc. *Nicht-Orte*. München: Verlag C.H.Beck, 2012.

Baffa, Matilde. »Modelli insediativi, alloggi, organismi abitativi.« In *La casa sociale*, von Raffaele Pugliese. Mailand: Edizioni Unicopli, 2005.

Barbiani, Elia. *Edilizia popolare a Venezia, storia politiche, realizzazioni dell'Istituto Autonomo per le case Popolare della Provincia di Venezia*. Mailand: Electa Editrice, 1983.

Beese, Christine. *Marcello Piacentini moderner Städtebau in Italien*. Berlin: Reimer Verlag, 2016.

Bellavitis, Giorgio. *Difesa di Venezia; Contributi per una azione di conoscenza e di difesa di Venezia e della sua Laguna*. Venedig: Centro Culturale Pirelli Stamperia, 1970.

Bellavitis, Giorgio, und Giandomenico Romanelli. *Le città nella storia d'Italia*. Bari: Editori Laterza, 1985.

Berger, Barbara. *Der Gasbehälter als Bautypus*. München: TU München Press, 2019.

Bertanza, Paolo. *Relazioni circa i progetti per nuove costruzioni nei due quartieri di Botthengini e Santa Marta*. Archivio Comunale di Venezia, 1921–1925, II-5-2 bis 3, 10. März 1922.

Bertanza, Paolo. *Progetto relativo ad alloggi ultrapopolari nell'ex Campo Marte della Giudecca*. Archivio Comunale di Venezia 1926–1930, IX-2-6, 6. Oktober 1930.

Bertanza, Paolo. *Costruzione di un gruppo di case economiche a San Girolamo - Relazione tecnica*. Archivio Comunale di Venezia 1926–1930, IX-1- 4, 1. Juli 1928.

Bertarelli, Luigi. *Guida del touring club italiano, Le tre Venezie, primo Volume*. Mailand: Stamperia Editori Lombarda di Mondaini, 1920.

Bettini, Sergio. *La Forma di Venezia*. Venedig: Consorzio Venezia Nuova, 1960.

Biadenti, Galeazzo. »Documentario su Venezia.« *Casabella rivista mensile N. 74*, April 1934.

Binaghi, Federico. »L'ultima volontá di una imperatrice.« *Rivista mensile della città di Venezia, le tre Venezie*, Mai 1931.

Bodenschatz, Harald. »Diktatorischer Städtebau in der Zwischenkriegszeit. Besonderheiten Italiens mit Blick auf das nazionalsozialistische Deutschland und die Sowjetunion.« In *Für den Faschismus bauen, Architektur und Städtebau im Italien Mussolinis*, von Aram Mattioli und Gerald Steinacher. Zürich: orell füssli Verlag AG, 2009.

Boissevan, Jeremy. *Coping with Tourists, european reactions to mann tourism Vol. I*. Oxford: Berghahn Books, 1996.

Boito, Camillo. »Venezia che scompare, Sant'Elena e Santa Marta.« *Nuova Antologia di Scienze Lettere ed Arti, 41. Ausgabe*, 1883.

Bonalberti, Ettore. »Dalla legge Luzzatti alla nuova politica per la casa della Regione Lombardia.« In *La casa sociale*, von Raffaele Pugliese. Mailand: Edizioni Unicopli, 2005.

Bortolotti, Lando, und Carlo Carozzi. *Venezia Nuova, la politica della casa 1893–1941*. Venedig: Marsilio Editori S.P.A, 1983.

Brilli, Attilio. *Reisen in Italien, Die Kulturgeschichte der klassischen Italienreise vom 16. bis ins 19. Jahrhundert*. Köln: DuMont Buchverlag, 1989.

Broglio, Giovanni. *La Casa Minima e l'Architettura Razionale. Costituzione del Istituto per le Case Economiche e Popolari di Milano*. Mailand: Istituto per le Case Popolari di Milano, 1931.

Busetto, Giorgio. »Insula un Fututro per Venezia.« *Quaderni Venezia novecento; La cultura Veneziana del '900*. April 2000. http://www.insula.it/index.php/quaderni/107-venezia-novecento-4-2000 (Zugriff am 30. Oktober 2013).

Cadei, Attilio, Giuseppe Sardi, und Umberto Padoa. *Relazione intorno al progetto per la utilizzazione dell'Isola e Sacca di S.Elena in Venzia*. Venedig: Archivio Comunale di Venezia 1915–1920, X-4-7, 31. März 1911.

Calabi, Donatella. »La città e le sue periferie: le case, i ponti, le strade.« In *Dopo la Serrenissima, societá, amministrazione e cultura nell'Ottocento veneto*, von Donatella Calabi. Venedig: Istituto Veneto di Scienze, Lettere ed Arti-Venezia, 2001.

Calabi, Donatella. »Un'itinerario di storia dell'architettura della città.« In *Venezia una guida all'architettura*, von Guido Zucconi. Venedig: Arsenale editrice Srl, 1993.

Calza-Bini, Alberto. »I Problemi dell'abitazione e quelli dell'estetica« in.« *Nuova Antologia, Rivista di Lettere, Scienze ed Arti; Settima Serie*, Juli–August 1926.

Camurri, Renato. »Istituzioni associazioni e classi dirigenti dall'unità alla grande guerra.« In *Storia di Venezia, l'Ottocento e il Novecento*, von Stuart Woolf und Mario Insenghi. Rom: Marchesi Grafiche Editoriali Spa, 2002.

Carraro, Martina. »Il margine orientale.« *I limiti di Venezia. Insula Quaderni, documenti sulla manutenzione urbana di Venezia N.17 Anno V*, Dezember 2003.

Carraro, Martina. »La colonizzazione di Sant'Elena.« In *La grande Venezia, una Metropoli incompiuta tra Otto e Novecento*, von Guido Zucconi. Venedig: Marsilio Editori, 2002.

Castronovo, Valerio. *Storia economica d'Italia*. Turin: Giulio Einaudi Editore Spa, 1995.

Catasso, Steno. »Nuova area fabbricabile a Venezia, La sacca di Sant'Elena.« *Il Veneto*, 27–28. September 1923.

Ceresole, Giulio. *La spiaggia di Lido e le sue particolari caratteristiche*. Neuauflage vom Original erschienen 1928 bei Stabilmento Grafico U. Bortoli . Lido: Supernuovaedizioni Srl, 2012.

Chirivi, Romano. *L'arsenale di Venezia, storia e obiettivi di un piano.* Venedig: Marsilio Editori, 1976.

»Come Venezia ha affronlato il problema degli sfrattati.« *Gazzetta di Venezia,* Januar 1929: Archivio Comunale di Venezia 1926–1930, IX-1-4.

Commissione Edilizia. »Secondo Lotto nuovi fabbricati di Case popolari alla Celestia; Progetto 28 Gennaio 1939; Protocollo della seduta straordinaria.« *Protocollo della seduta straordinaria.* Venedig: Archivio Comunale di Venezia 1936–1940, X-7-12,16, 01. Februar 1939.

Comune di Venezia. *Le Case Sane Economiche e Popolari del Comune di Venezia.* Bergamo: Istituto Italiano D'arte Grafiche, 1911.

»Concessione edilizia Santa Marta.« Archivio Comunale di Venezia 1926–1930, IX-2-6, 24. August 1927.

»Concessione edilizia Santa Marta.« Archivio Comunale di Venezia 1931–1935, X-8-8, 12. Mai 1933.

Concina, Ennio. *A history of Venetian architecture.* Martellago: Cambridge University Press, 1998.

Concina, Ennio. *L'Arsenale della Repubblica di Venezia.* Mailand: Electa Editori, 1988.

Concina, Ennio. *Venezia nell´età moderna, struttura e funzioni.* Venedig: Marsilio Editori, 1989.

Corbineau-Hoffmann, Angelika. *Paradoxie der Fiktion, literarische Venedig Bilder.* Berlin, Mainz: de Gruyter GmbH, 1993.

Corradin, Federico. »La nuova Legge sulle case popolari.« *L'Ingeneria Sanitaria, Annata XIV,* 1903.

Costantini, Massimo. *Porte navi e traffici a Venezia 1700–2000.* Venedig: Marsillio Editori Spa, 2004.

»Costruzione di case economiche dei postelegrafici a Sant'Alvise, Promemoria al Podestà di Venezia.« Venedig: Archivio Comunale di Venezia 1926–1930, IX-9-2, 3, 18. Februar 1929.

Costruzioni. »La Casa Popolare non è un problema minore.« *Costruzioni,* Juni 1941.

Cristinelli, Giuseppe. *Cannareggio, un sestiere di Venezia, la forma urbana, l'assetto edilizio le architetture.* Venedig: Officina Edizioni, 1987.

De Carli, Laura, und Michele Zaggia. »Tipologie edilizie e qualità architettonica.« In *Edilizia popolare a Venezia, storia politiche, realizzazioni dell'Istituto Autonomo per le case Popolare della Provincia di Venezia,* von Elia Barbiani. Mailand: Electa Editrice, 1983.

De Gaspari, Luciano. »Presentatione.« In *Porto Marghera, il Novecento industriale a Venezia,* von Sergio Barizza und Daniele Resini. Treviso: Edizioni Grafiche Vianello Srl, 2004.

De Seta, Cesare. »Città d'Europa. Iconografia e vedutismo dal XV al XIX secolo.« In *La storia di Venezia nelle sue rappresentazioni, tra XVI e XIX secolo,* Herausgeber: Donatella Calabi, 211–212. Neapel: Electa Napoli, 1996.

di Serego Allighieri, Dante. »Supplemento alla Gazzetta di Venezia No. 94.« *Consiglio Communale di Venezia 7 April 1887.* Venedig, 1887.

Di Sivo, Michele. *Normativa e tipologia dell'abitazione popolare, Volume primo l'origine e lo sviluppo nelle leggi della casa dal 1902 al 1980.* Florenz: Alinea Editrice, 1981.

Dina, Ambra. »Gestione dell'utenza e politiche di selezione della domanda.« In *Edilizia popolare a Venezia, storia politiche, realizzazioni dell'Istituto Autonomo per le case Popolare della Provincia di Venezia,* von Elia Barbiani. Mailand: Electa Editrice, 1983.

Distefano, Giovanni. *How Venice was built.* Venedig: Supernova, 2016.

Donatelli, Plinio. *Lettera al Sindaco Grimani.* Venedig: Archivio Comunale di Venezia 1921–1925, II-5-3, 19. Juni 1922.

Donatelli, Plinio. *La Casa a Venezia nell'opera del suo Istituto.* Rom: Stabilmento Poligrafico per l'amministrazione dello Stato, 1928.

Donatelli, Plinio. »Relazione del Presidente dell'Istituto Autonomo per le Case Popolari di Venezia.« In *La casa a Venezia nell'opera del suo Istituto,* von Plinio Donatelli. Rom: Stabilmento poligrafico per l'Amministrazione dello Stato, 1928.

Donatelli, Plinio. »L'opera dell'istituto autonomo per le case popolari nelle sue direttive.« *Rivista mensile della città di Venezia,* November 1926.

Donatelli, Plinio. »L'acqua e l'igiene nelle abitazioni dell'istuto.« *Rvista mensile della città di Venezia,* Juli 1922a.

Donatelli, Plinio. »L'istituto autonomo per le case popolari.« *Rvista mensile della città di Venezia,* August 1922b: 1–6.

Donatelli, Plinio. »Nuovi orizzonti dell'edilizia popolare.« *Rvista mensile della città di Venezia,* Mai 1924.

Egli, Ernst. *Die Geschichte des Städtebaus, die neue Zeit.* Bd. 3. Zürich: Eugen Rentsch Verlag, 1967.

Enss, Carmen M., und Luigi Monzo. »Terms and Conditions of Interwar Architecture and Urbanism in Italy.« In *Townscapes in Transition: Transformation and Reorganization of Italian Cities and Their Architecture in the Interwar Period,* von Carmen M. Enss und Luigi Monzo. Bielefeld: Transcript Verlag, 2019.

Ernesti, Giulio. »Marittima-Marghera: sponde o fronti del porto.« In *La grande Venezia, una Metropoli incompiuta tra Otto e Novecento,* von Guido Zucconi. Venedig: Marsilio Editori, 2002.

Ettorelli, Marino. »I progetti per la Marittima e il porto insulare.« In *La grande Venezia, una Metropoli incompiuta tra Otto e Novecento,* von Guido Zucconi. Venedig: Marsilio Editori, 2002.

Farina, Milena. »Le ragioni di riscatto. Principi compositivi, caratteri tipologici e temi figurativi nelle borgate di seconda generazione.« In *Borgate romane, Storia e forma urbana,* von Milena Farina und Luciano Villani. Melfi: Casa Editrice Libria, 2018.

Favilla, Massimo. »Delendae Veneziae, la città e le sue trasformazioni dal XIX al XX sec.« In *L'enigma della modernità, Venezia nell'età di Pompeo Molmenti,* von Giuseppe Pavanello. Venedig: Istituto Veneto di scienze, 2012.

Ferraro, Joanne M. *Venice, History of the Floating City.* Cambridge, New York: Cambridge University Press, 2012.

Ferrini, Giuseppe. »Sul problema dell'abitazione.« *Il*

*Monitore Tecnico, Giornale d'Ingegneria, Architettura, Meccanica, Elettrotecnica, Ferrovie, Agronomia, Catasto ed Arti Industriali,* März 1909.

Forlati, Ferdinando. *Nuove costruzioni alla Celestia, Lettera della Sopraintendenza al Comune.* Venedig: Archivio Comunale di Venezia 1936–1940, X-7-12, 16, 17. Oktober 1938.

Foscari, Piero. *Per il più largo dominio di Venezia. La città è il porto.* Mailand: Fratelli Treves Editori, 1917.

Fradeletto, Antonio. »Venezia antica e Italia moderna.« *Nuova Anthologia, Rivista di Lettere, Scienze ed Arti,* September– Oktober 1928: 137.

Fradeletto, Antonio. »Venezia nuova.« *Rvista mensile della città di Venezia,* Januar 1923.

Fröhlich, Martin. *Mysterium Venedig, die Markusrepublik als politisches Argument in der Neuzeit.* Bern: Peter Lang AG, Internationaler Verlag der Wissenschaften, 2010.

Fusinato, Giuseppe. »Prefazione.« In *Per il più largo dominio di Venezia. La città è il porto,* von Piero Foscari. Mailand: Fratelli Treves Editori, 1917.

Gallo, Giannino Omero. »Il volto della città.« *Rivista mensile della città di Venezia, le tre Venezie,* Mai 1933.

Gallo, Rodolfo. »La colonizzazione di Sant'Elena, L'opera del Comune.« *Rvista mensile della città di Venezia,* Juni 1927: 330–344.

Gallo, Rodolfo. »L'attività edilizia nel comune di Venezia.« *Rvista mensile della città di Venezia,,* Ottobre 1925.

Gardin, Paolo. »Insula un Fututro per Venezia.« *Quaderni Venezia novecento; dalla trasformazione alla manutenzione e conservazione del patrimonio urbano.* April 2000. http://www.insula.it/index.php/quaderni/107-venezia-novecento-4-2000 (Zugriff am 30. Oktober 2013).

Giovannoni, Gustavo. »Vecchie città ed edilizia nuova.« *Nuova Antologia, Rivista di Lettere, Scienze ed Arti; Sesta Serie,* Mai–Juni 1913.

Giovannoni, Gustavo. *Vecchie Città ed edilizia nuova.* Turin: UTET, 1931.

Giurati, Giovanni Junior. »Sostenere Venezia insulare.« *Rivista mensile della città di Venezia, le tre Venezie,* Juni 1935.

Goy, Richard. *Stadt in der Lagune.* London: Phaidon Press limited, 1997.

Goy, Richard. *Venetian Vernacular Architecture; traditional housing in the venetian Lagoon.* New York: Cambridge University Press, 1989.

Grimani, Filippo. »Lettera aperta del sindaco.« 05. Mai 1908.

Hain, Simone. »Stadtstraße.« In *Enzyklopädie zum gestalteten Raum. Im Spannungsfeld zwischen Stadt und Landschaft.,* von Vittorio Magnago Lampugnani, Konstanze Sylva Domhardt und Reiner Schützeichel. Zürich: gta Verlag, 2014.

Hanisch, Ruth. »Hafen.« In *Enzyklopädie zum gestalteten Raum. Im Spannungsfeld zwischen Stadt und Landschaft.,* von Vittorio Magnago Lampugnani, Konstanze Sylva Domhardt und Reiner Schützeichel. Zürich: gta Verlag, 2014.

Hegemann, Werner, und Elbert Peets. *The american Virtruvius, Architects Handbook of civic art.* Friedrich Vieweg & Sohn Wiesbaden 1988. New York: Princeton Architectural Press, 1922.

Hess, Silvia. »Autostrade. Straßenräume im faschistischen Italien, 1922–1935.« In *Für den Faschismus bauen, Architektur und Städtebau im Italien Mussolinis,* von Aram Mattioli und Gerald Steinacher. Zürich: orell füssli Verlag AG, 2009.

Hobsbawm, Eric. »Inventing Traditions.« In *The Invention of Tradition,* von Eric Hobsbawm und Terrence Ranger. Cambridge: Cambridge University Press, 1983.

Howard, Deborah. *The architectural history of Venice.* New Haven, London: Yale University Press, 2002.

Irace, Fulvio. »La legge Luzzatti, e il suo ruolo nell'Italia del Novecento.« In *La casa sociale,* von Raffaele Pugliese. Mailand: Edizioni Unicopli, 2005.

Isenghi, Mario. »Postfazione.« In *La grande Venezia, una Metropoli incompiuta tra Otto e Novecento,* von Guido Zucconi. Venedig: Marsilio Editori, 2002.

Julier, Jürgen. *Il mulino Stucky a Venezia.* Venedig: Centro Tedesco di studi Veneziani Quaderni, 1978.

Kieß, Walter. *Urbanismus im Industriezeitalter. Von der klassischen Stadt zur Garden City.* Berlin: Ernst & Sohn, 1991.

*Kleines Wörterbuch der Architektur.* Stuttgart: Reclam, 2008.

Kostof, Spiro. *Das Gesicht der Stadt, Geschichte städtischer Vielfalt.* org. Thames and Hudson 1992 London. Frankfurt, New York: 1992.

Kostof, Spiro. *Die Anatomie der Stadt, Geschichte städtischer Strukturen.* org. Thames and Hudson 1992 London. Frankfurt, New York: 1993.

Krier, Rob. *Urban Space.* 5.Auflage 1991. London: Academy Editions, 1979.

Kusch, Clemens F. *Eugenio Miozzi, Venezia tra innovazione e tradizione 1931–1969.* Berlin: DOM Publishers, 2021.

»La colonizzazione di Sant'Elena.« *Gazzetta di Venezia, Cronaca Cittadina, 20 Oktober N.293,* 1928.

Lampugnani, Vittorio Magnago. *Anonio Sant'Elia, gezeichnete Architektur.* München: Prestel Verlag, 1994.

Lampugnani, Vittorio Magnago. *Die Stadt im 20. Jahrhundert; Visionen, Entwürfe, Gebautes.,* Bd. 2. Berlin: Verlag Klaus Wagenbach, 2010a.

Lampugnani, Vittorio Magnago. *Die Stadt im 20. Jahrhundert; Visionen, Entwürfe, Gebautes.,* Bd. 1. Berlin: Verlag Klaus Wagenbach, 2010b.

Lampugnani, Vittorio Magnago. »Stadt.« In *Enzyklopädie zum gestalteten Raum. Im Spannungsfeld zwischen Stadt und Landschaft.,* von Vittorio Magnago Lampugnani, Konstanze Sylva Domhardt und Reiner Schützeichel. Zürich: gta Verlag, 2014.

Lampugnani, Vittorio Magnago, Katia Frey, und Eliana Perotti. *Stadt & Text. Zur Ideengeschichte des Städtebaus im Spiegel theoretischer Schriften seit dem 18. Jahrhundert.* Berlin: Gebr. Mann Verlag, 2011.

»Lettera al Comune del Compartimento di Venezia

divisione dei lavori delle Ferrovie.« Venedig: Archivio Comunale di Venezia 1915–1920, IX-1-25, 02. Juni 1915.

Luzzatto, Gino. »L'Economia Veneziana dal 1797 al 1866.« In *Storia della civiltà Veneziana*, von Vittore Branca. Firenze: Sansoni Editore, 1979.

Lynch, Kevin. *The image of the city*. Massachusetts: The MIT Press, 1960.

Mancuso, Franco. *Building on Water*. Venedig: Corte del Fontego Editore, 2014.

Mancuso, Franco. *Venezia è una città*. Venedig: Corte del Fontego Editore, 2009.

Marcello, Giovanni. *Nuove costruzioni a tergo'del campo della Celestia, Lettera del Sindaco alla Sopraintendenza*. Venedig: Archivio Comunale di Venezia 1936–1940, X-7-12,16, 10. November 1938.

Marcello, Giovanni. *Demolizione abusiva di un edificio in Campo della Celestia*. Venedig: Archivio Comunale di Venezia 1936–1940, X-7-12,16, 15. November 1939.

Marcello, Giovanni. »Prefazione.« In *Progetto di massima per il piano di risanamento di Venezia insulare,*, von Eugenio Miozzi. Venedig: Comune di Venezia, Direzione generale dei servizi tecnici, 1939.

Marinetti, Filippo, Tommaso. *Manifesto contro Venezia passatista*. Venedig, 1910.

Mathieu, Christian. *Inselstadt Venedig, Umweltgeschichte eines Mythos in der frühen Neuzeit*. Köln, Weimar, Wien: Böhlau Verlag, 2007.

Mattioli, Aram. »Architektur und Städtebau in einem totalitären Gesellschaftsprojekt.« In *Für den Faschismus bauen, Architektur und Städtebau im Italien Mussolinis*, von Aram Mattioli und Gerald Steinacher. Zürich: orell füssli Verlag AG, 2009a.

Mattioli, Aram, und Gerald Steinacher. »Vorwort.« In *Für den Faschismus bauen, Architektur und Städtebau im Italien Mussolinis*, von Aram Mattioli und Gerald Steinacher. Zürich: orell füssli Verlag AG, 2009.

Mazzola, Ettore Maria. *Contro Storia dell'architettura moderna, Roma 1900–1940*. Florenz: Alinea Editrice Srl, 2004.

Miozzi, Eugenio. *Costruzione di un gruppo di fabbricati a Castello mappale 2472 (Celestia)*. Venedig: Archivio Comunale di Venezia 1936–1940, X-7-12,16, 10. Januar 1937.

Miozzi, Eugenio. *Progetto di massima per il piano di risanamento di Venezia insulare*. Venedig: Comune di Venezia, Direzione generale dei servizi tecnici, 1939.

Miozzi, Eugenio. *Venezia nei secoli; la città; secondo Volume*. Venedig: Casa Editrice Libeccio, 1957.

Molmenti, Pompeo. »Delendae Venziae.« *Nuova Antologia di Scienze Lettere ed Arti, Terza Serie III*, 1887.

Molmenti, Pompeo, und Daniele Mantovani. *Le isole della Laguna Veneta*. Bergamo: Istituto Italiano d´Arti Grafiche-editore, 1904.

Mönig, Klaus. *Venedig als urbanes Kunstwerk, Goethes Perspektiven auf Kultur und Öffentlichkeit der Dogenrepublik im Epochenumbruch*. Heidelberg: Universitätsverlag Winter, 2012.

Muratori, Saverio. *Studi per una operante storia urbana di Venezia*. Rom: Istituto Poligrafico dello stato, 1960.

Musu, Ignazio. »Insula un Futuro per Venezia.« *Quaderni Venezia novecento; Economia e ambiente: Marghera e la fine del sogno della Venezia industriale*. April 2000. http://www.insula.it/index.php/quaderni/107-venezia-novecento-4-2000 (Zugriff am 30. Oktober 2013).

Norberg-Schulz, Christian. *Genius Loci, Landschaft, Lebensraum, Baukunst*. Stuttgart: Klett-Cotta, 1982.

»Note illustrative nel programma di nuove costruzioni dell'Istituto autonomo per le case popolari di Venezia.« Venedig: Archivio Comunale di Venezia 1915–1920, X-4-7, 1920.

Ongaro, Max. *L'architettura moderna a Venezia*. Venedig: Istituto Veneto di Arti Grafiche, 1912.

Padoa, Umberto. *Realzione intorno all'utilizazione dell'isola e sacca di Sant'Elena*. Venedig: Archivio Comunale di Venezia 1915–1920, X-4-7, 09. März 1912.

Pagano, Giuseppe. »Le Case Popolarissime.« *Casabella Numer 112*, April 1937.

Paladini, Giannantonio. »Insula un Futuro per Venezia.« *Quaderni Venezia novecento; Politica e società a Venezia nel `900. Una sintesi*. April 2000. http://www.insula.it/index.php/quaderni/107-venezia-novecento-4-2000 (Zugriff am 30. Oktober 2013).

»Permuta con la congregazione di carità di Venezia p. Sacca di S.Girolamo.« Venedig: Ufficio direzione lavori, Protocollo No. 31829/4717, in Archivio Comunale di Venezia 1928–1930, IX-1- 4, 22. Juli 1922.

Piacentini, Marcello. »Nuovi orrizonti nell'edilizia cittadina.« *Nuova Antologia, Rivista di Lettere, Scienze ed Arti; Sesta Serie*, März–April 1922.

Pietragnoli, Leopoldo. »Insula un Fututro per Venezia.« *Quaderni Venezia novecento;Un secolo di cambiamenti*. April 2000. http://www.insula.it/index.php/quaderni/107-venezia-novecento-4-2000 (Zugriff am 30. Oktober 2013).

Potenza, Stefania. »Questione edilizia, politiche e relizzazioni nel Comune di Venezia.« In *Edilizia popolare a Venezia, storia politiche, realizzazioni dell'Istituto Autonomo per le case Popolare della Provincia di Venezia*, von Elia Barbiani. Mailand: Electa Editrice, 1983.

»Progetto per la costruzione di case popolari in località sestiere di Castello dello IACP.« Venedig: Archivio Comunale di Venezia 1936–1940, X-7-12,16, 08. Oktober 1937.

Puppi, Lionello, und Giandomenico Romanelli. *Le venezie possibili, da Palladio a Le Corbusier*. Mailand: Electa Editrice, 1985.

Quaglia, Tiziana, und Giorgio Polli. *Ridisegnare Venezia, dieci progetti di concorso per la ricostruzione di Campo di Marte alla Giudecca, Catalogo della mostra*. Venedig: Cathaloghi Marsilio Srl, 1986.

Radkau, Joachim. *Natur und Macht; eine Weltgeschichte der Umwelt*. München: Verlag C.H. Beck, 2000.

Randeraad, Nico. »Prefetti e la città nei primi decenni postunitari.« In *Storia di Venezia, l'Ottocento e il*

*Novecento*, von Stuart Woolf und Mario Insenghi. Rom: Marchesi Grafiche Editoriali Spa, 2002.

Randolfi, Nicola. »Insula un Futuro per Venezia.« *Quaderni Venezia novecento; Industrie e attività a Venezia agli inizi del '900.* April 2000. http://www.insula.it/index.php/quaderni/107-venezia-novecento-4-2000 (Zugriff am 30. Oktober 2013).

Reberschak, Maurizio. »Gli uominio capitali: il gruppo Veneziano, Volpi Cini e gli altri.« In *Storia di Venezia, l'Ottocento e il Novecento*, von Stuart Woolf und Mario Insenghi. Rom: Marchesi Grafiche Editoriali Spa, 2002.

*Relazione della giunta Municipale e proposte tecnico finanziarie sul progetto di risanamento e di piano regolatore della città di Venezia.* Venedig: Tipografia Antonio Nodari fu B., 1889.

Renier, Alessandro. *Stabilmenti balneari al Lido di Venezia nell'Ottocento e primo Novecento.* Venedig: La Toletta Edizioni, 2013.

*Rivista mensile della città di Venezia.* »I lavori di miglioramento e ampliamento della stazione marittima.« März 1922.

*Rivista mensile della città di Venezia.* »La colonizzazione di Sant'Elena, L'opera del Comune.« März 1926.

*Rivista mensile della città di Venezia.* »Per la più grande Venezia.« Mai 1927.

*Rivista mensile della città di Venezia.* »Il problema delle case e i premi di costruzioni.« Juli 1923.

*Rivista Mensile della città di Venezia, le tre Venezie.* »Cotonificio Veneziano Venezia.« Juli 1936.

Romanelli, Giandomenico. »Dalle »case dei poveri« ai quartieri anni trenta. I residui del linguaggio.« In *Edilizia popolare a Venezia, storia politiche, realizzazioni dell'Istituto Autonomo per le case Popolare della Provincia di Venezia*, von Elia Barbiani. Mailand: Electa Editrice, 1983.

Romanelli, Giandomenico. »Il Campanile di San Marco.« In *Le venezie possibili, da Palladio a Le Corbusier,* von Lionello Pupi und Giandomenico Romanelli. Mailand: Electa Editrice, 1985.

Romanelli, Giandomenico. »La Forma del tempo, Sergio bettini e l'idea di Venezia.« In *Forma di Venezia*, von Sergio Bettini. Venedig: Consorzio Venezia Nuova, 2005.

Romanelli, Giandomenico. »Progetti di Giannantonio Selva per il giardino pubblico a Castello.« In *Le venezie possibili, da Palladio a Le Corbusier*, von Lionello Pupi und Giandomenico Romanelli. Mailand: Electa Editrice, 1985a.

Romanelli, Giandomenico. *Venezia Ottocento, Materiale per una storia architettonica e urbanistica della città nel secolo XIX.* Rom: Officina Edizioni, 1977.

Rosand, David. *Myth of Venice, the figuration of a state.* North Carolina: the University North Carolina Press, 2001.

Ruskin, John. »The stones of Venice.« In *The Stones of Venice edited by J.G. Links 1960*, von Joseph Gluckstein Links. London, Glasgow: Collins Clear-Type Press, J. G. Links, 1853.

Savorra, Massimiliano. »La città balneare del Lido.« In

*La grande Venezia, una Metropoli incompiuta tra Otto e Novecento*, von Guido Zucconi. Venedig: Marsilio Editori, 2002.

Scarpa, Tiziano. *Venedig ist ein Fisch.* Berlin: Verlag Klaus Wagenbach, 2002.

Scarpari, Giancarlo. »Il Lido di Venezia.« In *Piazzale Roma, Il Lido di Venezia*, von Michele Casarin und Giancarlo Scarpari, Herausgeber: Mario Isnenghi. Padua: Il Poligrafo casa editrice, 2005.

Schröteler von Brandt, Hildegard. *Stadtbau- und Stadtplanungsgeschichte.* Stuttgart: Kohlhammer GmbH, 2008.

Settis, Salvatore. *Se Venezia muore.* Turin: Giulio Einaudi editore, 2014.

Shapiro, Harold. *John Ruskin, Letters to his parents 1845.* Oxford: Clarendon Press, 1972.

Sica, Paolo. *Storia dell'Urbanistica, III il Novecento.* Rom: Editori Laterza, 1980.

Sinopoli, Nicola, und Gian Franco Geron. »Case popolari e politica tecnica.« In *Edilizia popolare a Venezia, storia politiche, realizzazioni dell'Istituto Autonomo per le case Popolare della Provincia di Venezia*, von Elia Barbiani. Mailand: Electa Editrice, 1983.

Somma, Paola. »L'attività di Raffaele Vivante al comune di Venezia nella prima metà del secolo.« In *Storia urbana. Vicende urbanistiche di città meridionali. Numero 14*, von Franco Angeli, 213–239. Mailand: Tribunale di Milano, 1981.

Somma, Paola. *Venezia Nuova, la politica della casa 1893–1941.* Venedig: Marsilio Editori S.P.A, 1983.

Sonne, Wolfgang. »Baublock.« In *Enzyklopädie zum gestalteten Raum. Im Spannungsfeld zwischen Stadt und Landschaft.*, von VIttorio Magnago Lampugnani, Konstanze Sylva Domhardt und Reiner Schützeichel. Zürich: gta Verlag, 2014.

Sonne, Wolfgang. *Urbanität und Dichte im Städtebau des 20. Jahrhunderts.* Berlin: DOM publishers, 2014.

»Statuto e Regolamento dello IACP.« Venedig: Archivio Comunale di Venezia 1926–1930, IX-1-4, 1915.

Stenti, Sergio. *Napoli moderna, città e case popolari, 1868–1980.* Neapel: CLEAN Edizioni, 1993.

Talenti, Achille. *Come si crea una città, Il Lido di Venezia.* Padua: Angelo Draghi Editore, 1921.

Torres, Duilio. »L'avvenire dell'edilizia veneziana e le aree disponibili.« *Gazzetta di Venezia; erneut in: Urbanistica, Rivista dell'Istituto Nazionale di Urbanistica; Il problema urbanistico di Venezia quindici anni fa; 1939*, 18. Dezember 1923.

Torres, Duilio. »Lo sviluppo di Venezia e le comunicazioni a lungo tragitto.« *Gazzetta di Venezia; erneut in: Urbanistica, Rivista dell'Istituto Nazionale di Urbanistica; Il problema urbanistico di Venezia quindici anni fa; 1939*, 25. Februar 1934.

Torres, Duilio. »Urbanismo Veneziano.« In *Rvista mensile della città di Venezia*, von ufficio statistica Comune di Venezia, 210–213. Venedig: Prem.Off. Graf.C.Ferrari, 1924.

Torres, Giuseppe, Duilio Torres, Faust Finzi, und Giulio Alessandrini. *Per la costruzione di un quartiere cittadino nell'isola di S. Elena.* Venedig: Vittorio-Stab. Tip. R. Bigontina, 1911.

Trevisan, Carlo. »Presentazione.« In *Edilizia popolare a Venezia, storia politiche, realizzazioni dell'Istituto Autonomo per le case Popolare della Provincia di Venezia,* von Elia Barbiani. Mailand: Electa Editrice, 1983.

Trincanato, Egle. »Preface 1978.« In *Venetian Domestic Architecture,* von Egle Trincanato und Renzo Salvadori. Venedig: Canal & Stamperia Editrice Venezia, 1998.

Trincanato, Egle. *Venezia minore.* Mailand: Edizione del Millione, 1948.

Unwin, Raymond. »XII Congresso internazionale dell'abitazione e dei piani regolatori.« Rom: Federazione internazionale dell'abitazione e dei piani regolatori, 1929.

*Urbanistica, Rivista dell'Istituto Nazionale di Urbanistica.* »Un singolare regolamento ad una legge singolare di risanamento edilizio ed igenico e i gravi pericoli di una arbitraria interpretazione.« März–April 1939.

Valsecchi, Franco. »Venezia nel Risorgimento.« In *Storia della civiltà veneziana,* von Vittore Branca. Florenz: Sansoni Editore, 1979.

Venezia Ufficio Tecnico. *Piano regolatore di massima per la costruzione di un quartiere urbano nella Sacca di S. Elena.* Archivio Comunale di Venezia 1921–1925, IX-1-5, 3. Juli 1924.

Venezia Ufficio Tecnico. *Alcune linee direttrici della crisi delle abitazioni a Venezia, promemoria al podestà.* Venedig: Archivio Comunale di Venezia 1936–1940, X-7-12, 7. Februar 1939.

Venni, Giovanni. *Il Lido di Venezia, norme igeniche pei bagnati.* Supernova facsimile 2015. Treviso: Off. Grafiche Longo & Zopelli, 1923.

Vianello, Riccardo. *Una Gemma di Venezia: La Giudecca.* Venedig: Tipografia Veneta, 1966.

Vivante, Raffaele. *Il problema delle abitazioni in Venezia.* Venedig: Prem. Officine Grafiche di Carlo Ferrari, 1910.

Woolf, Stuart. »il fascismo adriatico.« In *Storia di Venezia, l'Ottocento e il Novecento,* von Stuart Woolf und Mario Insenghi. Rom: Marchesi Grafiche Editoriali Spa, 2002a.

Woolf, Stuart. »Introduzione.« In *Storia di Venezia, l'Ottocento e il Novecento,* von Stuart Woolf und Mario Insenghi. Rom: Marchesi Grafiche Editoriali Spa, 2002.

Zane, Umberto. *Servizio Statistica e Ricerca- Comune di Venezia.* 2014. http://www.comune.venezia.it/flex/cm/pages/ServeBLOB.php/L/IT/IDPagina/4055 (Zugriff am 10.02.2014).

Zane, Umberto. *Servizio Statistica e Ricerca- Comune di Venezia.* 2013. http://www.comune.venezia.it/flex/cm/pages/ServeBLOB.php/L/IT/IDPagina/4055 (Zugriff am 10.02.2014).

Zanini, Andrea. »La costruzione della città turistica.« In *Storia di Venezia, l'Ottocento e il Novecento,* von Stuart Woolf und Mario Insenghi. Rom: Marchesi Grafiche Editoriali Spa, 2002.

Zanon Dal Bo, Agostino. *Il piano regolatore generale di Venezia, realtà, prospettive, problemi. Introduttiva al Convegno.* Venezia, 1962.

Zanon, Giuliano. »Insula un Futuro per Venezia.« *Quaderni Venezia novecento;Dal sovraffollamento all'esodo: popolazione ed occupazione a Venezia nel '900.* April 2000. http://www.insula.it/index.php/quaderni/107-venezia-novecento-4-2000 (Zugriff am 30. Oktober 2013).

Zorzi, Alvise. *Österreichs Venedig, Das letzte Kapitel der Fremdherrschaft.* Düsseldorf: Claassen Verlag GmbH, 1990.

Zorzi, Alvise. *Venezia scomparsa; Volume primo.* Mailand: Electa Editrice, 1974.

Zorzi, Alvise. *Venezia scomparsa; Volume secondo.* Mailand: Electa Editrice, 1974a.

Zorzi, Elio. »Il nuovo quartiere urbano di Santa Marta intitolato alla Società Adriatica di Elettricità Venezia.« *Rivista Mensile della città di Venezia, le tre Venezie,* August 1931.

Zucconi, Guido. *Dal capitello alla città.* Mailand: Jaca Book Spa, 1996.

Zucconi, Guido. »I limiti di una più grande Venezia.« *I limiti di Venezia. Insula Quaderni, documenti sulla manutenzione urbana di Venezia N.17 Anno V,* Dezember 2003.

Zucconi, Guido. »Insula un Futuro per Venezia.« *Quaderni Venezia Novecento; Grandi progetti per una piu grande Venezia.* April 2000. http://www.insula.it/index.php/quaderni/107-venezia-novecento-4-2000 (Zugriff am 30. Oktober 2013).

Zucconi, Guido. *La città contesa, dagli ingenieri sanitari agli urbanisti.* Mailand: Editoriale Jaca Book Spa, 1989.

Zucconi, Guido. »La città romantica.« In *Venezia una guida all'architettura,* von Guido Zucconi. Venedig: Arsenale editrice Srl, 1993.

Zucconi, Guido. »Una metropoli incompiuta.« In *La grande Venezia, una Metropoli incompiuta tra Otto e Novecento,* von Guido Zucconi. Venedig: Marsilio Editori, 2002.

## Der Autor

Alexander Fichte studierte in Wuppertal, Hamburg und Venedig Architektur. Nach Stationen als Bauleiter in Hamburg, wissenschaftlicher Stipendiat am deutschen Studienzentrum in Venedig und Teamleiter in der Bauaufsicht von Köln ist er aktuell als Baukulturreferent beim Bundesinstitut für Bau-, Stadt- und Raumforschung in Bonn tätig. Das vorliegende Promotionsprojekt erarbeitete er in einer Kooperation zwischen der TU Dortmund und der Ca'Foscari in Venedig.

## Impressum

Zugleich Abhandlung zur Erlangung des Titels:
Doktor der Ingenieurswissenschaften an der Fakultät für
Architektur und Bauingenieurwesen der TU Dortmund und
Dottore di ricerca in Storia delle Arti im Dottorato Interateneo
der Università Ca'Foscari. Betreuer:
Prof. Wolfgang Sonne und Prof. Guido Zucconi

Umschlagmotiv:
Zunehmende Rationalisierung der Bauwerke in Santa Marta
und Beispiel für einen künstlich angelegten *Rio Terà*, Calle
Ca'Matta, Foto 2017; J. Fichte

Gestaltung und Satz: Felix Holler, Stoffers Graphik-Design,
Leipzig
Lithografie: Stefan Rolle, Stoffers Graphik-Design, Leipzig
Gedruckt in der Europäischen Union

Bibliografische Information der Deutschen Nationalbibliothek
Die Deutsche Nationalbibliothek verzeichnet diese
Publikation in der Deutschen Nationalbibliografie; detaillierte
bibliografische Daten sind im Internet über http://dnb.d-nb.de
abrufbar.

jovis Verlag GmbH
Lützowstraße 33
10785 Berlin

www.jovis.de

jovis-Bücher sind weltweit im ausgewählten Buchhandel
erhältlich. Informationen zu unserem internationalen Vertrieb
erhalten Sie von Ihrem Buchhändler oder unter www.jovis.de.

ISBN 978-3-86859-752-3 (Softcover)
ISBN 978-3-86859-797-4 (PDF)